书山有路勤为径,优质资源伴你行
注册世纪波学院会员,享精品图书增值服务

New
PMP® Exam Preparation Guide
Situational Approach Based on the PMBOK® Guide, 7th Edition

新版
PMP® 备考指南

基于PMBOK®指南（第7版）的情境案例式解题法

许秀影 张 斌 著

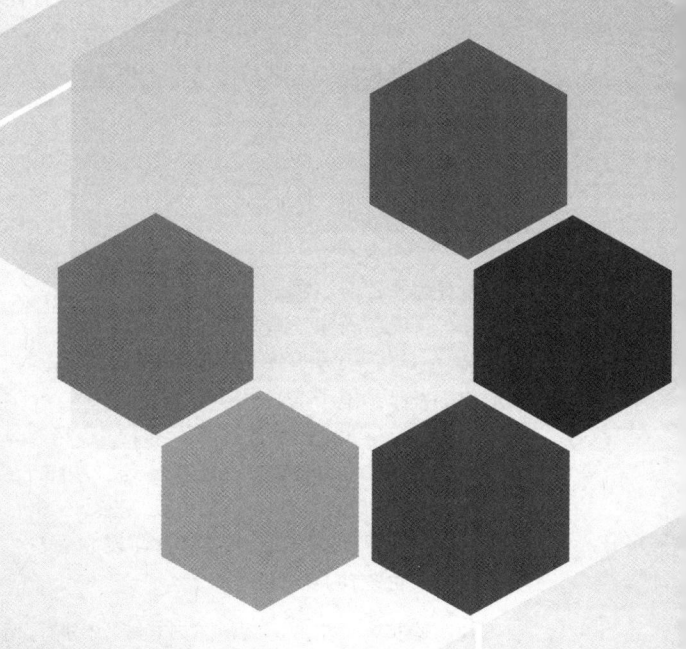

电子工业出版社
Publishing House of Electronics Industry
北京·BEIJING

未经许可，不得以任何方式复制或抄袭本书之部分或全部内容。
版权所有，侵权必究。

图书在版编目（CIP）数据

新版 PMP 备考指南：基于 PMBOK 指南（第 7 版）的情境案例式解题法 / 许秀影，张斌著. —北京：电子工业出版社，2023.10
ISBN 978-7-121-46476-8

Ⅰ. ①新… Ⅱ. ①许… ②张… Ⅲ. ①项目管理—指南 Ⅳ. ①F224.5-62

中国国家版本馆 CIP 数据核字（2023）第 189924 号

责任编辑：卢小雷
印　　刷：天津千鹤文化传播有限公司
装　　订：天津千鹤文化传播有限公司
出版发行：电子工业出版社
　　　　　北京市海淀区万寿路 173 信箱　邮编 100036
开　　本：720×1000　1/16　印张：16.5　字数：277 千字
版　　次：2023 年 10 月第 1 版
印　　次：2023 年 10 月第 1 次印刷
定　　价：78.00 元

凡所购买电子工业出版社图书有缺损问题，请向购买书店调换。若书店售缺，请与本社发行部联系，联系及邮购电话：(010) 88254888，88258888。
质量投诉请发邮件至 zlts@phei.com.cn，盗版侵权举报请发邮件至 dbqq@phei.com.cn。
本书咨询联系方式：(010) 88254199，sjb@phei.com.cn。

前　言

随着项目管理在全球范围内的广泛应用与发展，项目经济成为企业在巨变时代的关键驱动力。为了协助全球项目获得成功，项目管理协会（Project Management Institute，PMI）在 2021 年 7 月正式发行了《PMBOK®指南》（第 7 版），从而为下一个 50 年奠定了基础。PMI 对《PMBOK®指南》（第 7 版）做出了重大调整，并对其经典的过程组、知识领域和 ITTO 体系进行了重大变革。

最新 PMP®考试大幅减少了与质量、成本、范围、进度等"硬技能"知识点相关的考题，大幅增加了与资源、沟通、干系人[1]等"软技能"实践及业务敏锐度相关的考题。最新 PMP®考题在融合项目管理与敏捷实践的同时，更基于身在职场的一线项目经理的切身经历，体现了真实的项目环境，期望达到"练兵"的效果，通过 PMP®考试的考生，说明其已具备管理当前环境下通用项目的能力。这也使考生难以通过死记硬背知识点、过程、ITTO 就能通过 PMP®考试，因此需要透彻了解《PMBOK®指南》（第 7 版）精髓并具备敏捷实践经验的专家引导学习。

本书作者基于几十年的项目实践和教学经验，用全新的视角和思维方法呈现 PMP®考试的最新考点和题型，并通过情境化的描述，将项目管理知识与实践进行衔接，使读者能获得一种沉浸式的学习体验，在学习项目管理方法的同时更高效

---

[1] 由于《PMBOK®指南》（第 6 版）与《PMBOK®指南》（第 7 版）的翻译不同，一些术语的译法有了变化。例如，"Stakeholder"在第 6 版中被译为"相关方"，在第 7 版中被译为"干系人"。为了配合新版 PMP®考试，本书中的术语与第 7 版的译法保持一致。

地准备 PMP® 考试。本书涵盖了《PMBOK® 指南》(第7版)的精髓和最新的 PMP® 考纲全部内容。除了能帮助读者更好地掌握在巨变时代做好项目的关键要点,还能帮助读者更有效率地备考,更高效地通过 PMP® 认证考试。

本书首先从《PMBOK® 指南》(第7版)与 PMP® 考试的特点入手,对比分析了《PMBOK® 指南》(第7版)与前几版的差异,将项目管理十二项原则归纳为"赋能、应变、成事"三类,将八大绩效域归纳为"怎样带(待)人、怎样应变、怎样做事"三个方面。

在当今的项目管理中,人的因素变得越来越重要和关键,项目领导者与团队的领导力也就愈发重要。为此,本书采用了完美融合科学与人性的项目领导力五维模型,通过有效提高项目领导者、团队及组织的项目领导力水平,确保团队达到项目成功所必需的良好能量状态,进而在动荡的项目环境中交付有价值的卓越成果。同时,我们结合 PMP® 新考题特点,从项目领导力五维模型出发,探讨了如何在解题中根据选择能量状态最高的原则选择最合适的答案。

在本书中,我们将所有新版 PMP® 考纲逐一对照到项目愿景校准维度、相关方信任统合维度、项目团队喜悦交付维度、项目团队安心专注维度。第2~5章的每个任务用一个案例贯穿每个考纲,每个考纲一道模拟考题和详细解析,帮助读者为 PMP® 考试做全面的准备。模拟考题贴近最新 PMP® 考试的情境化考题,以真实项目情境展现考纲要点。每道考题都考验着读者在项目工作的判断,在考题的挑战和题解的解惑下,引导读者迈向项目管理专业人士。

我们深知,在项目管理领域中,学习是一个持续的过程。在这个过程中,最重要的是培养对项目管理的热情和对团队的关注。本书旨在帮助读者在实践中不断提升自己的项目管理能力和项目领导力,将理论知识与项目实践结合,实现项目成功。通过阅读本书,我们希望读者能够对新版 PMP® 考试有更全面的了解,更好地把握考试重点,从而在考试中脱颖而出。同时,我们期望读者在日常项目管理工作中能够运用所学知识和技能,成为一名优秀的项目经理,为企业和客户创造更多价值。

本书的编写离不开我们团队的共同努力。感谢所有参与本书创作的人员,尤其是张耀鸿博士与陈信祥博士,他们在项目管理领域的专业知识与实践经验为本书的编写提供了宝贵的支持。同时，感谢PMI，其持续推动项目管理发展的努力，为我们提供了丰富的理论体系和实践案例。

在编写本书的过程中，我们尽可能保证了内容的准确性和完整性。然而，考虑到人的局限性和知识的不断发展，本书难免存在疏漏和不足之处。因此，我们真诚地希望广大读者能够提出宝贵的意见和建议，帮助我们不断完善本书，更好地服务于广大 PMP®考生。欢迎大家关注本书微信公众号，里面会有关于本书内容第一时间的信息发布和更新，大家也可以留言与我们互动。

我们相信，通过本书的学习，考生将更好地理解和把握新版 PMP®考试的重点，我们衷心地祝愿每位读者通过学习本书，不仅能够顺利通过考试，还能将所学实践于项目工作，为组织创造价值，为自己的职业生涯谱写精彩篇章。

目 录

第 1 章 《PMBOK®指南》(第 7 版) 与 PMP®考试分析 ... 1
    1.1 PMI 因应巨变时代项目经济的变革 ... 1
    1.2 解读《PMBOK®指南》(第 7 版) ... 2
    1.3 PMP®新考题特点 ... 7
    1.4 以新维度剖析 PMP®新考纲，掌握解题诀窍 ... 10

第 2 章 项目领导力高度 ... 16
    2.1 高度——愿景校准力简介 ... 16
    2.2 设定清晰的愿景和使命 ... 17
    2.3 谈判确定项目协议 ... 18
    2.4 管理项目变更 ... 25
    2.5 制定项目治理结构 ... 32
    2.6 规划和管理项目的合规性 ... 35
    2.7 评估并交付项目利益和价值 ... 44
    2.8 评估并应对外部业务环境变化对范围的影响 ... 53
    2.9 为组织变更提供支持 ... 61

第3章 项目领导力广度 68

3.1 广度——信任统合力简介 68
3.2 领导团队 69
3.3 确保团队成员/干系人完成适当培训 75
3.4 建设团队 83
3.5 与干系人协作 90
3.6 凝聚共识 95
3.7 让虚拟团队参与进来并为其提供支持 100
3.8 定义团队的基本规则 106
3.9 让干系人参与进来 112
3.10 管理沟通 118

第4章 项目领导力进度 125

4.1 进度——喜悦交付力简介 125
4.2 向团队成员和干系人授权 126
4.3 解决和消除团队面临的障碍、妨碍和阻碍 131
4.4 执行需要紧急交付商业价值的项目 137
4.5 评估和管理风险 146
4.6 规划并管理预算和资源 153
4.7 规划和管理进度计划 159
4.8 规划和管理产品/可交付成果的质量 167
4.9 规划和管理范围 172
4.10 整合项目规划活动 178
4.11 规划和管理采购 187
4.12 管理项目工件 195
4.13 确定适当的项目方法论/方法和实践 200

4.14 管理项目问题 206

4.15 规划和管理项目/阶段的收尾或过渡工作 212

第5章 项目领导力深度 219

5.1 深度——安心专注力简介 219

5.2 管理冲突 220

5.3 启发、激励及维护团队 226

5.4 支持团队绩效 231

5.5 指导有关的干系人 238

5.6 运用情商提升团队绩效 243

5.7 确保进行知识交流，使项目得以持续开展 248

结　　语 254

第 1 章

《PMBOK®指南》（第 7 版）
与 PMP®考试分析[1]

1.1 PMI 因应巨变时代项目经济的变革

PMI 自 1969 年成立以来，已有超过 50 年的历史，是全球领先的项目管理专业组织。PMI 业务遍及全球各国和地区，其致力于通过推广国际认可的标准、认证、社区、资源、工具、学术研究、出版物、专业发展课程和交流机会，提高项目成功率和组织绩效。这一切都有助于项目管理领域的成熟和发展，为项目经济时代的专业人士做好准备。

PMI 发布的标准类图书中，《项目管理知识体系指南（PMBOK®指南）》（以下简称《PMBOK®指南》）全球发行量超过 647 万册。PMI 提供的认证中，项目管理专业人士（PMP®）资质认证被视为全球权威认证，是许多世界 500 强企业的首选。截至 2023 年 3 月，全球有效 PMP®认证人数达到 1 326 227 人。

---

[1] 第 1 章的内容主要引自《5D 项目领导力：在巨变时代成功交付项目价值的奥妙》。

我们正处于 VUCA[1]时代，也称 BANI[2]时代或项目经济时代。在这个巨变时代，市场变化迅速，竞争加剧，企业需要更加灵活地应对市场变化，开展更多项目，寻求新的商业机会。在项目经济中，项目管理成为企业和组织的核心竞争力，具有高度敏捷性、灵活性和响应能力，以满足不断变化的客户需求和市场条件。项目管理被视为一种战略能力，使企业和组织能够向其客户和干系人提供价值，同时确保有效利用资源和实现业务目标。企业和组织越来越多地围绕项目组织活动，而不是围绕传统的职能或部门结构。

为了应对未来挑战，协助全球项目获得成功，为下一个 50 年奠定基础，PMI 做出了重大变革。2021 年 7 月发布的《PMBOK®指南》(第 7 版)发生了翻天覆地的变化，将"组织"重新定义为"创造价值的系统"，并从原来的知识领域和过程组架构演变成了融合敏捷思维的新模式，利用项目管理十二项原则指导八大绩效域工作，以解决项目经理过度聚焦于投入、工具和技术、产出，缺乏对团队的带领和项目价值的关注的问题。

1.2 解读《PMBOK®指南》(第 7 版)

1.《PMBOK®指南》(第 7 版)的特点

《PMBOK®指南》(第 7 版)于 2021 年发布，相较于《PMBOK®指南》(第 6 版)，在内容和结构上做出了一系列重要调整，以更好地适应当前项目管理的实践和趋势。《PMBOK®指南》(第 7 版)的特点包括但不限于以下几点。

---

1 VUCA 取自四个英文单词的首字母，V (Volatility) 指易变性，U (Uncertainty) 指不确定性，C (Complexity) 指复杂性，A (Ambiguity) 指模糊性。
2 BANI 取自四个英文单词的首字母，B (Brittleness) 指脆弱性，A (Anxiety) 指焦虑感，N (Non-Linear) 指非线性，I (Incomprehensibility) 指不可理解。

第 1 章 《PMBOK®指南》(第 7 版)与 PMP®考试分析

1)从过程导向转向结果导向

将关注点从固定的过程和输入/输出转向项目产生的价值和结果。这种变化意味着项目管理的核心目标是实现项目价值,而非仅仅遵循固定过程。

2)引入价值交付系统

提出了新概念"价值交付系统"(Value Delivery System),协助项目经理关注项目整体价值创造。价值交付系统包括项目、项目集和项目组合管理,以及组织的战略和治理实践。

3)强调整合能力

着重项目经理在工作方法、影响力和商业敏锐度三方面的整合能力。这些能力与 PMI 的项目经理能力金三角相呼应,强调项目经理应具备多种技能,以适应不断变化的项目环境。

4)敏捷和混合方法论

更关注敏捷和混合方法论的运用,以适应不断变化的项目需求。项目经理可以结合敏捷、瀑布和其他项目管理方法,根据实际情况选择最合适的方法来实现项目目标。

5)引入项目绩效域

将项目绩效域划分为八个,涵盖项目管理的各个方面(详见本书 1.3 节)。项目绩效域为项目经理提供了一个全面且灵活的框架,有助于在不同项目环境下成功执行项目。

6)以十二项原则引领八大绩效域

展示了在巨变时代成功项目管理实践的通用知识。这意味着在巨变时代,仅遵循固定过程组并依规划执行已不足以确保项目成功。项目经理必须激励、支持并赋能团队成员,帮助他们发挥最大潜力,实现目标和持续创新。项目经理需要关注团队成员的自主性、创造力和协作精神,以提高应对变化和不确定性的适应能力。《PMBOK®指南》(第 7 版)的十二项原则与敏捷十二项原则在许多方面相互关联,它们都强调以客户需求为核心,关注团队合作、持续改进和应对变化。

《PMBOK®指南》（第 7 版）的原则可以与敏捷原则相互补充，共同帮助项目团队实现成功的项目交付。

综上所述，《PMBOK®指南》（第 7 版）对项目管理知识体系进行了一系列更新和优化，以适应当今项目管理的实践和发展趋势。它强调了项目管理的核心目标是实现项目价值，而非仅仅遵循固定过程。通过引入价值交付系统、强调整合能力、关注敏捷和混合方法论，以及引入项目绩效域和十二项原则，《PMBOK®指南》（第 7 版）为项目经理提供了一个更全面、灵活且适应性强的框架，有助于在不同项目环境下成功执行项目。

作者对《PMBOK®指南》（第 7 版）的解读将项目管理的十二项原则概括为"赋能、应变、成事"三类；同时，将八大绩效域总结为"怎样带（待）人、怎样应变、怎样做事"三个方面，如图 1-1 所示的项目管理三原三域（三类原则与三类绩效域）框架。这种分析和归纳方法使读者更容易理解和掌握《PMBOK®指南》（第 7 版）的核心内容，进而有助于将所学知识有效地应用于实际项目工作中。

2. 项目管理十二项原则分为赋能、应变、成事三类

1）第一类原则："赋能"

在怎样带（待）人方面，要把握"赋能"原则。项目经理应运用影响力引导团队和干系人，赋予他们权力和自主性，同时降低无价值行为的发生（熵减）。通过提升项目负责人、团队成员和干系人的领导能力，有助于确保项目顺利实施并取得成功。"赋能"包括以下四项原则：

- 成为勤勉且受尊敬的项目负责人（勤勉尊爱：管家）。
- 创造一个协同互助的项目团队环境（团队协同：团队）。
- 引领干系人适时参与并积极合作（合纵连横：参与）。
- 展现卓越的项目领导力（卓越引领：领导）。

第 1 章 《PMBOK®指南》(第 7 版)与 PMP®考试分析

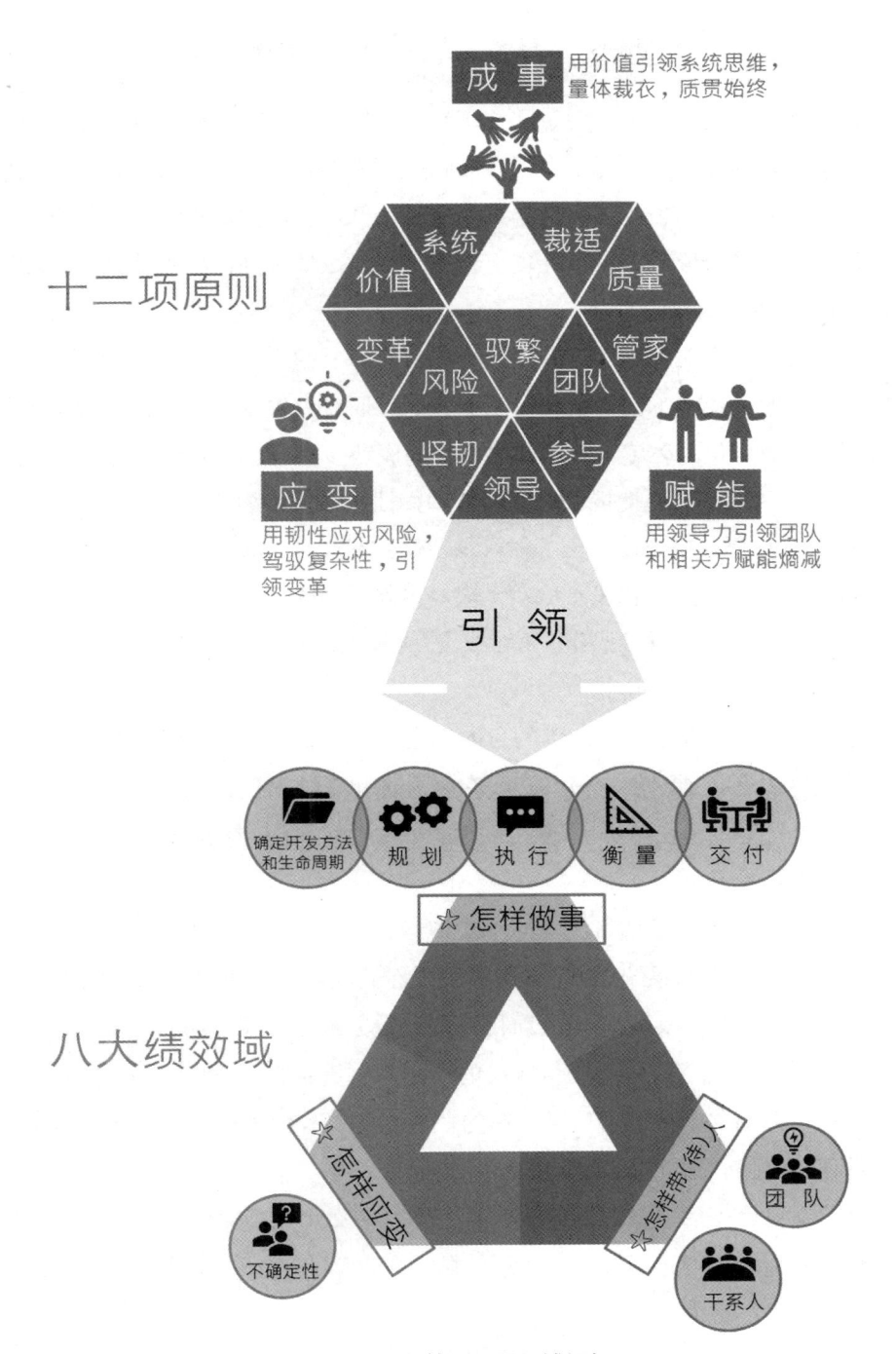

成事：用价值引领系统思维，量体裁衣，质贯始终

十二项原则：系统、裁适、价值、质量、变革、驭繁、管家、风险、团队、坚韧、参与、领导

应变：用韧性应对风险，驾驭复杂性，引领变革

赋能：用领导力引领团队和相关方赋能熵减

引领

☆ 怎样做事：确定开发方法和生命周期、规划、执行、衡量、交付

八大绩效域：☆怎样应变（不确定性）、☆怎样带(待)人（干系人）、团队

图 1-1　项目管理三原三域框架

2）第二类原则："应变"

在应对项目中的不确定性时，关键在于掌握"应变"原则。项目经理应努力提升团队的韧性和适应能力，以便在面临挑战和变化时迅速调整。此外，项目经理还需关注风险管理，制定合适的策略，以降低潜在风险对项目目标的影响。在处理复杂的项目环境时，项目经理应善于驾驭复杂性，确保项目能在各种情况下保持稳定运行。

保持初心是成功应对变革的关键。项目经理要始终关注项目愿景，确保团队在应对变化的过程中不偏离最初设定的目标。通过引领变革，项目经理可以带领团队应对不断变化的环境，从而实现项目的成功。"应变"包括以下四项原则：

- 面对变化，遭遇挫折，展现弹性和韧性（凤凰涅槃：坚韧）。
- 面对复杂，要与繁共舞（驾驭复杂性：驭繁）。
- 面对风险，要优化风险应对（应对风险：风险）。
- 面对变革，要紧盯愿景（革新如愿：变革）。

3）第三类原则："成事"

这是赋能和应变最终要达到的目的，也是体现项目管理价值的根本所在。具体包括交付成果必须聚焦价值，必须有全局观和系统思维，必须在管理上因地制宜，确保项目无论是在过程中还是在交付成果方面，质量都要好。"成事"包括以下四项原则：

- 将价值作为衡量项目成功的终极指标（聚焦价值：价值）。
- 构建全局观和系统思维,确保组织层面的项目管理效果（全系统观：系统）。
- 根据项目特性裁剪适当的项目管理方法（量体裁衣：裁适）。
- 确保项目管理过程和交付成果的质量（质贯始终：质量）。

这三类原则共同构成了项目管理的核心要素，有助于项目经理在实践中更好地应对各种挑战，实现项目成功。

有了项目管理的"赋能、应变、成事"这三类十二项原则，还必须配以如何衡量和检验项目做得好不好的八大绩效域。

3. 八大绩效域分为怎样带（待）人、怎样应变、怎样做事三个方面

- 第一类绩效域就是"怎样带（待）人"，具体包括两个绩效域：团队、干系人。
- 第二类绩效域就是"怎样应变"，具体包括一个绩效域：不确定性。
- 第三类绩效域就是"怎样做事"，具体包括五个绩效域：确定开发方法和生命周期、规划、执行、衡量和交付。

在《PMBOK®指南》(第7版)中，从过去以流程程序为主转变为以人为核心。这一转变强调了如何为团队赋能，协助干系人更有效地应对变革、复杂性和风险，以实现更优质的项目交付成果。这表明，要更好地应对项目环境的不确定性，我们必须遵循原则，充分调动人的主观能动性，而非僵化地遵循固定过程。在实际操作中，工作过程、工具和模板都应根据实际需求进行灵活调整，以助力项目取得成功。

1.3 PMP®新考题特点

1. 新考题转向更有助于实际项目工作

项目成功的定义已不仅是如期、如质、如预算做完项目工作，而是要为客户和项目所在的组织创造价值。学习项目管理不再只是丰富项目经理的知识，而是要能应用在工作中并创造价值。PMP®新考题由许多在职场的项目经理实际依照项目工作中的场景和挑战出题，几乎都是项目管理应用题，很少或几乎没有知识记忆背诵题。因此，通过PMP®考试也是项目经理在巨变时代项目管理职场上成就卓越的认证。

2. 新考题转向灵活采用各种生命周期开发方式

新考题包括更多与敏捷和混合方法相关的内容，项目经理应该了解传统项目

管理、敏捷项目管理、混合项目管理，掌握敏捷价值观、原则和实践、框架和流程、工具和技术，并能够实际应用到项目管理中。除此之外，项目经理应能选择采用传统、敏捷或混合方法，并裁剪项目管理方法，以满足项目的特定需求。项目经理应该对项目的背景有深刻的理解，并能够相应地定制适合的项目管理方法。

3. 新考题转向业务战略和收益实现

新考题强调了解业务战略以及如何使项目目标与组织目标保持一致的重要性，项目经理还应该知道如何衡量和实现项目的收益。新版的项目经理能力金三角更新为：工作方式、影响力技能、商业敏锐度。

有别于以往项目管理技术占 100%，在巨变时代，人的因素更重要。在新版 PMP®考纲中，与硬技能相关的工作方式（Ways of Working）只占 50%；而与软技能相关的影响力技能（Power Skills）占 42%，商业敏锐度（Business Acumen）占 8%。

4. 新考题转向强调影响力技能

新版的项目经理能力金三角中，新增了"影响力技能"，以强调项目经理在当今复杂多变的环境中需要具备的关键能力。影响力技能至少包括以下五个方面。

1）敏捷性

在项目执行过程中，项目经理需要能够快速适应变化，确保项目在不断变化的环境中保持高效。这意味着项目经理能够灵活地运用敏捷方法、持续改进和迭代，以及高效地解决问题。

2）创新思维

项目经理需要具备创新思维，能够从不同的角度看待问题并寻找新颖、有效的解决方案。这意味着项目经理需要不断地学习和思考，以便在项目中发现潜在的改进空间和创新机会。

3）跨文化协作

随着全球化的发展，项目经理需要与不同国家、文化背景的团队成员合作。

第 1 章 《PMBOK®指南》(第 7 版)与 PMP®考试分析

强大的跨文化沟通能力可以帮助项目经理更好地理解和管理多样性,从而提高项目成功的可能性。

4)数据驱动决策

在数字化时代,项目经理需要利用大量数据来驱动决策。这意味着项目经理需要具备数据分析技能,能够从海量数据中提炼出有价值的信息,并将这些信息用于指导项目决策。

5)情商

项目经理需要具有高情商,以便更好地理解、关心和激发团队成员。这包括同理心、自我管理和社交技能等方面,这些能力可以帮助项目经理在团队之间建立信任,提高协作效率。

总之,新版的项目经理能力金三角的"影响力技能"强调了项目经理在当今环境中需要具备的关键能力,以应对日益复杂和多变的项目挑战。具备这些能力将有助于项目经理在项目管理领域取得更好的成绩。

5. 新考题题型更加多样

1)单选题

这是 PMP®考试中最常见的题型,考生需要从四个选项中选择一个最佳答案。此类题目主要测试考生对项目管理知识和实践的理解和应用能力。

2)多选题

与单选题类似,但考生需要从多个选项中选择若干个正确答案。此类题目较为复杂,要求考生具备较高的项目管理知识和分析能力。

3)填空题

考生需要在空白处填写适当的答案。此类题目主要测试考生对项目管理术语、概念和技术的熟练掌握程度。

4)匹配题

考生需要将一组项目管理相关的术语、概念或过程与另一组描述或定义进行匹配。此类题目要求考生对项目管理知识体系有深入的了解和掌握。

5）拖放题

考生需要将给定的项目管理元素拖动到正确的类别或顺序中。此类题目测试考生对项目管理流程、方法和实践的综合理解和应用能力。

新版 PMP®考试注重实际应用和场景分析，因此在题目中会出现许多基于实际项目情境的问题。考生需要充分理解项目管理知识体系，掌握各种项目管理方法和实践，才能在考试中取得好成绩。

1.4 以新维度剖析 PMP®新考纲，掌握解题诀窍

在新版的项目经理能力金三角中，"影响力技能"指的是项目领导力的核心技能，以确保个人和团队在项目中取得成功。在巨变时代，人的因素在项目管理中变得越来越关键，项目领导者与团队的领导力显得尤为重要。项目成功依赖于人的能力，特别是解决问题和为客户与企业创造价值的能力。项目领导力的内在驱动力包括自信、勇气、热情、主动、无畏困难、不骄不躁、互信包容等特质，这些特质构成了所谓的热度（能量状态），充满活力和生命力，体现了人类独特的情感（爱）与创造力（灵感）。

当前的项目管理研究和实践逐渐从科学流程化转向调动项目团队成员潜能，以便在动荡的环境中为项目创造价值。基于西方项目管理科学、多年的项目实践和教育研究，张斌、许秀影和陈信祥三位博士在《5D 项目领导力：在巨变时代成功交付项目价值的奥妙》一书中提出了一个巨变时代的项目领导力五维模型，该模型结合了东方智慧《易经》和量子力学。这一独创性模型可以量化衡量、评价和改进项目领导者、团队及组织的领导力水平。

通过有效提高项目领导者、团队和组织的项目领导力水平，项目领导力五维模型有助于确保项目管理成功所需的良好能量状态，并在动荡的项目环境中交付有价值的卓越成果。项目领导力五维模型包括项目领导力的五个核心能力，如图1-2 所示。总之，在巨变时代的项目管理中，项目领导力及其关键技能对于确保项目成功和团队绩效至关重要。

第 1 章　《PMBOK®指南》（第 7 版）与 PMP®考试分析

```
              高度
               ↑
           愿景校准力
    广度              进度
  ← 信任统合力  热度   喜悦交付力 →
              熵减赋能力
           安心专注力
               ↓
              深度
```

图 1-2　项目领导力的五个核心能力

1．项目领导力热度——熵减赋能力

项目领导力热度是项目领导力的内在驱动力，代表了领导者的状态，能量阶梯图和说明如图 1-3 所示。项目领导者的热度越高，越能够有效地对周围的干系人进行赋能。倘若项目领导者能够驾驭自己的能量状态，那么项目及团队命运将百分之百地完全由项目领导者掌握。

能量阶梯图由左至右分别说明如下：热度能量共有 16 个层级，数值越大表示能量越高，热度状态越好；分为 SOS、很缺爱、需要爱、爱自己、成为爱、成就爱、充满爱 7 个阶段；共有从"羞愧与放弃"到"幸福与宁静"16 个状态名称，6 个级别：A+级、A 级、B 级、C 级、D 级、F 级。

热度状态常常会随着体力、情绪波动和起伏不断变化，能否保持身体健康、情绪稳定并确保能量状态在项目成功所需的状态及格线上很关键。根据《5D 项目领导力：在巨变时代成功交付项目价值的奥妙》作者们的研究，在巨变时代，项目成员和项目负责人都有对应的热度状态及格线：项目成员的热度状态及格线是热度状态 9（勇气与坚韧）；项目负责人的热度状态及格线是热度状态 10（信任与可靠）。只有项目成员和项目负责人的热度状态达到及格线或及格线以上，项目才能获得成功。新考题的解题诀窍就是选择热度状态高的选项。

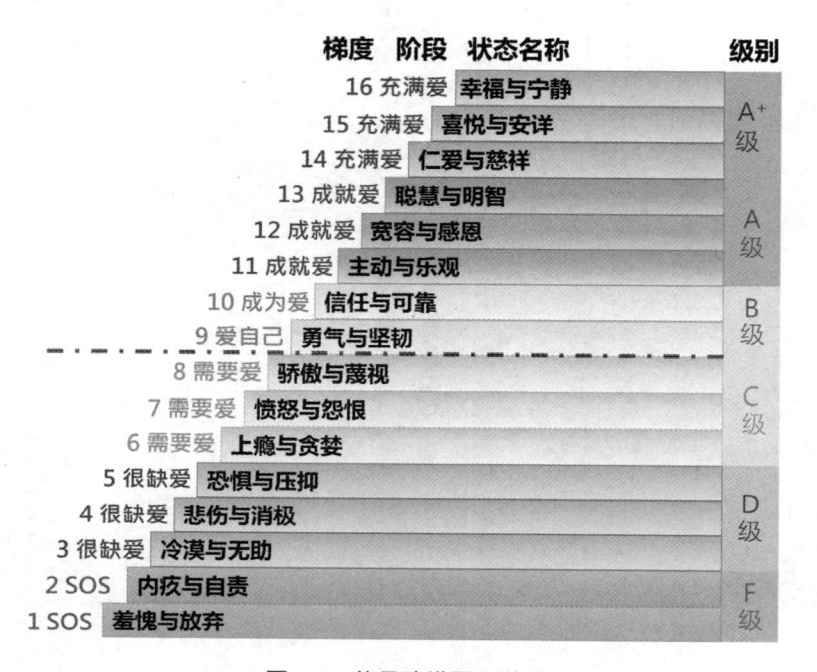

梯度	阶段	状态名称	级别
16	充满爱	幸福与宁静	A+级
15	充满爱	喜悦与安详	A+级
14	充满爱	仁爱与慈祥	A+级
13	成就爱	聪慧与明智	A级
12	成就爱	宽容与感恩	A级
11	成就爱	主动与乐观	A级
10	成为爱	信任与可靠	B级
9	爱自己	勇气与坚韧	B级
8	需要爱	骄傲与蔑视	C级
7	需要爱	愤怒与怨恨	C级
6	需要爱	上瘾与贪婪	C级
5	很缺爱	恐惧与压抑	D级
4	很缺爱	悲伤与消极	D级
3	很缺爱	冷漠与无助	D级
2	SOS	内疚与自责	F级
1	SOS	羞愧与放弃	F级

图 1-3 能量阶梯图和说明

2. 项目领导力高度——愿景校准力

项目领导力高度是指领导者在给团队成员构建愿景和使命、指明方向、应对变化和变革时的能力展现。项目领导力高度从本质上代表了项目能量聚焦的方向（使命）：是否以及如何能够让人为项目使命感到兴奋和憧憬，并能敏锐地根据战略变化对项目工作进行及时调整，取得生机勃勃的美好成果。

3. 项目领导力广度——信任统合力

项目领导力广度是指领导者面对广大的干系人时在统合对立、建立信任，以及如何柔和引导、团结凝聚人心方面的能力展现。项目领导力广度从本质上代表了项目能量团结的力量（干系人）：是否以及如何能够让人融洽团结、求同存异。

4. 项目领导力深度——安心专注力

项目领导力深度是指领导者能够带领整个团队在项目中不为各种诱惑或杂事所分心，有很高的自我控制能力，能够挡掉干扰、安心专注、沉稳执着，以及领导者心甘情愿放下私欲，乐于奉献。项目领导力深度从本质代表了项目热度状态的好坏（内在驱动力）：是否以及如何能够让整个团队专精和纯粹？

5. 项目领导力进度——喜悦交付力

项目领导力进度是指领导者在进度上扫清困难，排除障碍，小步快跑，以及用心营造喜悦的氛围，及时有效交付对客户最有价值的成果和服务方面的能力展现。项目领导力进度代表了项目能量显化的结果（价值）：是否以及如何能够让人不断感到成功和愉悦？

项目领导力五维模型以如何在项目中有效赋能自己和团队、激发活力的热度为原点和出发点，用高度、广度、深度和进度作为项目领导力 4 个方向的外在表现形式，以热度为核心，从 4 个维度与 PMP®考纲对照，如图 1-4 所示。

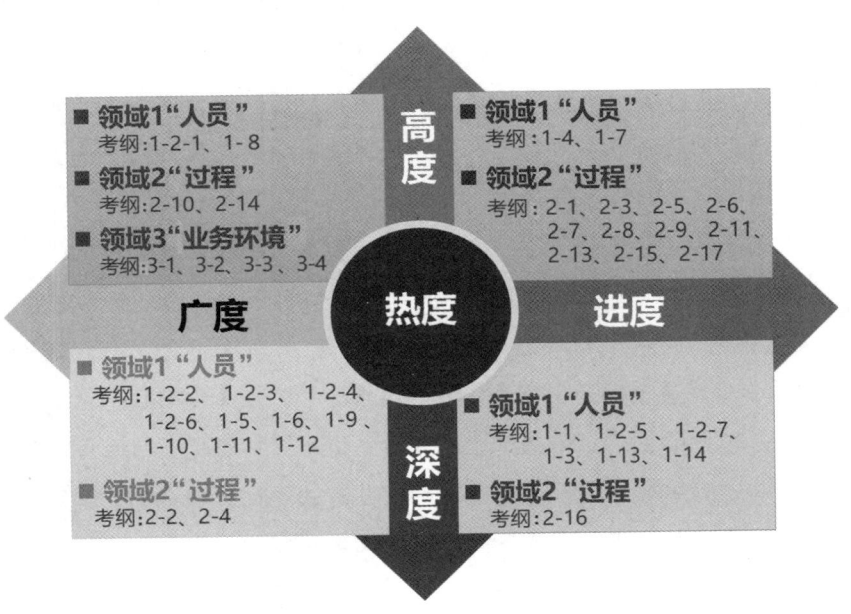

高度
- 领域1"人员"　考纲：1-4、1-7
- 领域2"过程"　考纲：2-1、2-3、2-5、2-6、2-7、2-8、2-9、2-11、2-13、2-15、2-17

广度
- 领域1"人员"　考纲：1-2-1、1-8
- 领域2"过程"　考纲：2-10、2-14
- 领域3"业务环境"　考纲：3-1、3-2、3-3、3-4

热度

进度

深度
- 领域1"人员"　考纲：1-2-2、1-2-3、1-2-4、1-2-6、1-5、1-6、1-9、1-10、1-11、1-12
- 领域2"过程"　考纲：2-2、2-4

深度
- 领域1"人员"　考纲：1-1、1-2-5、1-2-7、1-3、1-13、1-14
- 领域2"过程"　考纲：2-16

图 1-4　项目领导力五维模型与 PMP®考纲对照

项目领导力五维模型的核心是热度，对外展现形式是高度、广度、深度和进度。领导者由热度做内在驱动力，做到熵减和赋能，让自己和团队保持一个必要良好的状态。

新版 PMP® 考试中有不少考题如果从项目管理者的热度和状态角度考虑，解题的思路会更加清晰，答案会更加明确。新版 PMP® 的解题诀窍在于要选择选项中能量状态最高的答案。

例如：

5.6.2 分析个性指标并适应关键项目干系人的情感交流的需要（考纲1-14-2）

【题目】沟通中断，团队不能很好地合作，太阳科技公司的销售额正在下降，秦总和麦总继续因安装失败而互相指责。你约见秦总和麦总，看看是否能确定他们彼此之间问题的根本原因。你需要让他们了解他们的行为方式正在影响团队，并且他们都需要做出改变。请问你将如何在这次会议上发表开场白？

A. 告诉双方，他们将互相调换岗位，如果还无法解决，他们将被解除职务，也许这样做能够解决换位思考的问题。

B. 向他们俩解释，如果他们无法解决问题，你将寻求何总的支持以采取纪律处分，他们都得为团队成员的行为负责。

C. 请他们从对方的角度探讨问题，明确传达这不是为了指责对方，而是为了找到原因并解决问题。不管是什么原因导致安装失败，他们都必须尊重彼此和他们的团队。

D. 承认他们没有取得进展，这正在影响整个团队的表现。让他们概述自己团队中可能导致故障的问题，并确定他们用于解决问题的方法。

【答案】C

【解析】本题考查的知识点是，分析个性指标并适应关键项目干系人的情感交流的需要。解题关键在于，情感交流时如何保证双方都能处于项目成功的状态及格线之上。本题的四个选项中，选项 C 的做法是正确的，彼此尊重，换位思考，不放弃找到解决问题的任何希望，同时强调尊重和合作。这些都是可以让状态提升到确保项目成功及格线以上的做法。所以，正确答案是 C。

选项 A：不正确。这个选项看似想要让双方换位思考，但还是会回到威胁双

第 1 章 《PMBOK®指南》(第 7 版) 与 PMP®考试分析

方并让双方感到恐惧的老路上。

选项 B：不正确。这个选项是威胁，会让双方在情感交流时处于恐惧的状态，低于状态及格线，还可能导致更多的紧张关系，对团队的士气产生负面影响。

选项 D：不正确。这个选项的做法是理性的，但是双方之前的相互指责说明彼此都处于愤怒与怨恨、骄傲与蔑视状态，这样做并未明确强调尊重和合作，从情感层面也没有看出来能对双方状态的提升有任何帮助。

第 2 章

项目领导力高度

2.1 高度——愿景校准力简介

项目领导力高度涵盖两个关键方面：明确战略，紧盯愿景；迎接改变，竞争卓越。在项目立项前，根据组织战略设定明确的项目愿景。在项目进行过程中，要积极应对变化，在追求客户需求满足和卓越成果的同时，始终紧盯愿景，实现项目初创时所设定的目标并获得成果。

这一维度的核心原则是关注愿景而非仅关注计划，保持初心，牢记使命。为实现项目愿景，项目经理应根据战略变化对项目工作进行敏锐且及时的调整，紧紧把握项目机遇，领导团队取得项目成功和美好成果。与项目领导力高度相关的考纲如表 2-1 所示，具体说明将在下述各小节展开。

表 2-1 与项目领导力高度相关的考纲

维度	PMP®考纲
高度	领域 1 "人员"
	任务 2：领导团队（1-2-1 设定清晰的愿景和使命）
	任务 8：谈判确定项目协议

续表

维度	PMP®考纲
高度	领域2"过程"
	任务10：管理项目变更
	任务14：制定项目治理结构
	领域3"业务环境"
	任务1：规划和管理项目的合规性
	任务2：评估并交付项目利益和价值
	任务3：评估并应对外部业务环境变化对范围的影响
	任务4：为组织变更提供支持

2.2 设定清晰的愿景和使命

在项目管理中，设定清晰的愿景和使命是指为项目明确其长期目标和价值观，为项目团队提供一个共同追求的目标和价值体系。项目愿景描述了项目完成后所希望达到的理想状态，激发团队成员的创新和激情。项目使命则阐述了项目的核心目的和价值，指导团队成员的日常工作和决策。通过设定清晰的愿景和使命，可以提供指导性的价值观和行为准则，帮助项目和组织的成员达成共识，实现目标。

PMP®考纲领域1："人员"的任务2共有7个驱动因素，其中仅第1个驱动因素"设定清晰的愿景和使命"属于本维度。

> **情境案例**
>
> B公司计划竞标A集团的P项目，项目经理是小战，你作为P项目的产品负责人（Product Owner, PO），需要确定项目团队成员的角色与职责，包括项目经理、软件开发人员和法律顾问。你将决定团队成员如何安全地处理信息，以及如何提供合适的用户界面。
>
> 备注：PO是敏捷团队甲方代表或乙方的产品经理，也就是客户代表或最懂客户需求的人。PO的职责是，在项目进行过程中，决定团队待办事项列表排序，为项目最后的产品、服务或结果是否有价值当责。

设定清晰的愿景和使命（考纲 1-2-1）

确保项目、干系人和组织目标与明确的愿景和使命保持一致，是引领项目走向成功的关键起点。尽管愿景和使命为项目提供了指导方针，但项目经理的领导才能保证团队具备达到项目成功所必需的状态。

【题目】你正在与小战及 P 项目各团队小组长见面开会，以确定是否投标 P 项目。请问在这次会议中，应优先讨论以下哪两项内容？

A. 预计的开发时间。
B. 需要的开发人员以及具备的技能水平。
C. 投标这个项目的背景。
D. 这个项目是否与 B 公司的战略保持一致。

【答案】C D

【解析】本题考查的知识点是设定清晰的愿景与使命。解题关键在于，引导关于愿景和使命的讨论应该专注于项目目标以及如何与组织目标保持一致，如果项目愿景与公司战略不一致，就不需要讨论资源和进度等详细信息。本题 4 个选项中，选项 C 有助于团队领导者和经理了解投标项目的初衷，从而更好地确定愿景和使命。选项 D 确保项目符合公司整体战略。所以，正确答案是 C 和 D。

选项 A：不正确。虽然了解预计的开发时间对于项目管理和资源分配很重要，但在确定项目愿景和使命阶段，讨论开发时间并不是最关键的议题。

选项 B：不正确。尽管了解所需开发人员和技能水平对于项目成功很重要，但在确定项目愿景和使命阶段，这个问题的讨论优先级相对较低。

2.3 谈判确定项目协议

谈判确定项目协议是在项目筹备阶段，各方参与者之间达成共识和明确各项协议。此过程主要涉及协商项目目标、范围、预算、时间、资源分配、风险管理等方面的内容，以便在项目实施过程中确保顺利进行。谈判过程需要强调沟通与协作，以达成各方满意的协议。

谈判确定项目协议的步骤包括：①分析谈判协议的范围；②评估优先级并确定最终目标；③确定谈判策略；④参与协议谈判；⑤核实是否已达到项目协议的目标。

5 个步骤对应 PMP®考纲领域 1："人员"的任务 8 的 5 个驱动因素，但执行顺序应该是 1-8-1，1-8-2，1-8-5，1-8-4，1-8-3，以下每个驱动因素的考题都使用下列情境案例。

> **情境案例**
>
> 小沈是 B 公司云系统部门经理，正在准备 P 项目的投标书（Request for Proposal，RFP）。根据投标书，供应商将为项目提供管理监督并协助进行战略投资决策。小沈请求你协助商讨项目协议，确保提交的投标书既符合中标要求，又与 B 公司的项目组合相匹配。

1. 分析谈判协议的范围（考纲 1-8-1）

分析谈判协议的范围是在谈判确定项目协议过程中，对项目的各个方面进行全面分析，以确定谈判的主要内容和讨论范围。这包括识别项目的关键需求、资源分配、预算、时间、质量要求、风险管理等方面的问题。通过对谈判协议范围的分析，可确保在实际谈判中覆盖所有重要议题，提高谈判效率。

【题目】小沈想请你开始着手启动协商项目协议，他建议你可以先开始工作，再看看如何推进。他对你充满信心，没有任何顾虑。请问以下哪一个是最适合的回答？

A. 在开始协商之前，虽然应想到协议范围内所有可能存在的疏漏，但没必要准备过度，我已做好充分准备，可以开始协商了。

B. 我会查看 RFP 的要求，并尝试找到协议范围内所有可能存在的疏漏。如果有，我将制订计划解决漏洞。

C. 小沈，你想要怎样都可以，因为是你负责与客户签订合同，所以我会尽可能地支持你。

D. 我们有必要一起思考与探索协议范围内所有可能存在的疏漏，以便为协商中任何可能性做好准备。

【答案】D

【解析】本题考查的知识点是分析谈判协议的范围。解题关键在于，与小沈及团队一起理解和分析协议的涵盖范围，并确保在谈判过程中保持一致的策略。本题的四个选项中，选项D表明你是一个负责任的人，并且能够与小沈及团队一起协作，以确保项目成功。此外，这个回答还说明了你已经意识到了协商过程中可能会出现的问题，从而降低了项目失败的风险，而不是盲目地开始工作。所以，正确答案是D。

选项A：不正确。虽然这个选项强调了准备的重要性，但它没有提到与小沈及团队合作的意愿，同时暗示了过度准备是不必要的，这可能会导致在协商过程中遇到意想不到的问题。

选项B：不正确。尽管这个选项表明了你对准备的认真态度，但它没有表现出与小沈共同努力的意愿，项目协议的协商通常需要团队合作和有效沟通。

选项C：不正确。这个选项表达了对小沈的支持，但没有强调为协商做好充分准备的重要性。在协商项目协议时，应确保协议范围内所有可能存在的疏漏都得到了充分考虑，以便为任何可能性做好准备。

2. 评估优先级并确定最终目标（考纲1-8-2）

评估优先级并确定最终目标是在谈判过程中，根据项目的实际需求和资源限制，对各项议题进行优先级评估，以便在协商过程中明确最重要的目标。这有助于项目团队在谈判中集中精力解决关键问题，确保项目的关键目标得以实现。作为交付项目结果的负责人，积极参与并明确预期结果是项目成功的关键。当风险和复杂性很高时，在合同或谈判中保持灵活性是有益的。如果项目范围发生变化的可能性很高，则可能需要考虑敏捷合同。

第2章 项目领导力高度

【题目】你和小沈正在讨论协议的细节，你对协议中要求的所有技能都充满信心，除了甲方在美国的分公司云系统硬件"必须与美国政府机构签订管辖权协议"这项要求，你的团队在这方面没有经验。小沈告诉你，他预期美国对云系统硬件的架设与使用权会采取敌对的立场，所以这是一个敏感点。在协商期间，为了让你和团队达成该项目目标，请问以下哪种做法最适合？

A. 当风险和复杂性很高时，在合同或协商中保持灵活性是没有帮助的，应该严格遵守变更流程，通过变更控制委员会批准，进行合同范围管理，这样才能确保项目如期、如质、如预算完成。

B. 让小沈处理协议中要求的所有方面，包括"与美国政府机构签订管辖权协议"这项要求，你的团队将专注于实际协商。让小沈确定所有的目标，并以此为基础设定团队对这个项目的期望。

C. 与小沈坐下来，找出解决管辖权协议问题的最佳方式，他很可能推荐一个资源来提供指导。无论采用哪种方式，我们都需要预先明确这些信息。

D. 建议与小沈分工，小沈应该根据 RFP 要求决定我们的目标，而我将根据整个项目的范围制定项目目标。

【答案】C

【解析】本题考查的知识点是评估优先级并确定最终目标。解题关键在于，在正式展开谈判前，应当与团队交流并确定优先事项，明确谈判的终极目标。本题的四个选项中，选项 C 强调了与小沈合作来解决关于管辖权协议的问题，通过找到合适的资源来了解相关问题，可以提高团队在协商过程中的信心，从而更有效地达成项目目标。所以，正确答案是 C。

选项 A：不正确。这个选项没有解决如何增强团队追求项目目标的信心的问题，而是将关注点放在合同范围管理上。此外，完全排除灵活性可能不是解决问题的最佳方法。

选项 B：不正确。这个选项让小沈承担了所有责任，而没有强调与小沈的合作以及团队如何共同努力提高信心。

选项 D：不正确。虽然这个选项提到了与小沈的分工，但它没有明确说明如何解决关于与美国政府机构签订管辖权协议的问题。应该通过共同努力来了解和解决这个问题，以便团队可以更自信地达成项目目标。

3. 确定谈判策略（考纲 1-8-5）

确定谈判策略是在谈判过程中，根据项目的实际情况和各方的需求与期望，选择合适的策略来推动谈判进展。谈判策略包括竞争性谈判、合作性谈判、权衡性谈判等。选择合适的策略有助于提高谈判效果，促进各方达成共识。

【题目】小沈预估美国政府会有严格的要求，他想在预算方面采取同样严格的立场。多年的经验告诉你，你可能会因竞争对手出价较低或遇到不道德的投标者而失败。为了降低项目失败的风险，请问你可以向小沈提出什么样的谈判策略？

A. 我们不能跟甲方对立，应该答应甲方的所有要求，然而，由于经费有限，团队也都尽力了，到时候有些需求无法满足时，甲方也会谅解，这样才能顺利中标。

B. 由于协作方法总是比单纯采取强硬立场的方法要好，因此向小沈推荐有说服力的方法。我们可以专注于共同利益而不是不同立场，保持耐心和积极的态度。

C. 小沈是对的。我们必须采取强硬立场，让甲方明白获得质量和经验的代价很高。建议与小沈共同制定可接受的预算，然后增加 50%以留出谈判空间。

D. 告诉小沈，你将制定一个合理的预算，准备好在需要时进行谈判。使用成本表、项目工期和可比较的项目预算为该预算提供证据。

【答案】B

【解析】本题考查的知识点是确定谈判策略，此时不能单纯采取强硬立场或者软弱屈服，而应该关注双方共同利益而非不同立场。解题关键在于了解谈判的核心原则。本题的四个选项中，选项 B 强调了采用合作和寻求共同利益的谈判策略。通过关注共同利益、保持耐心和积极的态度，可以降低项目失败的风险，同时为双方创造一个更愉快的谈判环境。所以，正确答案是 B。

选项 A：不正确。这个选项强调了屈服于客户要求的策略，这可能导致未来的问题和项目失败。在谈判过程中，应该寻求平衡和共同利益，而不是仅仅为了中标而满足对方的所有要求。

选项C：不正确。这个选项强调了采取强硬立场的策略，这可能导致敌对的谈判环境和项目失败，合作和寻求共同利益的方法更能降低项目失败的风险。

选项D：不正确。虽然这个选项强调了制定合理预算的重要性，但它没有提到采用合作的谈判策略，以降低项目失败的风险。在谈判过程中，寻求共同利益并保持耐心和积极的态度是至关重要的。

4. 参与协议谈判（考纲1-8-4）

参与协议谈判是项目管理团队在确定项目协议过程中，与各方参与者共同讨论、协商项目相关事项，以达成一致协议。在谈判过程中，面对立场不同的双方，应采用"关注共同利益而非不同立场"的核心原则。各方需要积极参与，提出建设性意见和建议，以解决问题、消除分歧，最终达成共识。

【题目】在与甲方代表会面之前，你注意到小沈流露出来的不确定性并且有所保留的态度。你拥有开放的心态，希望在协议谈判过程中与小沈及甲方讨论出一个对双方都有说服力的策略，但小沈说只要跟随你的意见就行了。你担心小沈的沉默会让甲方看起来以为小沈对会议不感兴趣，请问你要如何引导小沈提高参与度？

A. 提醒小沈，甲方不能对我们予取予求，坚持我们自己的底线，才不会被甲方牵着鼻子走。要有自信，因为我们是具有专业技术、可以交付卓越成果的团队。

B. 建议小沈自信地说话，我们将等待甲方的动作和响应，并要求尽可能多的回报。我们需要找出他们的弱点并发挥我们的优势。

C. 提醒小沈，我们的准备工作已经做得很好，我们都准备好参与谈判。协议范围内可能存在的疏漏、策略和支持文档都已准备就绪！小沈应该对我们的准备充满信心。

D. 提醒小沈记住基本知识，并保持平易近人和自信的态度。我们需要甲方了解我们不仅对获利感兴趣，还对获得项目成功感兴趣。

【答案】D

【解析】本题考查的知识点是参与协议谈判。解题关键在于，不仅关注自身立场，更要关注双方利益。本题的四个选项中，选项D超越了单方的私利，关注到了双方共同的利益。所以，正确答案是D。

选项A：不正确。只关注自己的立场和技术优势，虽然这个选项提到了自信，但它关注的是坚持底线和避免被甲方牵着鼻子走，而不是如何提高小沈的参与度和展示团队的兴趣。

选项B：不正确。这个选项关注自信说话和找出甲方的弱点，只想从对方身上获得更大的利益，没有强调如何提高小沈的参与度，也没有关注团队和项目成功的重要性。

选项C：不正确。虽然这个选项提到了准备工作的重要性，但只关注自己方面的内容准备，没有明确说明如何提高小沈的参与度，也没有强调与甲方建立良好关系的重要性。

5. 核实是否已达到项目协议的目标（考纲1-8-3）

核实是否已达到项目协议的目标是在谈判结束后，对达成的项目协议进行评估和验证，以确保其符合项目的预期目标。这包括检查协议是否满足项目的关键需求、预算、时间等要求。核实项目协议的目标是否达到有助于确保项目在后续实施过程中能按照既定目标顺利进行。

【题目】会议结束后，你和小沈回到办公室，整理了协商好的提案、需求、笔记和条件。小沈非常兴奋，希望能够立即向上级提交投标建议。请问你觉得这是个好主意吗？

A. 这不是个好主意。提醒小沈，立即提交投标建议会显得你们的准备工作太简单，建议等到上级主动问到的时候再答复不迟。

B. 这是个好主意。建议小沈立即向上级提交投标建议，以体现你们两位的高效率和优异表现。

C. 这是个好主意。因为小沈和你已经事先回顾过项目的目标和界限，现在已准备就绪，可立即向上级提出投标建议。

D. 这不是个好主意。提醒小沈，在提交投标建议之前应该先完成以下事项：一起回顾目标和界限；将商定的建议与你原来的初始规划进行比较；检查未回答的问题或缺失的信息；当向干系人推销时，准备好解决他们的担忧。

【答案】D

【解析】本题考查的知识点是核实是否已达到项目协议的目标。解题关键在于，确保能实现在谈判过程中承诺的目标。本题的四个选项中，选项 D 强调了在提交投标建议之前，需要确保所有必要的步骤都已完成，并准备好解决可能出现的问题或担忧，这有助于确保提案的成功并避免不必要的麻烦。所以，正确答案是 D。

选项 A：不正确。虽然这个选项认为不应该立即提交投标建议，但它没有提供确保提交成功的具体建议，反而推迟了进程。

选项 B：不正确。这个选项关注了高效率和优异表现，但没有考虑到在提交投标建议之前需要完成的关键步骤，可能导致问题和担忧没有解决。

选项 C：不正确。虽然这个选项指出已经回顾过项目的目标和界限，但仍然没有提及在提交投标建议之前应完成的其他关键步骤。

2.4 管理项目变更

管理项目变更指的是在项目执行过程中，对预先设定的项目目标、范围、时间、成本、质量等方面进行有效的调整与控制，包括识别潜在的变更需求，评估变更对项目的影响，以及采取适当的措施来确保项目的成功。项目变更管理的目标是确保在应对不可避免的变更时项目仍能按照既定的目标和期望达成。

管理项目变更的步骤包括：①预期并接受变更需要；②确定变更应对措施，以推进项目；③确定管理变更的策略；④根据有关方法论执行变更管理策略。这 4 个步骤就是 PMP® 考纲领域 2："过程"的任务 10 的 4 个驱动因素，但执行顺序应该是 2-10-1，2-10-4，2-10-2，2-10-3，以下每个驱动因素的考题都使用下列情境案例。

> **情境案例**
>
> 作为 B 公司的项目经理小战，你一直在努力应对财务总监毕总与 P 项目的发起人、B 公司 CEO 王总之间的内部冲突。目前，P 项目已经延期六个月，超出预算 1 000 万元人民币。尽管如此，P 项目仍承诺为 A 集团提供关键竞争优势，使其能够获得前所未有的高价值跟踪和路由数据。
>
> 除延期和超支外，A 集团车队原有的软件如今已过时。原始版本基于手机数据，而如今全球定位系统（GPS）和北斗卫星导航系统（BDS）已可作为商业 API 使用。GPS 与 BDS 双定位技术可以确保 A 集团车队在最偏远地区也能实现安全跟踪。你现在需要对 P 项目进行调整，以整合 GPS 和 BDS 双定位技术，同时确保这一变更不会对项目的质量、范围或时间产生更大的负面影响。

1. 预期并接受变更需要（考纲 2-10-1）

预期并接受变更需要指的是在项目管理过程中，项目经理应认识到项目环境和需求可能会发生变化，并采用相应的变更管理实践来应对这些变化。这意味着项目经理应建立和维护一个完善的变更管理制度，确保项目在面对变更时能够迅速调整并确保项目目标的顺利实现。

【题目】做好 P 项目对你来说是一个不小的挑战，为了进一步提高自己的项目管理能力，你报名了在线专业发展课程。在每个项目和组织中，变更都是不可避免的。但在项目变更前，你必须做好变更准备。请问以下哪种做法说明已经做好变更准备？

A. 我有信心随时管理变更，我和团队做好了随时打"遭遇战"的心理准备，只要客户响应，我们立刻记录并对整个项目进行变更。

B. 我负责建立变更控制流程，包括定期的变更控制委员会会议、变更日志和变更请求表。我让团队领导者参与可能的项目变更"假设"情况，并讨论变更的充分理由。此外，我个人主张以员工可以理解的方式进行组织和流程变更。

C. 我研究了变更控制方法以及如何实施这些方法，并询问了主要领导者业务未来可能需要哪些变更和流程。我不是变更倡导者，但我支持公司强制要求或企业领导建议的变更。

D. 我有信心在需要时管理变更，我保留了变更响应的记录，以便在需要对整个项目甚至整个公司进行变更时随时做好准备。

【答案】B

【解析】本题考查的知识点是预期并接受变更需要。要做好变更准备，包括组建变更控制委员会、构建变更控制流程和相关文档、进行必要的沟通、获得员工的理解等。解题关键在于，遵循变更管理实践。本题的4个选项中，选项B涵盖了全面的变更控制流程和参与方法，强调了与团队领导者沟通讨论的重要性，以及以员工可以理解的方式进行组织和流程变更，有助于确保项目管理成功。所以，正确答案是 B。

选项 A：不正确。没有组建变更控制委员会、构建变更控制流程和相关文档，只靠主观的准备是不够的；虽然这个选项强调了对变更的信心和迅速反应，但它没有涵盖变更管理的整个流程，可能导致无序和混乱的变更。

选项 C：不正确。没有获得员工个人对变更的理解。这个选项没有强调变更管理的具体实施过程，只表明了你对变更的被动态度，可能导致项目管理不成功。

选项 D：不正确。虽然这个选项显示了对变更的信心和变更响应的记录，但它没有提及在变更发生时进行必要的沟通，可能导致项目管理不成功。

2. 确定变更应对措施，以推进项目（考纲 2-10-4）

对变更进行规划，确定优先级，让组织接受并将其融入组织极为重要。相较于在项目待办事项列表中添加和调整较小的项目变更，大规模变更的影响更加显著。拥有完善的协议，向干系人提交变更请求，确保变更流程顺利推进，这是未来变更管理成功的基础。

【题目】P 项目的新数据功能将显著改变 A 集团车队的工作要求，虽然 GPS

和 BDS 双定位技术提高了整个公司的数据可见性，但其相关流程和报告要求将为某些人带来额外的工作。请问你如何在整个组织内传达这种变更需求，并确保每个人都合作？

A. 项目进行过程中，持续运用变更管理程序来进行变更，包括定期的变更控制委员会会议、变更日志和变更请求表。

B. 发送有关新数据系统的全公司电子邮件。提醒大家，他们在这件事上的遵守是值得赞赏的、可预期的和强制性的。与部门经理合作，确保对计划的支持，并根据需要进行再培训，指示部门经理传达给他们的团队。

C. 在项目实施的同时使用三阶段方法。首先，在办公室和部门会议中使用信息图表来传达信息并收集建议。其次，建立部门"专家"制度并发送包含状态更新和使用新系统提示的内部电子邮件。最后，当接近发布时，提供培训、用户手册和协助系统，并发送系统的屏幕截图和视频。

D. 从 GPS 和 BDS 双定位技术提供商引入讲师，在小组会议中培训员工；然后建立内部网页，员工可以在其中了解更多信息并检查项目状态，包括文档、培训视频和在线论坛；员工可以讨论即将发生的变更。

【答案】C

【解析】本题考查的知识点是确定变更应对措施，以推进项目。解题关键在于，对变更进行规划，设定优先级，让组织接受并将其融入组织。本题的 4 个选项中，选项 C 提供了一个全面、多阶段的方法来传达变更需求，涵盖了信息传播、部门"专家"制度的建立和培训支持，这种方法有助于确保整个组织了解变更并愿意合作。所以，正确答案是 C。

选项 A：不正确。这个选项主要关注了变更管理过程，而没有涉及如何在组织内有效地传达变更需求，可能导致员工对变更的了解不够和合作意愿不强。

选项 B：不正确。这个选项强调了全公司电子邮件和部门经理的合作，但没有提供关于如何在整个组织内有效传播信息和提供培训支持的具体策略。

选项 D：不正确。虽然这个选项提供了一些关于培训和信息传播的策略，但它没有涉及在整个组织中传播信息和收集反馈的多阶段方法。这可能导致信息传播不足和员工合作意愿不强。

3. 确定管理变更的策略（考纲 2-10-2）

在确定管理变更的策略时，你需要一个恰当的流程来支持变更。此外，这个流程也需要具备可变性，保持灵活和积极的态度是成功执行管理变更的策略和实践的关键。在变更过程中，定期发布更新状态，让所有人了解当前情况非常重要。

变更控制系统阐述了如何管理和控制对项目交付成果和文档的更改，有效的变更控制系统包括处理请求变更所需的表格、跟踪方式、流程和批准级别，以授权或拒绝变更。变更控制系统通常由变更控制委员会批准解决涉及成本、时间和产品质量相关的问题。

【题目】人力资源团队抱怨新技术带来的变更，也有部门经理表示，新技术不会对他们的团队产生太大影响，因此他们很少参与变更过程。请问你将如何修改变更过程，以响应这样的反应？

A. 沟通矩阵中包含沟通人员、沟通内容、沟通渠道、沟通频率及时间，为保持沟通的一致性，与干系人进行沟通。

B. 与所有部门经理举行会议，讨论支持这些变更，还要询问他们团队的变更倡导者如何帮助每个人了解即将发生的变更，以及他们将如何提供帮助。鼓励那些仍然落后的经理采纳其中的一些想法，并在他们的团队中寻找支持者来帮助他们。

C. 与每个部门的所有团队成员举行会议，找出他们认为经理不支持变更的原因。然后将这些信息呈现给他们的经理，以表明让他们的团队了解变更的重要性。还要告诉经理，如果他们找不到变更的倡导者，他们自己需要成为倡导者。定期开会，审查他们为支持变更所做的工作。

D. 以轻松、非正式的方式接触部门经理，并积极听取他们对变更管理的意见。鼓励他们成为更积极的支持者，请他们确定可以提供帮助的内部变更倡导者。邀请上级参观正在进行变更行动的团队，并听取团队成员关于变更及其影响的意见。

【答案】D

【解析】本题考查的知识点是在变更过程中如何进行必要的沟通。解题关键在于，以接受和理解反对者的观点，一对一地处理每个反对者，将反对者转变为支持者的方式进行沟通。本题的 4 个选项中，选项 D 提出了以轻松、非正式的方式接触部门经理，这有助于建立更好的关系，同时鼓励他们成为更积极的支持者。通过关注团队成员的问题和担忧，即使对他们的团队影响较小，也能使部门经理更加关注变更。此外，识别内部变更倡导者并邀请上级参观项目团队有助于提高上级对变更过程的认识和参与度。选项 D 对于在变更过程中如何进行必要的沟通描述最完整。所以，正确答案是 D。

选项 A：不正确。虽然沟通矩阵有助于保持沟通的一致性，但它并未针对如何积极地让部门经理参与变更过程提出相应策略。

选项 B：不正确。与所有部门经理会面，共同讨论如何支持变更，可能让部分经理感到被强迫接受变更，从而产生抵触情绪。此外，这个选项过于集中在变更倡导者的角色上，可能导致对其他团队成员需求的忽视。

选项 C：不正确。与每个部门的所有团队成员举行会议可能需要很长时间和很多资源，而且可能让经理觉得自己被"绕过"。此外，要求经理成为倡导者而不提供其他支持也不切实际。

4. 根据有关方法论执行变更管理策略（考纲 2-10-3）

对项目经理而言，处理变更是项目进行过程中的实际挑战，包括规划、分析风险与收益、管理干系人的期望、向团队传达变更以及在必要时提供培训。从项目一开始就建立变更流程，有助于所有人了解变更的含义以及如何应对变更。

管理绩效基准的变更有助于保持原始项目范围和绩效基准的完整性，确保针对变更达成共识，并在变更发生时持续管理变更，从而尽量降低变更对项目时间、成本和质量问题的负面影响。

【题目】P 项目几乎准备就绪，但 IT 经理提醒你注意最终的变更需求。以前的系统在跟踪服务器上留下不兼容的数据库，该应用软件刚刚更新到最新版本，并且数据的整合要求发生了变更，需要重新配置数据库结构和服务。请问你如何应对这种变化？

第 2 章 项目领导力高度

A. 新系统规划本来就应该包含旧数据的移转，原本没有规划的工作要立刻补上，这由工程师规划和执行即可，不需要再经由变更控制委员会会议程序处理。

B. 检查当前项目状态，并评估数据库变更的潜在风险和收益，提交变更请求。要么等到下一次变更控制委员会会议，要么召集特别会议来解决这一变更。获得批准后，直接与受影响的团队及其领导者合作，分享变更的愿景和预期的影响。

C. 向团队领导者解释数据库结构和服务的变更，举行变更控制委员会会议并确定当前计划的成本超支和进度落后情况，以便你可以确定变更的优先级并进行报告。每个团队领导者都与他们的团队合作，为完成工作分配责任。

D. 非正式地向王总提出变更建议以获得他的支持，然后对最有可能受到影响的团队领导者也这样做。一旦他们了解变更，起草一份提案，其中包括变更的预期结果及其对项目进度和预算的影响。将此提案提供给小战，以便他在下次会议上通过变更控制委员会批准。一旦正式生效，请授权团队支持变更。

【答案】B

【解析】本题考查的知识点是如何发起、应对和管理变更，包括评估变更的潜在影响及收益，确定资源允许的调整空间，发起变更请求，通过变更控制委员会会议解决变更，在通过后与干系人沟通并实施。解题关键在于，根据有关方法论执行变更管理策略。本题的 4 个选项中，选项 B 提供了一个全面的方法来处理项目中出现的变更需求，包括评估项目的当前状态、考虑资源使用情况、评估风险和收益，通过正式的变更控制过程提交请求，获得批准后，直接与受影响团队进行沟通。所以，正确答案是 B。

选项 A：不正确。这个选项忽略了正式的变更管理过程，没有充分评估资源和风险，可能导致项目出现问题。

选项 C：不正确。这个选项虽然提到了举行变更控制委员会会议以确定成本超支和进度落后情况，但没有详细说明如何评估资源、风险和收益，也没有明确说明如何与受影响的团队沟通。

选项 D：不正确。这个选项建议非正式地处理变更，可能导致批准过程不够透明和公正。此外，它没有详细说明如何评估资源、风险和收益。

2.5 制定项目治理结构

制定项目治理结构是在项目开始阶段建立一个明确的组织框架，以指导和协助项目在整个生命周期内获得成功。这个结构旨在确保项目校准公司的战略目标和政策，并确保各项决策和资源分配得当。项目治理结构通常包括项目委员会、项目经理、项目团队成员以及其他干系人，这些角色在项目中有明确的职责和权限。

制定项目治理结构的步骤包括：①确定项目的适当治理；②定义上报问题的路径和门槛。这两个步骤就是 PMP®考纲领域 2："过程"的任务 14 的两个驱动因素，以下每个驱动因素的考题都使用下列情境案例。

> **情境案例**
>
> 你已成功地协助 A 集团 CEO 常总实现 3D 打印模型资产和库存的数字化，并将其存储在云端系统中。目前，A 集团需要确保其模型资产得到法律的充分保护，因为 P 项目似乎使这些模型面临更高的盗窃风险。
>
> 常总再次寻求你的协助，以保护 3D 数字模型资产并确定资产管理软件的管理框架。他希望能够采取预防措施，以应对未来可能出现的问题。

1. 确定项目的适当治理（考纲 2-14-1）

项目治理是一个框架、功能和过程，用于指导项目管理活动，以创造独特的产品、服务或成果，满足组织战略和运营目标。项目治理对组织的项目生命周期进行监督，确保项目成功。

治理为项目经理和团队提供了管理项目所需的结构、流程、决策模型和工具，为项目提供关键支持，并作为项目控制的手段。项目治理通过为项目定义、记录和传达有效、可靠和可重复的项目实践，从而提高项目的成功率。在拥有项目管理办公室（Project Management Office，PMO）的大型组织中，治理通常由 PMO 负责管理和控制。

【题目】《项目组合、项目集和项目治理实践指南》描述了协调组织级项目管理与项目组合、项目集和项目管理的常见治理框架，涉及下列哪些治理领域？（请选 4 项）

A. 一致性　　B. 范畴　　C. 品质　　D. 风险　　E. 绩效　　F. 沟通

【答案】A、D、E、F。

【解析】本题考查的知识点是治理所涉及的相关领域。解题关键在于了解治理的目的及方法。治理领域包含一致性、风险、绩效、沟通，所以，正确答案是 A、D、E、F。

《项目组合、项目集和项目治理实践指南》强调了一致性、风险、绩效和沟通 4 个关键治理领域，以确保项目、项目集和项目组合的成功实施。有效的项目治理可以提高项目的成功率、降低风险、优化资源分配并提高干系人的满意度。通过关注这 4 个领域并实施相应的实践和策略，项目经理和领导者可以实现项目管理的最佳效果。

一致性（Alignment）：一致性管理是确保项目、项目集和项目组合与组织战略和目标保持一致的过程。一致性治理需要确保项目的范围、目标和资源与组织战略和目标相匹配。

风险（Risk）：风险管理是项目治理的关键组成部分，涉及识别、评估、优先级排序和制定应对策略的过程。风险治理的主要目的是确保项目风险得到妥善管理，以便最大限度地降低对项目目标的影响。

绩效（Performance）：绩效管理是衡量项目成功的关键因素，包括对项目的进度、质量、成本和资源使用情况的监控与评估。绩效治理旨在确保项目达到预期的结果和产出，满足干系人的期望。

沟通（Communication）：沟通管理是确保项目信息在组织内部和外部干系人之间有效传递的过程。有效的沟通治理有助于提高项目透明度，增强团队合作和提高干系人的满意度。

2. 定义上报问题的路径和门槛（考纲 2-14-2）

定义上报问题的路径和门槛是指在项目治理结构中，项目经理需要为项目团队成员提供明确的问题上报流程和标准，以便在项目进行过程中发现问题和风险时能够及时进行处理。这包括确定问题上报的路径（如邮件、会议等）、上报对象（如项目经理、客户代表等），以及上报的门槛（如问题的影响范围、紧急程度等）。通过定义清晰的上报路径和门槛，项目经理可以确保项目团队在面对问题和风险时能够迅速做出反应，并采取有效的应对措施。

【题目】你已经为 A 集团建立了合适的公司治理结构来保护其业务，并确保所有干系人对适当的治理问题负责。保护数字化资产对于 A 集团未来的成功至关重要。但创意总监王总担心，当储存转移到云端系统时，知识产权将无法得到充分保护。其他董事会成员仍然反对云端技术，并希望有机会审查该项目。你进行了一些研究，发现 IT 人员拥有有关云端知识产权保护的信息，但并未与组织共享。请问你应该如何管理这个治理问题？

A. 在项目进行过程中，与模型资产相关的事项都通过电子邮件发送给王总，让王总了解所有细节，免除无谓的担忧。

B. 将王总的担忧上报给签署数据保护协议的 IT 经理，请他们向王总和其他董事会成员解释基于云端系统如何抵御威胁，并了解他们对该技术的担忧。根据他们的担忧，提供至少两个或三个解决方案选项，并建议需要采取的行动，与 A 集团的每个人分享此信息。

C. 让项目经理知道正在发生的事情，并共同努力了解王总的担忧以及如何解决这些问题。与 IT 经理会面并告诉他们将信息通过电子邮件发送给公司中的每个人。你的目标是解决问题，而不是将问题上报到不必要的层级。

D. 找出王总担忧的原因并进行根本原因分析。哪方面有问题吗？他和其他董事会成员是过于谨慎还是持怀疑态度？有人会试图破坏该项目吗？列出持怀疑态度的人，向他们发送有关云端技术的常见问题列表，并告诉他们有任何问题可以与你联系。

【答案】B

【解析】本题考查的知识点是定义上报问题的路径和门槛，需要在阶段审查点让合适的人员将关键信息和备选解决方案提交给必要人员进行审查。解题关键在于理解通过审查的方法。本题的 4 个选项中，选项 B 涉及了与 IT 经理沟通以获取关于云端知识产权保护的信息，并向王总和其他董事会成员解释如何抵御威胁。这种方法将有助于缓解王总和其他董事会成员的担忧。此外，它还提供了至少两个或三个解决方案选项，并建议了需要采取的行动，这有助于确保所有干系人都了解并参与决策过程。所以，正确答案是 B。

选项 A：不正确。虽然通过电子邮件与王总分享有关模型资产的信息可以帮助缓解他的担忧，但这种方法忽略了其他董事会成员的担忧，也没有提供具体的解决方案。

选项 C：不正确。这个选项只关注了项目经理和 IT 经理，没有涉及其他董事会成员。而且，将问题解决信息通过电子邮件发送给公司的每个人可能会导致信息过载和混乱。

选项 D：不正确。这个选项主要关注了王总的担忧，但没有考虑其他董事会成员的担忧。此外，仅仅发送关于云端技术的常见问题列表可能无法解决具体的担忧。

2.6 规划和管理项目的合规性

规划和管理项目的合规性是指在项目执行过程中，确保项目遵循相关法律法规、行业标准和组织内部政策。项目合规性涉及多个方面，如健康与安全、环境保护、知识产权、数据保护等。项目团队需要识别并了解适用于项目的所有合规要求，将这些要求纳入项目规划和执行过程，确保项目在合规框架内进行。

规划和管理项目的合规性的步骤包括：①确认项目合规要求；②对合规类别进行分类；③确定合规面临的潜在威胁；④采用相关方法为合规提供支持；⑤分析不合规的后果；⑥确定必要的方法和行动来满足合规需要；⑦衡量项目的合规

程度。这 7 个步骤就是 PMP®考纲领域 3："业务环境"的任务 1 的 7 个驱动因素，以下每个驱动因素的考题都使用下列情境案例。

> **情境案例**
>
> P 项目涉及开发新型信息安全防护方法和设备，A 集团的 CEO 常总聘请你在项目初期和产品原型开发阶段领导团队，确保新方法和设备符合相关法律合规要求。新方法和设备必须通过国家信息安全认证。在与信息安全认证专家协商后，作为 B 公司的项目经理，你现在需要继续领导 P 项目团队，努力实现完全合规并为市场推广做好准备。

1. 确认项目合规要求（考纲 3-1-1）

确认项目合规要求是指，项目经理需要了解并确保项目遵守所有适用的法规、行业标准和政策。这包括保护措施（如信息安全和客户隐私）、健康和安全（如员工福利和工作环境），以及监管合规（如许可证和报告）。项目经理需要确保在项目计划和执行过程中充分考虑这些合规要求。

在项目规划过程中，要考虑其他组织或干系人的限制或需求，包括遵守适当的政府法规、公司政策，以及关注产品和项目质量及项目风险。合规性通常受项目的企业环境因素（Enterprise Environmental Factors，EEF）和组织过程资产（Organizational Process Assets，OPA）所影响。

项目经理可能使用项目管理计划的独立子计划——项目合规计划，或者将合规方面纳入其他子计划，如质量管理计划、需求管理计划和风险管理计划。无论信息存放在何处，计划都需要对合规类别进行分类，确定合规的潜在威胁，分析不合规的后果，以及确定实现合规要求所需的方法和行动。

【题目】请问项目合规框架包含哪 5 个支柱？
A. 有专门的合规组织规划与管理项目的范围、成本、进度、质量等知识领域的合规。
B. 合规文档、合规责任、合规风险、合规稽核，以及包括其组织成员在内的合规委员会，以确保跨项目合规。

C. 通过定期检查、质量控制、公司治理、法律指导和合规报告来维护合规性。

D. 成本合规、进度合规、质量合规、风险合规和范围合规。

【答案】B

【解析】本题考查的知识点是管理商业因素的合规性。解题关键在于了解合规框架的5个支柱。本题的4个选项中，选项B直接回答了问题，提到了合规框架的5个支柱：合规文档、合规责任、合规风险、合规稽核和合规委员会。这些支柱涵盖了确保合规性所需的关键方面。所以，正确答案是B。

选项A：不正确。这个选项提到了合规组织，但没有列举合规框架的5个支柱。

选项C：不正确。这个选项提到了维护合规性的一些方法，但没有直接回答问题中的5个支柱。

选项D：不正确。这个选项提到了5个支柱，但它们主要针对项目管理的某些方面（成本、进度、质量、风险和范围），并没有完全覆盖合规框架所需的内容。

2. 对合规类别进行分类（考纲3-1-2）

对合规类别进行分类的意义在于，帮助项目经理和团队识别、管理和控制项目过程中的各种法律、法规和政策要求。通过对合规类别进行分类，项目团队可以更好地了解项目所涉及的法律和法规风险，从而采取相应的措施确保项目的合规性。这有助于避免潜在的法律纠纷、罚款、项目延误和声誉损失，保障项目的顺利进行。

常见的合规类别包括健康与安全、环境法规、隐私法、专业实践、知识产权、劳动法、行业法规。对于不同的项目，合规类别可能有所不同。项目经理需要根据具体项目的特点，识别和管理相关的合规类别。

【题目】你有一个关于合规性的问题需要解决。你了解B公司为P项目制定了质量政策，并且已经通过了法律部门的详细审查。但是，面对这么复杂的产品，你还想知道有哪些方面你没想到。请问你该怎么办？

A. 你应该审视往年类似项目的经验，以及 B 公司为新项目更新的当前政策。
B. 你应该审视企业环境因素和组织过程资产，以及 B 公司为新项目更新的当前政策。
C. 你应该假设 B 公司适用于此项目的政策已经通过法律审查，审视可用信息，以适合项目范围。
D. 你可以向下列单位询问标准和合规性：政府、公司法务和监管机构，并考虑企业环境因素和组织过程资产。

【答案】D
【解析】本题考查的知识点是对合规类别进行分类。解题关键在于通过合规分类，有助于识别、管理和控制项目过程中的各种法律、法规和政策要求。本题的 4 个选项中，选项 D 建议你向各相关单位（如政府、公司法务和监管机构）询问标准和合规性，同时考虑企业环境因素和组织过程资产。这样做将帮助你全面了解可能遗漏的合规问题，并有助于确保项目的成功。所以，正确答案是 D。

选项 A：不正确。这个选项建议审视往年类似项目的经验，但没有涵盖与合规性相关的多个方面，如企业环境因素和组织过程资产。

选项 B：不正确。这个选项建议审视企业环境因素和组织过程资产，但没有提到向相关单位（如政府、公司法务和监管机构）询问标准和合规性。

选项 C：不正确。这个选项假设 B 公司适用于项目的政策已经通过法律审查，但没有提及你如何确保其没有遗漏任何重要的合规问题。

3. 确定合规面临的潜在威胁（考纲 3-1-3）

确定合规面临的潜在威胁意味着识别项目在执行过程中可能遇到的法律、法规和政策方面的风险。了解这些威胁有助于项目经理和团队采取适当的措施降低风险，确保项目的顺利进行，避免可能导致的法律纠纷、罚款、项目延误和声誉损失。对潜在威胁的评估和应对，有助于提高项目的成功率和组织的信誉。

合规面临的常见潜在威胁包括法律法规变更、不合规行为、信息安全威胁、合同纠纷、质量和安全问题、跨境合规问题及非法行为等。成功的项目经理需要根据项目的特点和实际情况，识别合规面临的潜在威胁，并采取相应的预防和应

第 2 章 项目领导力高度

对措施,以确保项目的顺利进行和成功完成。

【题目】项目工作进展顺利,下一个任务是确保合规性流程继续顺利进行。请问下面哪一项是应对"合规性流程潜在威胁"的最好方法?

A. 在开发过程中,请计划主持人列出潜在威胁列表。
B. 以团队为基础,检验项目的脆弱性和风险并考虑事件风险、变动风险、模糊风险和紧急风险。
C. 参照项目的问题日志,确认哪些风险是持续的,并开始这个阶段的检查。
D. 在开发过程中,请与监管当局开会的团队成员列出潜在威胁列表。

【答案】B

【解析】本题考查的知识点是确定合规面临的潜在威胁。解题关键在于对潜在威胁的评估和应对。本题的 4 个选项中,选项 B 建议以团队为基础,检查项目的脆弱性和风险,同时考虑事件风险、变动风险、模糊风险和紧急风险。这种方法允许团队成员共同评估和管理潜在威胁,确保所有干系人都了解并积极参与合规性流程的管理。所以,正确答案是 B。

事件风险(Event Risk):由特定事件引发的风险,如自然灾害、市场波动等。

变动风险(Variability Risk):由项目中某些因素的波动或不确定性引发的风险。这些波动可能来自市场价格、资源供应、客户需求等方面。

模糊风险(Ambiguity Risk):由信息不完整或不明确引发的风险,可能导致错误的决策或预测。

紧急风险(Emergency Risk):突发性的风险,通常在项目过程中无法预测,需要及时应对,如突发事故、关键人员离职等。

选项 A:不正确。这个选项仅建议在开发过程中让计划主持人列出潜在威胁列表。虽然这种做法也能识别出威胁,但它没有充分利用团队成员的知识和经验。

选项 C:不正确。这个选项仅关注项目问题日志中的持续风险,可能会忽略那些尚未在问题日志中记录的新风险或威胁。

选项 D:不正确。这个选项建议在开发过程中让与监管当局开会的团队成员列出潜在威胁列表。虽然与监管当局的沟通是很重要的,但该方法没有充分利用整个团队的知识和经验来评估和管理潜在威胁。

4. 采用相关方法为合规提供支持（考纲 3-1-4）

采用相关方法为合规提供支持是指，项目经理应运用合适的方法和工具来确保项目的合规性。这包括培训和教育、合规检查和审计，以及持续监控和改进。通过采用相关方法，项目经理可以确保项目团队了解并遵循合规要求。为了达到合规要求，项目经理需要完成项目执行现况差距分析和报告，还要考虑公差水平（Tolerance Level）。如果 PMO 帮助开发符合国际标准的方法和工具，这将有助于确保合规性。项目经理需要对法规有足够的了解，以便能够在项目生命周期中进行跟踪。

【题目】从一开始，常总就要求你与 PMO 密切合作，你与 PMO 成员的初次会面是积极正向的。他们要求你指导他们应该如何与你合作，以确保新技术有最高的合规性。在这种情况下，请问你认为下面哪种类型的 PMO 最有利？

A. 控制型 PMO，要求项目团队依照公司规定流程，进行项目、项目集或项目组合的管理。

B. 指令型 PMO，根据战略和战术计划指导工作的执行。

C. 卓越中心（CoE），通过向组织提供标准、方法和工具来支持项目工作。

D. 支持型 PMO，提供项目支持服务，使流程能够持续支持项目、项目集或项目组合的管理。

【答案】C

【解析】本题考查的知识点是采用相关方法为合规提供支持。解题关键在于了解各种类型的 PMO 的作用。本题的 4 个选项中，选项 C 最有利，因为卓越中心（Center of Excellence，CoE）是通过向组织提供标准、方法和工具来支持项目工作的，这样可以帮助确保新技术的最高合规性。卓越中心（CoE）关注持续改进和最佳实践的应用，适用于这种情况。所以，正确答案是 C。

选项 A：不正确。控制型 PMO 主要关注公司规定流程的遵守，但在本场景中，要求的是确保新技术的最高合规性，因此控制型 PMO 不是最佳选择。

选项 B：不正确。指令型 PMO 主要关注根据战略和战术计划指导工作的执行，但在本场景中，要求的是确保新技术的最高合规性，而非战略和战术计划的执行，因此指令型 PMO 不是最佳选择。

选项 D：不正确。支持型 PMO 主要提供项目支持服务，虽然它可以持续支持项目、项目集或项目组合的管理，但它可能无法专注于确保新技术的最高合规性。因此支持型 PMO 不是最佳选择。

5. 分析不合规的后果（考纲 3-1-5）

分析不合规的后果的意义在于，帮助项目经理和团队了解如果项目未能遵循相关法律、法规和政策可能导致的负面影响。这有助于提高项目团队对合规问题的关注度，并采取适当的预防措施降低风险，确保项目的顺利进行。了解不合规的潜在后果，有助于团队优先处理风险较高的不合规问题，提高项目的成功率和组织的信誉。分析项目不合规的步骤包括：识别关键合规要求、评估不合规风险、确定潜在后果、制定应对策略、监控和调整，这样项目经理和团队才可以提高项目的合规性和成功率。

【题目】常总担心 P 项目可能面临违规风险，他接到许多项目团队成员关于各种合规类别的反馈电话。虽然不是法律专家，但他们都纷纷发出项目违规的危险信号。如果项目存在风险，那么你提交给审查团队的调查结果报告文档中至少应包含哪些交付成果？

A. 干系人登记册、所有风险，以及每个干系人的历史发言记录。
B. 关于团队反馈的总览，包括每个类别中现有风险和新风险的列表。
C. 执行摘要、项目指标、问题和发现及建议。
D. 团队成员列表、他们的具体问题、任何新发现的风险，以及每个团队成员的任何偏见。

【答案】B
【解析】本题考查的知识点是分析不合规的后果。解题关键在于了解调查报告文档所要包含的内容。本题的 4 个选项中，选项 B 提供了一个针对团队反馈的总览，以及现有风险和新风险的列表，这将使审查团队能够了解项目的合规问题，并根据报告中列出的风险采取适当的行动。虽然这个选项没有涵盖其他选项中的一些细节，但它提供了足够的信息，以便审查团队能够对违规风险进行评估并采取措施。所以，正确答案是 B。

选项 A：不正确。尽管干系人登记册和风险列表对于报告来说是重要的，但历史发言记录并不是关键信息。报告应该更关注问题、发现和建议，以便审查团队可以采取适当的行动。

选项 C：不正确。虽然这个选项包括了许多重要的报告组件，但它没有直接涉及团队反馈和现有风险及新风险的列表。在本场景中，团队反馈和风险列表对于审查团队来说是关键信息。

选项 D：不正确。虽然团队成员列表和他们的具体问题可能对报告有一定价值，但报告不应关注团队成员的偏见。报告应该关注项目的合规问题、发现和建议，以便审查团队采取适当的行动。在本场景中，关于团队反馈的总览和现有风险及新风险的列表更为关键。

6. 确定必要的方法和行动来满足合规需要（考纲 3-1-6）

确定必要的方法和行动来满足合规需要是指，项目经理应制定和实施相应的策略和措施，以确保项目满足所有合规要求。这可能包括制定风险管理策略、进行法律咨询、执行公司政策和采用监管报告等。通过确定必要的方法和行动，项目经理可以确保项目在执行过程中始终符合合规要求，降低潜在的法律和业务风险。

【题目】合规工作进展顺利，PMO 就 B 公司的另一款产品与你联系。该产品被迫将从欧盟市场撤出，公司需要你的帮助，了解产品是否合规，如果不合规，原因是什么。请问你将如何帮助 PMO 确定产品是否合规？

A. 责令开发该产品的团队向公司内部审查团队报告，依据流程监控开发过程，以确保符合标准。

B. 指示 PMO 审视欧盟规定，找出被强制退出的原因，并与欧盟监管机构建立定期沟通机制，以确保持续遵守欧盟规定。确认哪些类型的合规要求对产品和组织是强制性的，以确保 PMO 能适当支持持续合规，包含识别风险并采取任何必要的适当行动。
C. 努力协调以保持与欧盟、干系人及开发团队的沟通，同时使所有合规性文档和风险文档保持最新，并执行定期安排的稽核。请 PMO 联系欧盟监管机构——欧洲药品管理局询问发生了什么事。
D. 告诉 PMO 联系开发该产品的团队，并询问他们遵循了哪些合规程序。他们应该有一个监控开发的过程，以确保符合标准。

【答案】B

【解析】本题考查的知识点是确定必要的方法和行动来满足合规需要。解题关键在于了解质量审查所需的步骤。本题的 4 个选项中，选项 B 指示 PMO 审视欧盟规定，找出被强制退出的原因，并与欧盟监管机构建立定期沟通机制。这将有助于确保产品及组织能持续遵守合规要求并采取适当行动。所以，正确答案是 B。

选项 A：不正确。这个选项将责任转移给产品开发团队，并未针对已经出现的问题提供解决方案。

选项 C：不正确。这个选项试图协调所有合规性文档和风险文档的更新，但未直接针对产品从欧盟市场撤出的问题提供解决方案。

选项 D：不正确。这个选项仅要求询问开发团队遵循的合规程序，但未提到与欧盟监管机构沟通以获取更多信息。

7. 衡量项目的合规程度（考纲 3-1-7）

衡量项目的合规程度是指，项目经理需要定期评估项目在满足合规要求方面的表现。这可以通过定期审计、合规检查，以及与监管机构的沟通等途径实现。衡量项目的合规程度有助于项目经理识别潜在的问题和不足，从而采取相应的改进措施，确保项目始终合规。

【题目】你将与 PMO 一起举办全公司信息会议，内容关于 B 公司更新后的合规架构。你告诉大家，PMO 使用标准的项目管理指标，以使 B 公司遵守各种监管机构的要求。请问你如何描述这些指标？

A. 巨细无遗、公正、诚实，并得到干系人的认可。

B. 简洁明了、清晰公正、有真实资料支撑、可溯源。
C. 简洁、有效、公正、诚实，并基于与我们共享的有关监管机构要求的信息。
D. 强大而直接、高效而有效，并得到干系人的认可。

【答案】B

【解析】本题考查的知识点是衡量项目的合规程度。解题关键在于，了解衡量指标的标准。本题的4个选项中，选项B强调了简洁明了、清晰公正、有真实资料支撑和可溯源这4个关键特点。这些特点是高效的项目管理指标所需具备的，以确保公司能够遵守各种监管机构的要求。所以，正确答案是B。

选项A：不正确。"巨细无遗"可能导致过多的细节，反而使得项目管理变得烦琐和低效。

选项C：不正确。这个选项没有强调指标的真实性和可溯源，这两个特点对于有效的项目管理至关重要。

选项D：不正确。尽管"强大而直接、高效而有效"听起来很好，但它没有提供具体的描述，可能让人感到模糊。

2.7 评估并交付项目利益和价值

评估并交付项目利益和价值是指在项目执行过程中，确保项目的实际成果符合预期目标，以满足干系人的需求并为组织创造价值。这涉及对项目产出、进度、质量和预算的持续评估，以及在项目完成后，对项目成果的实际价值和利益的量化与分析。通过对项目利益和价值的评估，项目团队可以调整项目计划和资源分配，以确保项目目标得以实现。

评估并交付项目利益和价值的步骤包括：①调查所识别的利益；②记录所有权的相关共识，以便持续实现利益；③收益实现的问责者；④核实是否已建立可对利益进行跟踪的相关衡量体系；⑤评估组织影响；⑥评估将展现价值的交付方案；⑦对获得价值进展的干系人做出评价。这7个步骤就是PMP®考纲领域3："业

第 2 章　项目领导力高度

务环境"的任务 2 的 7 个驱动因素,其中 2 个驱动因素不在考纲中,但在执行项目工作时也要考虑,以下每个驱动因素的考题都使用下列情境案例。

> **情境案例**
>
> A 集团发现了一个激动人心的机会:与当地生态建筑公司绿屋科技合作,为绿色屋顶住宅和商业项目设计太阳能电池板装置。A 集团 CEO 需要你评估并展示该项目的利益和价值,为启动新项目提供合理依据。

1. 调查所识别的利益(考纲 3-2-1)

调查所识别的利益是指,项目经理在项目管理过程中需要深入了解并分析项目产生的各种利益,如成本节约、收入增加、客户满意度提升等。通过调查和评估项目的潜在利益,项目经理可以更好地为干系人制定和优化项目策略,从而最大化项目价值。利益不仅仅指经济价值,通常用商业价值来表示,商业价值包括股东价值、客户价值、员工知识、渠道合作伙伴价值、社会价值等。

【题目】在启动会议上,常总解释了他对 A 集团未来的愿景,你报告了绿色生态屋顶合作伙伴关系的初始范围。紧接着,项目集经理要求你与 A 集团的所有项目经理调查并确定收益。请问为什么重视收益如此重要?为什么 PMO 要参与其中?

A. 明确的收益有助于决定哪些项目对公司的短期战略更有价值,为了更好地进行监控,PMO 必须参与其中。

B. 重视收益有助于在计划和项目资源分配上做出更好的决策,同时加速组织转型。这是组织层级的讨论,因此 PMO 应将该项目视为绿屋科技整体价值交付系统的一部分。

C. 重视收益使 PMO 能够将所有项目和计划(包含此项目)与公司战略保持一致,并优先考虑那些能提供最大收益的项目。

D. 重视收益有助于激励每个人做得更好,因为他们可以看到且理解组织的愿景,PMO 负责维护组织的健康。

【答案】 B

【解析】 本题考查的知识点是项目收益对于公司的意义和作用。解题关键在于了解商业价值所包含的组成部分，以及项目收益与公司整体的关系。本题的 4 个选项中，选项 B 明确提到了重视收益可以在计划和项目资源分配上做出更好的决策，同时加速组织转型。此外，它强调了 PMO 在组织层级的讨论中的重要性。将项目视为整体价值交付系统的一部分，有助于与公司战略保持一致。所以，正确答案是 B。

选项 A：不正确。尽管这个选项提到了明确的收益可以帮助决定项目对公司的价值，但它没有涉及如何使项目与公司战略保持一致，以及 PMO 如何协助实现这一目标。此外，这个选项侧重于短期战略，没有考虑到组织的长期发展。

选项 C：不正确。虽然这个选项提到了重视收益有助于使项目与公司战略保持一致，以及优先考虑提供最大收益的项目，但它没有详细说明如何在计划和项目资源分配上做出更好的决策。同时，这个选项没有充分强调 PMO 在组织层级讨论中的角色，以及其在推动组织转型中的重要性。

选项 D：不正确。尽管这个选项提到了重视收益可以激励员工并维护组织健康，但它没有详细说明如何在计划和项目资源分配上做出更好的决策，以及 PMO 如何协助实现项目与公司战略保持一致。此外，这个选项没有强调 PMO 在组织层级讨论和整体价值交付系统中的角色。

2. 记录所有权的相关共识，以便持续实现利益（考纲 3-2-2）

记录所有权的相关共识，以便持续实现利益具有重要意义：确保目标一致性，提高沟通效果，明确预期成果，提高决策质量，确保资源有效分配，增强团队合作，降低风险，提升客户满意度，监控项目进度，有助于项目评估和持续改进等。

【题目】 你正在与营运项目经理讨论项目收益，他们制定了一份包含如何推进每个部门工作的列表。接下来将讨论如何以最好的提案向干系人展示新伙伴关系的收益。请问你应该采取哪种提案？

A. 收益的规划与监控是计划主持人的责任，项目收尾时应该 100% 呈现项目收益。

B. 将项目成果表述为项目的收益，清楚地表明成果将使公司获益。
C. 在商业论证中定义项目给公司带来的收益，并让营运经理准确了解风险和收益登记册的最新情况。
D. 收益登记册与公司战略和目标保持一致，将有助于确保公司的治理与投资已将收益管理考虑在内。

【答案】D

【解析】本题考查的知识点是对于项目收益的共同理解，收益管理计划和收益登记册的相关概念。解题关键在于了解收益管理与治理投资的关系。本题的4个选项中，选项D明确提到了收益登记册与公司战略和目标保持一致，将有助于确保公司的治理与投资已将收益管理考虑在内。这个选项更全面地回答了问题，涵盖了展示收益的方法以及如何在治理与投资中考虑收益管理。所以，正确答案是D。

选项A：不正确。收益的规划与监控是收益责任人而不是计划主持人的责任，而且这个选项没有提到如何向干系人展示收益，以及如何在治理与投资中考虑收益管理。

选项B：不正确。这个选项仅将项目成果表述为项目的收益，并没有涉及如何在治理与投资中考虑收益管理，以及如何确保与公司战略和目标保持一致。

选项C：不正确。虽然这个选项提到了在商业论证中定义项目给公司带来收益，但它没有解释如何在治理与投资中考虑收益管理，以及如何确保与公司战略和目标保持一致。

3. 收益实现的问责者（无对应的考纲）

收益实现的问责者是指在项目进行过程中负责监督和确保项目利益实现的人或团队。他们需要根据收益实现计划进行数据收集，确保项目目标与组织战略保持一致，并监控项目进展，以确保预期利益得以实现。

【题目】你正在与A集团太阳能项目的资深项目经理一起进行收益分析，PMO

设定了一个目标,即尽可能地降低未来收益的风险,同时尽可能地提高获得额外收益的机会。请问哪些文档将确保A集团的新项目都能获得收益相关信息?

A. 商业论证、项目管理计划、项目预算与成本效益分析、项目的经验教训记录。
B. 商业论证、项目管理计划、项目工期、收益登记册和成本效益分解结构。
C. 商业论证、收益实现计划、收益维持计划、收益登记册、收益实现地图和成本效益分解结构。
D. 收尾管理计划、WBS、对整个项目的评估、项目的经验教训,以及所有规划、执行、变更和维护的完整档案。

【答案】C

【解析】本题考查的知识点是收益实现管理的相关文档和作用。解题关键在于了解查询收益信息的途径。本题的4个选项中,选项C包含了一系列与收益相关的文档,如商业论证、收益实现计划、收益维持计划、收益登记册、收益实现地图和成本效益分解结构。这些文档涵盖了从规划到实现的整个收益管理过程,有助于确保A集团的新项目获得收益信息。所以,正确答案是C。

选项A:不正确。这个选项包含了一些与收益相关的文档,如项目预算与成本效益分析和项目的经验教训记录,但没有涉及收益实现和维护的关键文档。

选项B:不正确。这个选项包含了商业论证、项目管理计划、项目工期、收益登记册和成本效益分解结构,但没有包括与收益实现和维护相关的关键文档。

选项D:不正确。这个选项关注收尾管理计划、工作分解结构(Work Breakdown Structure,WBS)、对整个项目的评估、项目的经验教训,以及所有规划、执行、变更和维护的完整档案,但未明确包括收益相关的核心文档。

4. 核实是否已建立可对利益进行跟踪的相关衡量体系(考纲 3-2-3)

核实是否已建立可对利益进行跟踪的相关衡量体系是指,项目经理需要确保项目中已设立适当的指标和方法,以便有效地衡量和跟踪项目产生的利益。这有助于评估项目进展和成果,以便在项目执行过程中采取相应的措施,确保利益实现。

第 2 章 项目领导力高度

【题目】你的团队已经收集了许多有关新合作伙伴关系利益的信息，但一位精明的同事提醒你注意一些挑战。她指出，我们尚未制订计划来准确衡量收益或清楚地记录收益，我们需要一种方法在新的伙伴关系中抓住持续的和新的收益机会。请问确保正确跟踪收益的最佳解决方案是什么？

A. 项目经理必须跟踪收益进展，并对实现收益目标负责。

B. 建立正式的流程来跟踪收益、寻找新收益、制订收益风险计划，并使收益实现问责者对实现收益目标负责。

C. 通过评估商业论证和预估的产品应用状况来寻找新的收益，同时确定潜在收益的风险。

D. 实施收益报告系统，以便每个主管和经理负责根据设定的目标跟踪其团队的收益价值。

【答案】B

【解析】本题要考查的知识点是，如何正确跟踪收益的最佳解决方案。解题关键在于了解正式流程在跟踪收益时的作用。本题的 4 个选项中，选项 B 提出了一个全面的解决方案，该方案确保了收益被正确跟踪，并有助于发现新的收益机会。所以，正确答案是 B。

选项 A：不正确。仅要求项目经理跟踪收益进展并对实现收益目标负责，但没有提及如何寻找新收益或制订收益风险计划，不够全面。

选项 C：不正确。通过评估商业论证和预估的产品应用状况来寻找新的收益，同时确定潜在收益的风险，这是一个有用的建议，但它没有涉及如何跟踪收益或制订收益风险计划。

选项 D：不正确。实施收益报告系统，以便每个主管和经理负责根据设定的目标跟踪其团队的收益价值，这一建议主要关注了跟踪收益，但没有提及如何寻找新收益或制订收益风险计划。

5. 评估组织影响（无对应的考纲）

评估组织影响是指，项目经理需要考虑项目在实施过程中可能对组织产生的正负面影响，如员工满意度、组织结构、资源分配等。通过评估组织影响，项目经理可以提前识别并应对潜在的问题和挑战，确保项目的顺利实施。

【题目】常总召集了一次会议来感谢项目集经理和项目经理，大家就新伙伴关系的收益进行了热烈的讨论。请问你如何确保项目产生的成果继续为组织创造价值和收益？

A. 项目经理应专注于当前的项目，为团队克服干扰和排除障碍，应对风险和寻找新的收益不应该由项目经理负责。

B. 检查预期收益与原始商业论证中的收益，管理所有计划和项目，并在管理风险的同时适当考虑项目为公司创造的收益，并交流经验教训。

C. 使用持续的管理流程来分析先前项目的收益与成本，找出这些项目如何实现结果，并将该流程加到项目中以提高项目的投资回报率。

D. 优化项目和计划以获得收益，让干系人承担责任，根据业务计划衡量和验证收益，并积极寻找非预期的收益。

【答案】D

【解析】本题考查的知识点是如何评估和衡量项目中产生成果的收益，可以采用模型和模拟的手段对业务计划进行收益的衡量和验证，这是项目经理的责任。解题关键在于了解项目成果与组织价值和收益的关系。本题的4个选项中，选项D提到了优化项目和计划以获得收益，让干系人承担责任，根据业务计划衡量和验证收益，并积极寻找非预期的收益。这个选项全面地解答了问题，涵盖了确保项目产生的成果继续为组织创造价值和收益的方法。所以，正确答案是D。

选项A：不正确。虽然项目经理应专注于当前的项目并为团队排除障碍，但这个选项没有提到如何确保项目产生的成果继续为组织创造价值和收益，以及如何在整个项目周期中管理风险。

选项B：不正确。虽然这个选项提到了检查预期收益与原始商业论证中的收益，但它没有详细说明如何优化项目和计划以获得收益，如何让干系人承担责任，以及如何根据业务计划衡量和验证收益。

选项C：不正确。虽然这个选项提到了使用持续的管理流程来分析先前项目的收益与成本，但它没有详细说明如何优化项目和计划以获得收益，如何让干系人承担责任，以及如何根据业务计划衡量和验证收益。

6. 评估将展现价值的交付方案（考纲3-2-4）

评估将展现价值的交付方案是指，项目经理在项目计划和实施过程中，需要评估和确定哪些交付方案能够最大化地实现项目价值。这包括比较不同方案的成本、风险和潜在收益，从而为项目团队和干系人提供最佳的交付路径。

在传统项目中，发布发生在项目收尾前，项目工作都完成时。敏捷方法则是根据组织能力及需求变更的紧急性和频繁程度，约定发布的工期。敏捷项目的基本优势之一是能够及早将高价值功能转化为交付的解决方案，敏捷项目中产品负责人（Product Owner，PO）的部分工作是定义构成最小可行产品（Minimum Viable Products，MVP）的初始功能。简言之，交付足够的解决方案就开始使用项目部分成果，开始为业务创造价值并为团队提供真正的反馈。

【题目】常总已安排与董事会就 A 集团下一阶段的发展举行会议，他需要对潜在项目的收益进行评估。请问这种评估有什么好处？

A. 与竞争对手的各项功能与技术进行比较，确保项目的功能与技术比竞争对手超前，是项目成果具有竞争力的唯一途径。

B. 比较所有地点和产品线的收益，使公司有机会将员工福利提高到比竞争对手更高的标准，从而提高招聘吸引力和留任的可能性。

C. 增加成功实现目标的机会，确定投入成本的价值，确定每个项目集的功能组件，以及指出需要改进的领域，使项目成果产出有竞争力的价值。

D. 评估潜在项目给公司带来的收益，将更容易决定哪些机会将以最低成本带来最大收益，并增加项目实现支持公司战略和目标的可能性。

【答案】C

【解析】本题考查的知识点是对潜在项目的收益进行评估。解题关键在于了解收益评估的好处。本题的4个选项中，选项C全面地说明了评估潜在项目收益的好处，包括增加成功实现目标的机会，确定投入成本的价值，确定每个项目集的功能组件，以及指出需要改进的领域，使项目成果产出有竞争力的价值。所以，正确答案是C。

选项 A：不正确。虽然与竞争对手的各项功能与技术进行比较确实可以帮助确保项目的功能与技术比竞争对手超前，但这个选项没有涵盖评估潜在项目收益的其他好处，如增加成功实现目标的机会，确定投入成本的价值等。

选项 B：不正确。虽然提高员工福利有助于提高招聘吸引力和留任的可能性，但这个选项没有详细说明评估潜在项目收益的其他好处，如确定投入成本的价值，指出需要改进的领域等。

选项 D：不正确。虽然评估潜在项目给公司带来的收益可以更容易决定哪些机会将以最低成本带来最大收益，但这个选项没有涵盖评估潜在项目收益的其他好处，如确定投入成本的价值，指出需要改进的领域等。

7. 对获得价值进展的干系人做出评价（考纲 3-2-5）

对获得价值进展的干系人做出评价意味着，在项目完成阶段收集和了解项目各个干系人对项目交付成果的满意程度和认可程度。项目交付成果价值的评价主要关注项目成果是否满足了干系人的需求、预期目标，以及是否为干系人带来了实际价值。这样的评价有助于衡量项目成功的程度，为项目团队提供反馈，从而改进未来项目的管理和实施。同时，这也有助于项目团队与干系人之间建立信任和良好关系。

在敏捷项目中，在每次迭代（冲刺）结束时，团队将进行迭代审查或演示。团队专注于在每个迭代中完成用户故事，在早期阶段，团队希望获得 PO 对故事完成的定义，确定故事所定义的验收标准，并从其他干系人那里获得早期反馈，以便发现变更或额外的未定义需求。

【题目】在经验教训会议上，A 集团 CEO 常总、A 集团高层领导和你团队的其他成员就"未能做好项目工作交付价值的沟通"进行了坦诚的讨论。请问下列哪个选项是向干系人告知项目已经交付成果价值的最佳方式？

A. 项目并不总是按规划的进行，所以团队每次发布达标不代表项目可以顺利完成。项目过程中越过发布的小里程碑时不要庆祝，要到一起越过项目终点线时再好好庆祝。

B. 向所有干系人发送一封祝贺电子邮件，附上所有相关的收益文档，包括原始商业论证，以便他们了解产品为公司带来的价值。

C. 与干系人一起审查原始商业论证、收益实现计划、收益登记册和收益维持计划。会后发送会议记录电子邮件，确保干系人都收到副本，而会议记录对于干系人的问题响应和结论都有记载。

D. 找出哪些团队为项目提供最具体的价值，并确保他们得到适当的奖励。召集支持他们的其他业务部门，并考虑是否保留那些没有提供太多价值的部门。

【答案】C

【解析】本题考查的知识点是向干系人告知项目已经交付成果价值的最佳方式。解题关键在于了解如何评估已经交付成果的价值。本题的 4 个选项中，选项 C 的方式有助于干系人全面了解项目交付成果的价值。通过发送会议记录电子邮件并确保所有人都收到副本，可以确保干系人对讨论的问题和结论有清晰的了解，这是一种有效的沟通方法。所以，正确答案是 C。

选项 A：不正确。强调了项目过程中的风险和挑战，但并没有提供关于如何与干系人沟通项目已经交付成果的价值的具体方法。

选项 B：不正确。仅提到向所有干系人发送祝贺电子邮件，并附上所有相关的收益文档。虽然这可以使干系人了解项目的价值，但没有提到与他们一起审查这些文档，以确保更清晰和深入的理解。

选项 D：不正确。这个选项关注识别和奖励为项目提供具体价值的团队，并考虑调整其他部门。然而，这并没有解决如何向干系人有效地沟通项目已经交付成果的价值的问题。

2.8 评估并应对外部业务环境变化对范围的影响

评估并应对外部业务环境变化对范围的影响是指，在项目执行过程中，密切关注外部环境因素（如市场变化、政策法规、竞争对手等）对项目范围的潜在影响，并采取适当的应对措施以确保项目目标的实现。项目团队需要关注这些外部变化，并评估它们对项目范围、时间、成本和质量的影响，以便在必要时进行调整和优化。

评估并应对外部业务环境变化对范围影响的步骤包括：①调查外部业务环境的变化；②评估外部业务环境变化对项目范围/待办事项列表的影响，并确定其优先级；③提出针对范围/待办事项列表变更的方案的建议；④对工作/行动的优先级重新排序；⑤持续审视外部业务环境，关注其对范围/待办事项列表的影响。这 5 个步骤就是 PMP®考纲领域 3："业务环境"的任务 3 的 5 个驱动因素，其中 1 个不在考纲中，但在执行项目工作时也需要考虑，以下每个驱动因素的考题都使用下列情境案例。

> **情境案例**
>
> B 公司因其卓越的战略实施能力和丰富的资源而著称，与 A 集团签订的第二份合同要求 B 公司为 A 集团提供管理监督和战略投资建议。这项业务充满挑战性，促使 B 公司审视自身的战略方向。
>
> 万总正在深入研究 A 集团合同的所有条款，他注意到业务需求的增长和优先级的变化，但他的专长是技术而非业务管理。因此，万总需要你的专业知识来规划和管理 B 公司的变革，使组织达到预期的目标状态。

1. 调查外部业务环境的变化（考纲 3-3-1）

调查外部业务环境的变化是指，项目经理需要关注和分析项目所处行业和市场中的法规、技术、地理区域、政治和市场变化等因素。这些外部因素可能对项目产生重大影响，项目经理需密切关注，以便及时做出相应的调整。

调查外部业务环境的变化可能对企业项目范围产生以下影响：项目目标和优先级的调整、项目范围的扩大或缩小、项目成本和资源需求的变化、风险识别和管理、项目进度的调整等。

通过调查外部业务环境的变化，企业可以更好地了解外部环境对项目范围的影响，从而做出更明智、更具有远见的决策，提高项目的成功率和竞争力，有助于企业实现永续发展，适应不断变化的市场需求。

第 2 章 项目领导力高度

【题目】在 B 公司启动变革管理计划之前，必须评估当前环境，以便规划适当的变革来改善环境，使事情变得更好。万总问你什么是变革管理。请问你该如何回答？

A. 变革管理是为了让公司员工遵循最新制定的流程与制度所设计的一系列过程，目的是让员工没有机会抵制，顺利实施新流程与制度。

B. 变革管理意味着照顾组织中人们的需求，以便他们不会拒绝或反对变革。

C. 变革管理是一种全面、周期性和结构化的方法，用于将个人、团队和组织从当前状态过渡到具有预期商业利益的未来状态。

D. 变革管理是一种方法，使公司随着时间推移改进组织结构、项目和流程而变得更成功。

【答案】C

【解析】本题考查的知识点是变革管理的定义。解题关键在于了解变革管理的实际内涵。本题的 4 个选项中，选项 C 详细说明了变革管理的概念，强调了它是一种全面、周期性、结构化的方法，旨在将个人、团队和组织从当前状态过渡到具有预期商业利益的未来状态，这个定义更全面地解释了变革管理的目标和过程。所以，正确答案是 C。

选项 A：不正确。这个选项仅关注让员工遵循新的流程和制度，而没有涉及变革管理对组织整体的影响，以及如何实现预期商业利益。

选项 B：不正确。这个选项仅关注照顾组织中人们的需求，以减少抵制和反对变革，但它没有提供关于变革管理的全面描述，特别是关于如何将组织从当前状态过渡到具有预期商业利益的未来状态的过程。

选项 D：不正确。这个选项提到了变革管理的目的是通过改进组织结构、项目和流程让公司更成功，但它没有强调将个人、团队和组织从当前状态过渡到具有预期商业利益的未来状态的重要性。

2. 评估外部业务环境变化对项目范围/待办事项列表的影响，并确定其优先级（考纲 3-3-2）

评估外部业务环境变化对项目范围/待办事项列表的影响，并确定其优先级是指,项目经理需要根据外部环境的变化,分析其对项目范围和待办事项列表的潜在影响,并确定需要优先处理的事项。这有助于项目团队及时调整项目计划和策略,确保项目顺利进行。

在传统方法中,一旦初始项目管理计划完成,便会建立项目基准。如有进一步变更,基准也会相应更新。要跟踪内外部业务环境的任何变化,识别项目的基本改动,并将新基准应用于项目。

在敏捷或混合方法中,利用影响评估来探究项目在人员、流程、技术和需求方面的变化。在敏捷项目里,精益影响评估(Lean Impact Assessment)有助于形成更优的商业论证,最终产生良好的用户故事和发布计划。

精益影响评估是一种基于精益创业原则的社群影响评估方法,通过快速迭代和数据驱动的决策,使项目能够更好地适应不断变化的环境和需求。这种方法主要关注在有限的资源和时间内,通过迭代和实证的方法,最大限度地提高社群创新项目的影响力和效果。与传统的项目评估相比,精益影响评估更加强调实践和实用性。

任何变革都可能使项目产生连锁反应,而且有些反应可能不能马上看到。项目中看似微不足道的变更,对某些人来说,可能有非常大的影响,要注意可能对干系人的期待产生影响的变更。

【题目】B公司的内部变革流程肯定会影响优先级和工作范围,你必须理解变革对所有项目的影响及对组织的影响。请问你将进行怎样的评估?

A. 调查每个人在变革过程中所受到的影响,并了解变革流程如何影响每个人,因此必须进行360度变革影响评估。

B. 查看每个项目的进度、质量和预算限制,并了解变革流程如何影响这些限制。

C. 关注时间、成本和范围元素,并了解如何根据变革评估进行项目变更。

D. 检查里程碑、风险和客户验收标准,因为这些也会发生改变。

【答案】C

【解析】本题考查的知识点是组织变革对项目变更的影响。解题关键在于了解变革影响项目的具体领域。本题的4个选项中,选项C强调了关注项目管理的3

个关键元素（进度、成本和范围），并了解如何根据变革评估进行项目变更。这个选项考虑了项目的整体管理，并关注如何对变革进行适当的调整。所以，正确答案是 C。

选项 A：不正确。这个选项仅关注调查每个人在变革过程中所受到的影响，虽然这在变革管理中是一个重要的方面，但它并没有提及如何评估变革对项目管理的关键元素的影响。

选项 B：不正确。这个选项仅关注项目的进度、质量和预算限制，但没有提及如何根据变革评估对这些限制进行调整。

选项 D：不正确。虽然里程碑、风险和客户验收标准是项目管理的重要方面，但它没有提到如何根据变革评估对这些方面进行调整。

3. 提出针对范围/待办事项列表变更的方案的建议（考纲 3-3-3）

提出针对范围/待办事项列表变更的方案的建议是指，在评估了外部业务环境变化对项目的影响后，项目经理需要提出相应的建议，如调整进度计划、变更成本等，以应对潜在的问题和挑战。这有助于项目团队保持项目的灵活性，以适应不断变化的外部业务环境。

当提出项目变更时，PO 需关注预期的商业价值。在变更过程中，可以采用"用户故事"格式来提出需求和后续修改。用户故事的格式为："作为<角色名称>，我想<实现某事>，以便<获得期望的结果>。"请注意，用户故事关注的是干系人、需求和期望成果，而非具体的解决方案。项目团队讨论变更的潜在解决方案选项，与 PO 共同审查选项，就未来方向达成共识，最后由 PO 做出决定。

【题目】万总要求你告知 B 公司进行组织变革管理的流程，请问下列哪个是最可能干扰或影响变革项目成功的组织因素？

A. PMO、项目管理流程、采购流程、项目治理结构。
B. 文化、抗拒、团队合作、领导支持、组织沟通、系统、流程和结构。
C. 团队结构、领导职位、企业知识、干系人、组织结构和生产方法。
D. 士气、人员、预算、工期、基础设施、职称、产品、法规要求、项目管理方法和合规状况。

【答案】B

【解析】本题考查的知识点是最可能干扰或影响变革项目成功的组织因素。解题关键在于了解干扰和影响变革项目成功的重要组织因素中，文化和干系人的支持与反对态度极为关键。本题的4个选项中，选项B涵盖了诸如文化、抗拒、团队合作、领导支持、组织沟通、系统、流程和结构等因素，这些因素直接影响组织内变革项目的成功。这些因素与员工、团队、组织的行为和心态密切相关，可能导致变革项目的推动受阻。所以，正确答案是B。

选项A：不正确。虽然这些因素在变革管理中有一定的影响，但它们不是最可能干扰或影响变革项目成功的组织因素。

选项C：不正确。虽然这些因素对变革管理有影响，但它们并非最可能干扰或影响变革项目成功的组织因素。

选项D：不正确。虽然这些因素在变革管理中有一定的影响，但它们并没有像选项B那样直接关注组织内可能导致变革项目受阻的行为和心态因素。

4. 对工作/行动的优先级重新排序（无对应的考纲）

对工作/行动的优先级重新排序是指，项目经理根据外部业务环境的变化，重新评估和调整项目中各项任务和活动的优先级。这可以确保项目团队集中精力处理最重要和紧急的事项，从而提高项目执行的效率和效果。

在重新确定项目工作的优先级时，敏捷方法的持续迭代过程可确保项目团队始终致力于最高价值的项目，并首先交付解决方案的最高价值组件。敏捷方法使优先级能够不断调整，从而及早交付高价值项目。以敏捷的方式工作会产生反馈，帮助团队和项目发起人识别出额外的需求。

【题目】现在是正式开始变革程序的时候了，B公司期待你解决这个问题。当万总问你正在做什么时，请问你该如何回答？

A. 告诉万总我正在拟定KPI与奖惩制度，并制作警告标语和海报，警示团队不配合变革对其个人的影响，让持反对意见的人知道，配合才是最明

第 2 章 项目领导力高度

智的选择。

B. 告诉万总我已经召集组长开会，并向他们承诺我会支持影响他们团队的变革。我正在制作警告标语和海报，警示团队对他们有影响的变革。我打算让怀疑论者相信这样的变革是最好的。

C. 告诉万总我正在为变革项目打上"建立更好的 B 公司"的烙印，通过电子邮件、网络研讨会和部门问答传播信息，并找出变革进度落后的地方，以便我可以更好地帮助他们。

D. 告诉万总我正在更新变革控制文档，分析变革风险，并规定变革里程碑日期，我还协调资源并重新分配其他部门的人员。

【答案】C

【解析】本题考查的知识点是正式开始变革程序时如何行动。解题关键在于一定要确保干系人保持一个好的热度状态（高于等级8），这是变革开始后确保成功的基础。本题的4个选项中，选项C带给人更好的希望和正向的力量，表明了一种积极的方法，旨在通过与员工分享信息和提供支持来推进变革。通过电子邮件、网络研讨会和部门问答等方式传播信息可以确保员工了解变革的目的和过程。同时，找出变革进度落后的地方有助于提供针对性的支持和帮助。所以，正确答案是 C。

选项 A：不正确。这个选项过于关注 KPI 和奖惩制度，以及向员工施加压力。这种方法可能导致员工产生抵触情绪，而不是积极参与变革过程，警告和威胁容易让干系人的状态掉到恐惧与压抑级（等级5）。

选项 B：不正确。这个选项部分正确，因为与组长会面和传达支持的信息是有益的。但是，制作警告标语和海报可能导致员工产生抵触情绪，而不是鼓励他们积极参与变革过程，警告和威胁容易让干系人的状态掉到恐惧与压抑级（等级5）。

选项 D：不正确。虽然这些任务在变革管理过程中很重要，但这个选项的做法并没有涉及变革对干系人的状态会产生什么影响。

5. 持续审视外部业务环境，关注其对范围/待办事项列表的影响（考纲 3-3-4）

持续审视外部业务环境，关注其对范围/待办事项列表的影响是指，项目经理需要不断关注行业和市场中的变化，并持续评估其对项目范围和待办事项列表的影响。这有助于项目经理发现潜在的机遇和风险，从而采取相应的措施以优化项目计划和策略。

业务环境的更广泛变化，无论是内部还是外部的商业环境变化，都会对项目产生影响。在项目进行过程中，持续关注这些商业变化可能产生的影响，并了解它们如何影响商业论证和项目价值，使项目经理可在项目进行中做出正确的决策。

【题目】变革计划启动后，万总要求你在新流程和结构中优先考虑"项目优先级排序的最重要标准"。你认为选择项目最重要的标准是什么？

A. 最重要的标准：是否达到技术领先。因为没有技术领先的独特性，就不容易做市场区隔，就不是公司最需要优先考虑的项目。

B. 最重要的两个标准：战略重要性及可行性，选择项目需考虑这两大标准。

C. 任何项目都必须具有已被证明的投资回报潜力、卓越的产品/市场适应性，以及符合本公司现有产品系列和企业技能水平。

D. 在审查所有项目时，要考虑收益性、成长性、范围、差异化、发展机会。

【答案】B

【解析】本题考查的知识点是变革中项目优先级排序的最重要标准。解题关键在于了解战略重要性和可行性是变革中项目优先级排序的最重要标准。本题的 4 个选项中，选项 B 强调了战略重要性和可行性这两个关键因素。在选择新项目时，确保它们与组织的战略目标和愿景保持一致至关重要。同时，评估项目的可行性，包括资源、进度和技术等方面，有助于确保项目可以成功实施。所以，正确答案是 B。

选项 A：不正确。虽然技术领先对于市场区隔和竞争优势确实很重要，但技术领先并不一定保证项目给组织带来最高的价值。

选项 C：不正确。虽然这些因素在项目选择中有一定的重要性，但组织可以为了获得最大价值放弃暂时的投资回报。

选项 D：不正确。这个选项提供了多个要考虑的因素，这些因素确实对项目选择具有重要意义，但它们并没有明确突出战略重要性和可行性这两个关键因素。

2.9 为组织变更提供支持

为组织变更提供支持是指在组织进行战略转型、调整业务模式或实施其他重大变更时，项目团队积极参与并提供支持，以确保变更的顺利实施和成功。项目团队需要与组织的其他部门和干系人紧密合作，共同规划和实施变更活动。这可能涉及识别和解决变更过程中的问题、调整项目以适应变更需求、培训和辅导员工以适应新的业务环境等。

为组织变更提供支持的步骤包括：①评估组织文化；②评估组织变更对项目的影响，并确定必要的行动；③评估项目对组织的影响，并确定必要的行动；④建议、规划和促进变革。这 4 个步骤就是 PMP®考纲领域 3："业务环境"的任务 4 的 4 个驱动因素，其中 1 个不在考纲中，但在执行项目工作时也需要考虑，以下每个驱动因素的考题都使用下列情境案例。

> **情境案例**
>
> A 集团在云系统方面的成功吸引了新赞助商的关注，新的资金投入要求组织以比原计划更快的速度增长，这给公司带来了巨大的组织变革压力。A 集团 CEO 常总再次请求你的帮助。这一次，你的任务是支持组织的成长和转型。

1. 评估组织文化（考纲 3-4-1）

评估组织文化是指项目经理要了解项目所在组织的价值观、信仰、行为模式和沟通方式等方面，以便更好地适应组织环境并推动项目的成功实施。了解组织文化有助于项目经理识别潜在的文化冲突，从而采取适当的措施来解决这些问题。

许多项目都会为组织带来变革，项目经理必须知道如何评估组织文化。通过客观评估内外环境影响，收集员工意见和忧虑（通过问卷调查、部门会议等），才能制订可从内部推进变革的可行计划。早期的重要步骤包括：确定组织关键成功因素的稳健性和实施变革项目的障碍。评估组织文化的结果可以指导变革管理方法，并影响实现项目交付成果所需的行动。

项目经理应该明白，文化对项目实现其目标的能力有很大的影响。他们需要知道组织中的哪些人是决策者或影响者，以及与他们合作以增加项目成功的可能性。

【题目】常总希望尽快推进多个项目，你需要评估组织是否已准备好要进行这么大的变革。你发现组织文化的一些问题可能会妨碍组织接受这样的变革。考虑到企业环境因素（EEF），请问应如何评估组织文化，以及如何确定对变革的接受程度和潜在障碍？

A. 与A集团的董事会成员和总经理交谈，了解他们对A集团增长的真正看法，然后制定变革流程，由上而下大力推动，以高绩效完成任务。

B. 与组织中不同层级的几个干系人交谈，了解其他员工对A集团增长的真正看法，再与管理层一起坐下来，分享这个反馈。

C. 考虑组织结构、基础设施、技术、资源和员工技能等内部因素，以及行业标准和市场条件等外部因素。进行变革的内部和外部影响评估，调查不同层级的部门员工，以了解他们对这一变革的感受。

D. 与所有部门经理和组长举行会议，了解他们对变革的看法。考虑聘请专门的组织文化顾问，评估A集团内部是否做好了应对变革的准备。

【答案】C

【解析】本题考查的知识点是评估组织文化。解题关键在于了解评估组织文化的步骤。本题的4个选项中，选项C提供了一种全面的方法，以评估组织文化和组织应对变革的准备程度。考虑内部和外部因素，以及不同层级员工的观点，这样做有助于确定潜在的障碍和组织对变革的接受程度。所以，正确答案是C。

选项A：不正确。这个选项只关注董事会成员和总经理的观点，而没有考虑组织中其他层级员工的看法。只有从上到下的推动可能无法充分了解潜在的障碍和员工的接受程度。

选项 B：不正确。这个选项只关注不同层级员工的看法，而没有提到对内部和外部因素的评估。评估内部和外部因素对于了解潜在障碍和组织的整体准备程度至关重要。

选项 D：不正确。这个选项提到了与部门经理和组长的会议，以及聘请专门的组织文化顾问。虽然这些措施可能有助于了解潜在问题，但它们并没有提及对内部和外部因素的评估，也没有提到对不同层级员工的调查。因此，这个选项的做法可能无法全面评估组织的准备程度。

2. 评估组织变革对项目的影响，并确定必要的行动（考纲 3-4-2）

评估组织变革对项目的影响，并确定必要的行动，是指项目经理需要关注组织层面的变化（如战略调整、结构调整等），并分析这些变化对项目的潜在影响。在了解这些影响后，项目经理需要确定相应的行动，以应对组织变革给项目带来的挑战。

在当今不断发展的业务环境中，变革对于组织保持竞争力至关重要，而业务策略通常与变革相关。当变革项目的影响被忽视或最小化时，企业通常无法实现预期的全部收益。评估组织变革对项目的影响，以便在项目进展时从项目中收集数据。

外部因素也会影响项目的价值和预期结果，PESTLE 分析是一种用于评估组织外部宏观环境因素对其业务策略和运营的影响的工具。PESTLE 是以下 6 个环境因素的首字母缩写。

（1）政治（Political）：政治因素包括政府政策、法律法规、政治稳定性等，它们可能对组织的业务产生直接或间接的影响。

（2）经济（Economic）：经济因素包括经济增长、通货膨胀、利率、汇率等，这些因素会影响组织的财务状况和市场需求。

（3）社会文化（Sociocultural）：社会文化因素包括人口结构、消费者态度、生活方式等，这些因素会影响组织的市场和消费者需求。

（4）技术（Technological）：技术因素包括技术创新、技术发展速度、研发投入等，这些因素会影响组织的竞争力和创新能力。

（5）法律（Legal）：法律因素包括与组织业务相关的法律法规、法律责任、知识产权等，这些因素可能影响组织的合规性和运营风险。

（6）环境（Environmental）：环境因素包括生态环境、气候变化、自然资源等，这些因素可能对组织的可持续发展和生产经营产生影响。

通过进行 PESTLE 分析，组织可以更好地了解外部环境的挑战和机遇，从而制定更为合适和有效的战略规划。

【题目】B 公司再次聘用你为项目经理，因为你具有项目管理和变革管理的专业知识，并且在上次项目中取得了卓越的成果。这次你的主要角色是变革经理，进行变革影响分析是你工作的第一步。请问对 B 公司进行变革影响分析有什么好处？

A. 评估组织架构，凸显当前产品组合与目标最终状态之间的差距，确定变革所需但组织尚未具备的职能。

B. 确定当前职能与执行新项目组合所需的职能之间的差距，并寻求减少变革对现有产品可能带来副作用的方法。

C. 帮助管理人员评估和应对变革，确保以最有效的方式执行变革而不破坏现有项目，增加公司战略实现的可能性，并在发现可以提高成功机会的新信息时提醒执行团队。

D. 评估组织是否准备好采取必要的步骤来弥补当前产品组合与目标最终状态之间的差距，确定实施变革的条件，并凸显变革所需但组织尚未具备的职能。

【答案】C

【解析】本题考查的知识点是评估组织变革对项目的影响，并确定必要的行动。解题关键在于了解变革的流程，以及进行变革影响分析的好处。本题的 4 个选项中，选项 C 说明了进行变革影响分析的好处，包括帮助管理人员评估和应对变革，确保有效执行变革，不破坏现有项目，增加公司战略实现的可能性，以及发现可以提高成功机会的新信息时提醒执行团队。这些好处都是有助于实现组织变革目标的关键因素。所以，正确答案是 C。

选项 A：不正确。这个选项强调了评估组织架构和识别差距，但没有提到如何应对变革及如何确保有效执行变革，这些因素对于实现组织变革目标至关重要。

选项 B：不正确。这个选项关注了确定当前职能与新项目组合所需职能之间的差距，但没有涵盖其他关键方面，例如，如何回应对变革及如何确保有效执行变革，这些因素对于实现组织变革目标至关重要。

选项 D：不正确。这个选项涉及评估组织准备程度和识别差距，但没有提到如何应对变革及如何确保有效执行变革，这些因素对于实现组织变革目标至关重要。

3. 评估项目对组织的影响，并确定必要的行动（考纲 3-4-3）

评估项目对组织的影响，并确定必要的行动，是指项目经理需要分析项目实施过程中可能对组织产生的影响（如组织结构调整、资源重新分配等），并根据分析结果确定必要的行动。这样做有助于确保项目的顺利进行，同时降低项目对组织的负面影响。

【题目】A 集团新涌入的资金投入要求组织以比原计划更快的速度增长，这使公司面临着巨大的组织变革压力。请问如何评估这次变革对整个 A 集团的影响？

A. 组织准备好变革，动员干系人，在监督整体变革时提供文档与流程，以支持项目的规划和执行。

B. 定义并确定 A 集团组织变革的必要性，找到主导变革的人，获得资源，识别变革的干系人，评估干系人期望，协调计划中的变革管理活动，确定变革范围，并开始进行变革沟通。

C. 组织准备好变革，动员干系人，在监督整体变革时提供项目产出，以支持项目的规划和执行。

D. 将变革产出转向业务结果，衡量采用率及成果/收益，调整计划以应对差距，进行合理化活动，衡量收益实现，关注抵抗或漠不关心。

【答案】B

【解析】本题考查的知识点是评估项目对组织的影响，并确定必要的行动。解题关键在于了解评估的流程。本题的 4 个选项中，选项 B 涵盖了评估变革对整个

A 集团影响的关键步骤，包括确定变革必要性，找到主导变革的人，获得资源，识别变革的干系人，评估干系人期望，协调变革管理活动，确定变革范围和进行变革沟通。这些步骤帮助确保变革影响得到全面评估，从而使组织能够更好地应对变革。所以，正确答案是 B。

选项 A：不正确。这个选项主要关注组织为变革做好准备，动员干系人，监督整体变革，但没有涵盖评估变革对整个 A 集团影响的其他关键步骤，如确定变革必要性，找到主导变革的人，获得资源和识别变革的干系人等。

选项 C：不正确。这个选项主要关注组织为变革做好准备、动员干系人，提供项目产出，但没有涉及评估整个变革对 A 集团的影响。

选项 D：不正确。这个选项主要关注将变革产出转向业务结果，衡量采用率和成果/收益等后期步骤，但没有涵盖评估变革对整个 A 集团影响的前期关键步骤。

4. 建议、规划和促进变革（无对应的考纲）

建议、规划和促进变革是指，项目经理在了解组织变革及其对项目和组织的影响后，提出改进建议并制订实施计划。项目经理需要与其他干系人合作，推动组织变革的实施，以确保项目的成功完成和组织目标的实现。

PMI 组织项目管理成熟度模型 OPM3®将组织项目管理定义为一种战略执行框架，利用项目组合、项目集和项目管理以及组织支持实践来交付一致且可预测的组织战略，并取得更好的结果和可持续的竞争优势。通过将项目和项目集视为实施变革的机制，管理组织变革侧重于项目集和项目输出所产生的变化。变革管理是一种全面、周期性、结构化的方法，将个人、团体和组织从当前状态过渡到具有预期商业利益的未来状态。

【题目】到目前为止，你已经评估了组织文化和项目的影响，并且理解了快速增长的潜在影响，现在 A 集团需要为更好的成长而管理变革。请问变革生命周期的 5 个步骤是什么？

A. 规划变革流程、组织变革团队、实施变革与管理变革、收尾和成果移转。

B. 计划准备、计划制订、进行部分规划、授权、监督、整合、转变和收尾、计划移转和灵活应变。
C. 启动变革、规划变革、实施变革、管理过渡并持续变革。
D. 评估变革的准备情况、规划干系人参与、提供项目产出、调整计划以解决变异，并衡量收益的实现。

【答案】C

【解析】本题考查的知识点是变革生命周期的 5 个步骤。解题关键在于熟悉变革的步骤。本题的 4 个选项中，选项 C 概述了变革生命周期的 5 个关键步骤，包括启动变革（确定变革的必要性和方向）、规划变革（制订详细的变革计划和策略）、实施变革（按计划推动变革）、管理过渡（确保平稳过渡并克服可能的阻力），以及持续变革（监测、评估和调整变革过程，以实现持续改进）。切记，不是结束变革，而是持续变革。成功的变革可以提高组织恢复力和适应性，使组织和内部人员为不可避免的变革做好准备。所以，正确答案是 C。

选项 A：不正确。这个选项包含了一些正确的步骤，但没有提到持续变革这一重要环节。而且，收尾和成果移转更像项目管理的阶段，而不是变革管理的阶段。

选项 B：不正确。这个选项过于复杂，混合了项目管理和变革管理的元素，不能清晰地描述变革生命周期的 5 个步骤。

选项 D：不正确。这个选项侧重于评估和调整，缺乏变革生命周期中的实施和持续环节。

第 3 章

项目领导力广度

3.1 广度——信任统合力简介

项目领导力广度涵盖两个关键方面：统合对立，建立信任；柔和引导，如沐春风。这一维度要求项目经理团结并调动对项目成功有利的干系人，在此过程中建立人际关系和营造氛围，以快速交付价值。同时，项目经理应合理整合各干系人的力量，将被动转为主动，以柔和的方式引导和运用各方力量，而非对抗和压制。与项目领导力广度相关的考纲如表 3-1 所示，具体说明将在下述各小节中展开。

表 3-1 与项目领导力广度相关的考纲

维度	PMP®考纲
广度	领域 1 "人员"
	任务 2：领导团队（1-2-2 支持多样性和包容性、1-2-3 重视服务型领导、1-2-4 确定适当的领导风格、1-2-6 分析团队成员和干系人的影响力）
	任务 5：确保团队成员/干系人完成适当培训
	任务 6：建设团队
	任务 9：与干系人协作
	任务 10：凝聚共识
	任务 11：让虚拟团队参与进来并为其提供支持
	任务 12：定义团队的基本规则

续表

PL5D	PMP®考纲
广度	领域 2 "过程" 任务 2：管理沟通 任务 4：让干系人参与进来

3.2 领导团队

领导团队是指在项目执行过程中，项目经理或负责人带领项目团队成员共同完成项目目标的过程。领导团队涉及激励团队成员、设定明确的目标、分配任务、协调资源、解决问题、沟通信息等多个方面。领导团队的目标是确保项目团队在良好的工作氛围中高效地完成项目任务，以实现项目成功。

领导团队的步骤包括：①支持多样性和包容性；②重视服务型领导；③分析团队成员和干系人的影响力；④确定适当的领导风格。这 4 个步骤就是 PMP®考纲领域 1："人员"的任务 2 的第 2、3、4、6 项驱动因素，执行顺序应该是 1-2-2、1-2-3、1-2-6、1-2-4。以下每个驱动因素的考题都使用下列情境案例。

> **情境案例**
>
> 作为 B 公司 P 项目的项目经理，小战领导的软件团队由开发人员和法律顾问组成。你将以教练顾问的身份协助团队安全地处理客户信息。

1. 支持多样性和包容性（考纲 1-2-2）

支持多样性和包容性是指，项目经理应尊重团队成员的不同背景、观点、技能和经验，并鼓励他们在项目中发挥各自的优势。这种理念有助于营造更有创造力和协作的团队氛围，从而提高团队绩效和项目成功率。

多样性意识体现在项目经理能够认识并尊重每个人的特质，并将差异视为潜在优势，使得团队中每个成员都能充分发挥潜能。尽管多样性和包容性的准则因组织、法律或政府法规的不同而有差异，但项目经理应秉持国际最高标准，平等对待所有人，包容各种表达和工作方式，公正决策。

【题目】与许多科技公司一样，P项目团队主要成员是男性。B公司最近的年度报告指出，女性员工占比为32%，略高于规定的28%的业界标准。王总向你请教对提高P项目的多样性和促进包容性的意见。请问你如何在本项目中对性别多样性和包容性施加正面影响？（选3项）

A. 在P项目中倡导以女性为中心的研究生实习计划。
B. 优先与合格的女性供应商合作，并规定供应商在分包时也应这样做。
C. 在非正式项目交流中宣传女性在技术领域中的成功故事。
D. 向王总建议，请其他人做，因为你不想参与政治。

【答案】A、B、C

【解析】本题考查的知识点是项目中对性别多样性和包容性展现正面影响。解题关键在于了解如何实施多样性和包容性。本题的4个选项中，选项A有助于为项目吸引更多女性，并为她们提供实际工作经验。这将有助于提高项目的多样性，并增加女性在技术领域的参与度。选项B优先与合格的女性供应商合作能够直接提高项目的女性参与率，同时规定供应商在分包时也应这样做可以在整个供应链中推广性别多样性。选项C分享和宣传女性在技术领域中的成功故事有助于提高女性的可见度，激励更多女性参与技术项目，从而促进包容性和多样性。所以，正确答案是A、B、C。

选项D：不正确。无论是否涉及政治，项目经理永远都应该在项目中施加正面影响，这个选项并不能对项目的性别多样性和包容性产生正面影响。你应该积极参与并提出建设性的建议，以促进团队的多样性和包容性。

2. 重视服务型领导（考纲1-2-3）

重视服务型领导是指项目经理应将自己视为团队成员的支持者和合作者，而不是权威的掌控者，致力于帮助团队成员发挥潜能，从而提高团队整体绩效。服务型领导也称仆人式领导（Servant Leadership），强调领导者以服务他人为核心，

第3章 项目领导力广度

建立互信，关心员工成长和共同发展，这有助于提高团队凝聚力和执行力。

仆人式领导者的主要特点包括以下7项。

（1）倾听：仆人式领导者会倾听团队成员的意见和需求，以便更好地理解他们的立场和问题。

（2）同理心：仆人式领导者关心和理解团队成员的感受和处境，从而建立信任和尊重。

（3）成长和发展：仆人式领导者关注团队成员的个人和职业成长，提供必要的支持和资源。

（4）以人为本：仆人式领导者将人的需求和价值放在首位，而不是过分关注业务目标和利润。

（5）社群建设：仆人式领导者努力营造互相支持、积极向上的团队氛围。

（6）激励：仆人式领导者鼓励和激励团队成员，帮助他们克服挑战，实现目标。

（7）沟通：仆人式领导者注重有效沟通，确保信息的透明度和准确性。

仆人式领导者还通过促进团队的工作来为团队提供指导和培训，消除工作进展的障碍，并专注于团队成就而不是问题。

【题目】对团队来说，项目中的客户信息保护问题极具挑战性，在最近一次的会议上，一些团队成员表示，他们不知道如何着手。请问在这种情况下，仆人式领导者怎样提供帮助？（请标示各选项的正确排序）

A. 在问题日志中记录数据保护问题，请求项目法律专家分配人力资源，以便让团队拥有解决问题所需的专业知识。

B. 发送电子邮件给整个团队，肯定这个问题有难度，并说明你对寻找解决方案的承诺，因为数据保护对项目的成功至关重要。建议团队在法律专家的指导下，以自我组织方式找出解决方案。

C. 安排与王总和项目法律专家开会，以获得干系人的意见。说明数据保护仍然是项目中的障碍，请专家一起合作并指导团队解决障碍。

【答案】B、A、C

【解析】本题考查的知识点是重视服务型领导。解题关键在于深入了解仆人式领导的内涵和步骤。排列顺序：首先是团队自己解决，其次邀请外部专家帮助团队，最后才是最高领导参与。所以，正确答案是 B、A、C。

PMP®考题中的许多"资源"指的是"人员"，即"人力资源"。这是使用仆人式领导的最好例子，因为要在每一步都包含团队，认知成员在某个领域技能不足或缺乏信心，并赋能让他们找到解决方案。随着项目规模和复杂性的增长，这些问题不可能全部解决。成为仆人式领导者意味着将领导权分享给团队，如果团队可以使用共享框架进行操作，领导者就可以将时间集中在只有自己可以处理的事情上。

3. 分析团队成员和干系人的影响力（考纲 1-2-6）

分析团队成员和干系人的影响力是指项目经理需要识别并理解团队成员和其他干系人在项目中的权力和影响力。这样做可以帮助项目经理更好地平衡各方利益，调动资源和协调关系，以确保项目的顺利进行。每个人都觉得自己的意见是有道理的，但作为项目经理，必须平衡每个人的意见，建议参考组织过程资产和企业环境因素。

【题目】B 公司 P 项目的首席技术官刘总是一位令人敬畏的资深工程师，其工作时需要高度专注。他向项目经理小战抱怨，当他工作时，如果听到人们谈论电影或其他电子游戏，他会感到沮丧。他希望每个人上班时不要聊天，要专注于工作。请问身为辅导教练，你如何利用自己的影响力来减少刘总所抱怨问题的负面影响？

A. 我会与项目经理小战见面，并解释我们应该重视刘总的感受，我会要求他与团队沟通，并请团队尽量减少闲聊。

B. 我首先向刘总解释，同事在工作中谈论他们的兴趣是很自然的。我也会让团队知道聊天是可以的，但应该到休息室聊天，以避免打扰其他员工。

C. 我会告诉项目经理小战，团队成员可以谈论他们的兴趣和爱好，但是当刘总进来时，他们应该尽量减少这种情况。这样，他就不会变得激动或担心团队的开发进度变慢。

D. 我会告诉项目经理小战，工作时应该专注，团队成员不应该在上班时间谈论他们的兴趣和爱好，小战应该规定团队成员在工作时间不能闲聊。

【答案】B

【解析】本题考查的知识点是分析团队成员和干系人的影响力，通过面对面的沟通，并且分别向不同的干系人进行解释，增进彼此的理解，消除负面影响。解题关键在于了解如何使用影响力降低负面影响。本题的4个选项中，选项B最好地平衡了刘总的关切和团队成员之间的正常交流。通过解释同事间交流是自然的现象，可以帮助刘总理解这种行为。同时，建议将聊天带到休息室，有助于减轻刘总的困扰，让团队成员在不影响其他人的情况下进行闲聊。这有助于平衡工作和交流需求，提高团队满意度和士气。所以，正确答案是B。

选项A：不正确。这个选项过于关注刘总的感受，可能会给团队成员造成沟通受限的感觉，从而降低团队的凝聚力和士气。

选项C：不正确。这个选项过于迁就刘总，可能导致团队成员觉得他们的正常交流受到限制。此外，这种做法可能会让其他团队成员觉得不公平。

选项D：不正确。这个选项过于严格，可能会让团队成员觉得不自由，导致团队士气下降。人们在工作中进行适度的交流是正常的，而且有助于增强团队凝聚力。

4．确定适当的领导风格（考纲1-2-4）

确定适当的领导风格是指项目经理需要根据项目的具体情况和团队成员的特点，选择合适的领导风格（如指导型、协作型等）。灵活运用不同的领导风格有助于项目经理更好地激发团队成员的潜能，推动团队协作和项目进展。

虽然仆人式领导是巨变时代常用的领导模式，但你应该视项目和团队的真实情况，在适当的时候采用最适合的领导风格。你必须拥有并展示领导技能，以指导你的团队实现预期结果。有效的领导者应该具备管理人际关系、建立信任、与他人合作、解决问题、展现诚信以及引导团队成功完成项目所需的素质和技能。

【题目】开发团队成员都非常有才华，并且很高兴能够从事P项目的新技术工作。你正在考虑使用放任型、设定阶段目标型、命令型或参与型领导风格。请问你会选择哪种领导风格？

A. 放任型

B. 设定阶段目标型

C. 命令型

D. 参与型

【答案】D

【解析】本题考查的知识点是确定适当的领导风格。解题关键在于了解各种领导风格的特点和适用范围。本题的4个选项中，选项D参与型领导风格鼓励团队成员参与决策过程，重视他们的意见和建议。由于开发团队成员都非常有才华且热衷于P项目的新技术工作，参与型领导风格有助于充分利用他们的专业知识和创造力。此外，这种领导风格有利于提高团队士气，增强团队凝聚力，从而提高项目的成功率。所以，正确答案是D。

不同领导风格的简要说明如下所示。

（1）放任型（Laissez-faire）：只告诉下属所要求的结果，授权下属很大的工作自主权，甚至在过程中完全放任，领导在过程中几乎不参与。这种领导风格能够激发团队成员的创造力和独立思考能力，对于自我驱动、能力较强的团队成员来说，可能效果较好。然而，对于需要密切指导和监督的团队成员，放任型领导可能导致他们无法按时完成任务，甚至对任务的目标和要求产生困惑。

（2）设定阶段目标型（Pace-setting）：这是一种以高效执行为导向的领导风格，领导者设定高标准并展示出强烈的工作热情，以期激发团队成员更快地实现目标。这种领导风格通常在高度竞争的环境中非常有效，然而，当团队成员无法跟上高速发展的步伐时，可能会导致工作压力过大、团队士气低落，甚至产生较高的人员流失。

（3）命令型（Directive）：这是一种以明确的指导和规定为主导的领导风格。具有这种领导风格的领导者对团队成员的工作和任务设定具体、明确的要求和标准，同时对团队的工作流程和决策具有较高的控制力。在面临紧急情况、团队经验不足或组织变革等场景时，领导者能够更有效地引导团队解决问题。然而，过度的控制和过多的规定可能抑制团队成员的创新精神和独立思考能力，导致团队成员在面临问题时缺乏主动性，一味地等待领导者的指示。

（4）参与型（Participative）：这是一种鼓励团队成员参与决策过程、共同解决问题的领导风格。在这种领导风格中，领导者强调团队合作、沟通与协作，鼓励团队成员表达意见和建议。参与型领导风格有助于提高团队成员的满意度和参与度，从而增强团队的凝聚力和执行力。然而，在需要快速决策或紧急应对的情况下，过多的讨论和参与可能导致决策过程变得低效。如果团队成员能力参差不齐或缺乏合作精神，这种领导风格可能难以取得预期效果。

选项 A：不正确。放任型领导风格不适合这种情况，因为它缺乏对团队的引导和支持，可能导致团队失去方向。

选项 B：不正确。设定阶段目标型领导风格虽然强调高效率和高标准，但过于关注任务完成，可能会忽视团队成员的需求和感受，从而影响团队士气。

选项 C：不正确。命令型领导风格强调对团队的控制和指挥，可能会限制有才华的团队成员的创新和自主性，从而降低项目的成功率。

3.3 确保团队成员/干系人完成适当培训

确保团队成员/干系人完成适当培训是指，在项目执行过程中，项目经理或负责人确保项目团队成员和干系人接受与项目的技能、知识和最佳实践相关的培训，以提高他们在项目中的工作效率和质量。这可能包括技术培训、管理培训、沟通技巧培训等。适当的培训有助于团队成员更好地完成任务，降低项目风险，提高项目成功率。

确保团队成员/干系人完成适当培训的步骤包括：①确定培训后必须具备的能力以及培训的组成部分；②根据培训需要确定培训方案；③为培训分配资源；④衡量培训结果。这 4 个步骤就是 PMP® 考纲领域 1："人员"的任务 5 的 4 个驱动因素，以下每个驱动因素的考题都使用下列情境案例。

> 🌐 **情境案例**
>
> 作为 B 公司变革转型项目的项目经理，你负责在项目发起人 B 公司 CEO 王总的指导下执行项目。在初步规划和评估阶段，你发现公司需要提高云技术和微服务领域的技术能力，以确保项目顺利交付并保持市场竞争力。这将有助于公司紧跟行业发展趋势并为长期发展打下坚实基础。

1. 确定培训后必须具备的能力以及培训的组成部分（考纲 1-5-1）

确定培训后必须具备的能力以及培训的组成部分是指，项目经理需要明确培训需求和目标，包括团队成员和干系人在培训结束后应掌握的技能、知识和态度。这涉及识别培训内容的关键因素，以确保培训计划满足项目需求和团队发展目标。

在组建团队时你对自己和每位团队成员的技能进行了全面检查。你发现了一些亟待培训和提升的领域。为了弥补这些差距，你需要确定哪些培训是必要的。通过利用内部资源和进行深入研究，将技能需求与市场和项目要求进行匹配。当发生重大变化时，每个人，包括那些担任领导角色的人，都需要接受培训。

【题目】尽管 B 公司的硬件工程师表现出色，但软件工程团队在技能组合方面存在不足，特别是在云技术和微服务领域。你将为王总推荐怎样的培训方案？

A. 告知王总，软件工程师需要进行技能提升，并至少应为一名硬件工程师提供软件编写培训。同时，为王总推荐编程课程，以便他更好地了解软件开发人员的工作内容。

B. 向王总建议，至少应让部分硬件工程师接受软件工程领域的培训，并聘请首席技术官来领导公司的开发团队。此外，考虑将部分开发任务外包给第三方以降低成本。

C. 建议王总及其团队接受相关软件开发方法的培训，随后推荐领导力培训，以便王总更了解公司的优势和劣势。最后，安排现有软件工程师进行云技术和微服务领域的培训。若员工培训不及时，请考虑引入外部专业人才。

D. 提醒王总，软件工程师人才紧缺，应当培养全体员工具备软件编写能力，让团队成员具备多项专长，以实现互相支持。同时，鼓励王总参加编程课程，以便更好地了解软件工程师的工作，并为团队提供指导。

【答案】C

【解析】本题考查的知识点是确定培训后必须具备的能力以及培训的组成部分。解题关键在于确定培训需求时让领导者一起参与非常重要。本题的4个选项中，选项C为B公司提供了一个更全面的解决方案，从不同层面解决软件工程师技能不足的问题。它不仅包括培训员工以提高他们的技能，还考虑了领导力培训，以便王总更好地了解公司的现状。此外，选项C还建议需要时与外部专业人才合作，以解决技能短缺问题。所以，正确答案是C。

选项A：不正确。这个选项仅关注了让硬件工程师了解软件开发，而没有提到如何提高软件工程师在云技术和微服务方面的能力。此外，让王总学习编程课程可能并不是一个实际的建议。

选项B：不正确。将硬件工程师重新培训为软件工程师可能不是一个实际且高效的解决方案，同时可能导致硬件工程师人才短缺。将开发外包给第三方可能导致对项目的控制能力减弱。

选项D：不正确。要求所有员工都具备软件开发技能可能不现实，也可能导致团队成员无法专注于自己的核心技能。同时，让王总参加编程课程可能并不是一个实际的建议。

2. 根据培训需要确定培训方案（考纲 1-5-2）

根据培训需要确定培训方案是指项目经理在分析团队成员和干系人的培训需求后，为他们设计和制订具体的培训计划。这包括选择合适的培训方法、确定培训时间表和安排培训师等，以确保培训活动有效地满足预期目标。

在明确提升和重塑团队技能需求之后，要为进行研究和探讨培训机会留出一定时间。同时，不妨向你的团队成员询问他们是否了解一些可行的培训途径。在规划培训时，请考虑以下几个关键问题。

（1）实践操作需求。培训内容是否需要学员进行动手操作？这将有助于你选择更适合的培训方式，如现场培训、实验室培训或在线模拟等。

（2）项目进度要求。培训能否在规定的时间内完成，以满足项目进度？确定培训时间表以确保培训不会影响项目的按时交付。

（3）在线课程适用性。在线课程是否能满足团队的技能提升需求？在线课程具有时间和地点的灵活性，同时可以节省成本，但可能不适用于需要实践操作的技能培训。

（4）自主设计培训课程。根据团队的具体需求，是否需要自行设计和组织培训课程？这可以确保培训内容更贴合团队实际需求，增强培训效果。

（5）个人培训与团体培训。根据团队成员的技能差异和培训需求，是选择针对个人的定制化培训，还是选择针对团队的集体培训？个人培训针对性强，集体培训可以促进团队协作和交流。

通过权衡以上因素，你可以为团队制定更加合适和高效的培训方案。这将有助于团队成员提升关键技能，从而更好地适应项目需求和市场变化。

【题目】针对 B 公司的转型项目，你已确定需要三种不同类型的培训：①提供软件工程师在云技术和微服务能力方面的培训；②提供项目管理培训，让项目经理了解软件开发的最佳实践；③为组织内的成员提供培训，确保他们了解正在发生的变化及其原因。请问你应如何满足这些培训需求？

A. 考虑到成本效益，选拔公司重点培养的几位员工参加相关培训，完成后由他们向其他相关人员传授所学内容。

B. 告知项目首席技术官刘总，你们将一起培训所有人，以节省成本。他负责为软件工程师提供云技术和微服务能力方面的培训，你则为整个公司提供敏捷项目管理方法培训，并为软件团队的发展设定预期。

C. 建议王总购买在线培训计划的会员资格，该计划包含丰富的编程和管理课程。根据员工的需要分配相应课程，这将比远程培训成本更低，而且可让每位员工获得不同类型的培训。

D. 推荐软件工程师参加供应商提供的为期一周的异地课程，以提高他们的云技术和微服务能力。同时，建议项目首席技术官刘总参加在线敏捷项目管理课程。最后，为全体员工提供关于云技术和微服务对公司影响的培训。

【答案】 D

【解析】 本题考查的知识点是根据培训需要确定培训方案。解题关键在于因地制宜地为每种培训需要确定合适的培训方案。本题的 4 个选项中，选项 D 提供了有针对性的培训建议：软件工程师参加供应商提供的为期一周的异地课程，以提高他们的云技术和微服务能力；向项目首席技术官刘总推荐在线课程，以了解有关敏捷项目管理的更多信息；最后，为每个人提供有关云技术和微服务对公司影响的培训。选项 D 针对性强，满足了技能培训、项目管理培训和组织培训的需求，同时确保了培训的质量。所以，正确答案是 D。

选项 A：不正确。只选派少数员工参加培训，然后让他们回来教授其他员工可能无法确保所有员工都得到同样高质量的培训。这可能导致信息丢失、不完整或者不一致。

选项 B：不正确。假设项目首席技术官刘总和你能够为所有员工提供培训可能不切实际。这可能导致不同部门的员工在培训水平和质量上存在差距。

选项 C：不正确。尽管在线培训可以降低成本并覆盖多种类型的培训，但可能无法满足特定项目的要求，也缺乏针对性和互动性。

3. 为培训分配资源（考纲 1-5-3）

为培训分配资源是指项目经理在规划和实施培训计划时，需要确保为培训活动分配适当的人力、物力和财力资源。这包括为培训活动安排合适的场地、设备、教材及合理分配预算，以支持培训活动的顺利进行。在分配培训时间和预算时，请考虑以下因素。

（1）培训类型。选择合适的培训类型，如现场培训、在线课程、研讨会等，以满足团队的技能提升需求。

（2）培训时长。确定培训时长，使其与团队成员的学习能力和项目进度相匹配，以免影响工作效率。

（3）培训质量。在选择培训机构或课程时，关注其质量，以确保培训效果。可参考他人推荐、查阅评价和了解讲师资质等方面的信息。

（4）资源与资金分配。为培训提供适当的资源和资金支持，包括教材费用、场地租金、交通费等，以确保培训活动顺利进行。

（5）价值评估。在投入资源和资金之前，对预期的培训成果进行评估，确保培训能为团队带来实际价值。例如，可以预测培训后团队的技能提升程度、工作效率提升程度等方面。

通过综合考虑这些因素，你可以为团队分配合适的培训时间和预算。这将有助于确保培训效果，提高团队整体绩效，并为项目的成功奠定坚实基础。

【题目】在预算会议上，王总告诉你培训预算为 100 万元，而你对培训的预算估计为 300 万元。请问你应该如何与王总沟通？

A. "我可以找到更便宜的外包选项，通过委托给更专业的软件开发团队，设法在 100 万元的预算内完成所有开发工作。"

B. "我真的希望培训所有人员所需的 300 万元预算能得到批准，那我们能否折中一下？我可以寻找更便宜的培训方案来节省 100 万元，但我希望通过现场招聘来补充一些专业的培训软件开发团队成员的人员。"

C. "让软件工程师跟上进度对于团队的成功至关重要。您还需要了解如何管理软件开发过程，以及培训在转型中发挥的作用。开发人员和领导力的培训最低预算是 300 万元，我们可以重新考虑预算吗，王总？"

D. "让我们从咨询公司获取报价，看看在 100 万元的预算下它们能提供什么？或者延长项目日期，以便可以选择更便宜的培训选项。"

【答案】C

【解析】本题考查的知识点是为培训分配资源。解题关键在于应该与当事人面对面沟通，让对方知道培训的价值，同时考虑培训费用的约束。本题的四个选项中，选项 C 直接表达了团队成功的重要性，强调了培训在转型过程中的作用，这样可以让王总意识到投资培训的价值，有可能在未来为公司带来更大的成功，并请求王总重新考虑预算。这种回答展示了对项目需求的理解，同时尊重王总的决策。所以，正确答案是 C。

选项 A：不正确。这个选项没有强调培训的重要性，只提到了寻找更便宜的解决方案，可能导致项目质量下降。

选项 B：不正确。虽然选项 B 提到了培训预算的妥协，但它没有明确说明培训对团队成功的重要性。

选项 D：不正确。这个选项没有直接解决培训预算不足的问题，而是提议寻求咨询公司的报价或延长项目日期。这并不是一个关注培训质量和项目需求的解决方案。

4．衡量培训结果（考纲 1-5-4）

衡量培训结果是指项目经理在培训结束后，需要对培训效果进行评估，以确保培训活动达到了预期目标。这包括收集和分析培训参与者的反馈、评估他们在实际工作中应用所学知识和技能的情况，以便在未来的培训计划中做出相应调整。在评估过程中，请注意以下几点。

（1）工作绩效。评估培训后团队成员的工作绩效是否有所提升，如任务完成速度、质量或客户满意度等方面。

（2）技能运用。观察团队成员在实际工作中是否能够应用所学技能，以及技能运用的效果如何。

（3）业务影响。分析培训对整体业务目标的影响，如提高生产率、降低成本或增加市场份额等。

（4）培训反馈。收集团队成员关于培训的反馈，了解他们对培训内容、教学方法和讲师等方面的意见和建议。

（5）持续改进。根据评估结果，对培训方案进行调整和优化，以增强培训效果并实现长期的业务价值。

通过评估，你将能够了解培训是否对工作绩效产生了积极影响，以及投入的资源是否合理。这将有助于你更好地支持团队技能的提升，为企业实现更大的业务价值奠定坚实的基础。

【题目】每个人都参加了培训，包括刘总，上周他感谢你给他提供了学习新知识的机会。软件工程师对云技术和微服务领域有了更多的了解，而刘总对软件开发方法包括敏捷项目管理有了更多的了解。你和执行领导层已向整个公司简要介绍了正在进行的变革及原因。请问你可以通过哪种方式推进，以确保所有这些培训都如你预期的那样有用？

A. 要求B公司访问接受过培训的人员，并与整个公司分享他们学到的东西。

B. 在培训后一周，为每种类型的培训建立在线调查，并询问每位参与者培训在哪些方面改进了他们的工作。

C. 在培训后一个月安排与软件工程师和刘总的后续会议，以评估他们的表现，并决定他们是否需要更多培训。

D. 课后立即与软件工程师交谈，询问他们对培训有什么看法，并决定是否导入敏捷。

【答案】A

【解析】本题考查的知识点是衡量培训结果，能否学以致用是关键所在，比简单做一些调研、访谈更有价值。解题关键在于了解培训的真正目的是什么。本题的4个选项中，选项A要求B公司访问接受过培训的人员，并与整个公司分享他们学到的东西，这将有助于将知识传递给其他同事，提高整个团队的能力。同时，分享的过程也可以让培训者复习学到的知识，巩固理解。所以，正确答案是A。

选项B：不正确。尽管在线调查可以帮助收集参与者对培训的看法，但仅通过调查可能无法确保培训的效果能真正改进他们的工作。此外，调查可能无法收集到所有人的实际经验和反馈。

选项C：不正确。在培训后一个月安排与软件工程师和刘总的后续会议，虽然可以评估他们的表现和培训结果，但这样的方式可能过于正式，有一定的局限性。而选项A能让接受过培训的员工与整个团队分享学到的东西，更加促进团队的交流与合作。

选项D：不正确。仅仅询问软件工程师对培训的看法并立即决定是否要导入敏捷，可能过于仓促，无法充分评估培训结果在实际工作中的应用。而选项A通过让接受过培训的员工与整个团队分享，可以更好地了解培训结果的实际效果。

3.4 建设团队

建设团队是指在项目启动阶段，项目经理或负责人组织并整合具有不同技能和背景的人员，形成一个高效、协作的项目团队。团队建设涉及识别和选拔合适的团队成员，分配职责和任务，培养团队精神和凝聚力，以及建立有效的沟通和协作机制。团队建设的目标是确保项目团队在一个积极的氛围中共同追求项目目标，提高项目成功率。

建设团队的步骤包括：①推断项目资源需求；②评估干系人的技能；③培养多样性和包容性；④角色和责任的确定；⑤持续评估并更新团队技能，以达到项目要求；⑥保持团队和知识相互交流。这6个步骤就是 PMP®考纲领域1："人员"的任务6的6个驱动因素，其中2个不在考纲中，但在执行项目工作时也需要考虑，执行顺序应该是 1-6-2，1-6-1，1-6-3，1-6-4，以下每个驱动因素的考题都使用下列情境案例。

> **情境案例**
>
> B公司赢得了P项目，涉及许多新技术和能力。作为项目经理的小战邀请你协助组建一支高绩效团队。除了公司内部的优秀员工，HR还专门为此项目举办了招聘活动。

1. 推断项目资源需求（考纲1-6-2）

在建设项目团队时，推断项目资源需求是指明确项目所需的团队成员技能、经验和角色，以便为项目的顺利执行和成功达成目标提供所需的人力资源。通过推断项目资源需求，项目经理可以为项目配置合适的人才，确保项目顺利进行并达成预期目标。有韧性的团队必须避免只有一个资源具有项目所需技能的"单点故障"状况，项目要创造多元性。除了充分利用专家提供核心能力，还需培养及网罗T型、π型人才，甚至十字型人才。

【题目】你需要一些才华横溢的技术人员来完成这个项目,并给小战留下深刻的印象。幸运的是,配合此项目的供应商"悟空科技"有大量的候选人可供选择,而且其还在招聘更多员工。请问为组建团队以顺利完成项目,下面哪个选项最正确?

A. 首先要了解"悟空科技"员工的能力,以便尽快组建团队并开始项目工作。

B. 首先查看并确定此项目所需的技能组合,并与公司内部可用于支持此项目的人员的技能进行比较,你可能需要从公司其他部门借用人员来完成工作。

C. 首先确定可以从小战那里获得最大支持的技能领域,以便你可以尽快组建团队并开始项目工作。

D. 首先分析项目需求的优先级和分解需求。

【答案】D

【解析】本题考查的知识点是推断项目资源需求。解题关键在于从项目需求出发考虑问题。本题的4个选项中,选项D首先分析项目需求的优先级和分解需求,这将帮助你更好地了解项目的实际需求。然后,你可以根据这些需求确定项目所需的技能组合,从而更好地从"悟空科技"的候选人中选出合适的人员。所以,正确答案是D。

选项A:不正确。虽然了解"悟空科技"员工的能力非常重要,但在此之前需要分析项目需求的优先级和分解需求,以便明确项目所需的技能组合。

选项B:不正确。在查看并确定项目所需的技能组合之前,需要首先分析项目需求的优先级和分解需求,这将使你能够明确项目的实际技能需求。

选项C:不正确。尽管获得小战的支持很重要,但在挑选技术人员之前,首先需要分析项目需求的优先级和分解需求。

2. 评估干系人的技能(考纲1-6-1)

评估干系人的技能是指项目经理在建设团队过程中,需要对现有和潜在团队成员的技能、知识和经验进行评估。这有助于项目经理了解团队成员的优势和不足,以便为项目分配适当的角色和任务。

第3章 项目领导力广度

评估时可采用面对面沟通的形式,深入了解每个人的能力(有些能力可能简历上没有提及),同时了解他们的行事风格,将他们分配到适合其个性的小组,使他们的能力发挥到极致。

【题目】你的团队是因为具备云知识与技能而被聘用的,他们都是这个领域的专家,但他们对 B 公司不熟悉,彼此之间也很陌生。请问你将如何找出每个人的优势和不足,以确定他们是否适合该项目?

A. 他们都是专家,所以会先审查他们的简历,根据学历与证书,将他们分配到适合其技能的小组。
B. 他们都是专家,所以会先审查他们的简历,然后对他们进行性格测试,以确定如何最好地领导他们,并将他们分配到最适合其技能的小组。
C. 首先让每个团队成员进行云技术测试,了解他们的能力水平,然后根据测试结果来分配任务和小组。
D. 首先与每个团队成员见面并评估他们的信心和能力水平,然后将他们分配到需要其技能和适应其风格的小组,使各组维持平衡。

【答案】D
【解析】本题考查的知识点是评估干系人的技能。解题关键在于,对干系人的技能做出评估,如果不通过面对面的沟通,根本无法做到准确评估。本题的 4 个选项中,选项 D 提供了一种更全面的方法,能更好地了解团队成员的技能、风格和能力。与团队成员直接交流可以让你更好地了解他们的优势和不足,从而更有效地进行分组,这有助于各组维持平衡,促进团队合作。所以,正确答案是 D。

选项 A:不正确。虽然简历审查可以提供团队成员的教育背景和证书信息,但它不能完全揭示他们的优势和不足,也不能反映他们的工作风格和沟通能力。

选项 B:不正确。这个选项关注了性格测试,但这种方法可能没有充分了解团队成员的实际技能和能力。同时,它可能过于强调领导风格,而忽略了团队成员之间的互动。

选项 C:不正确。尽管技术测试可以衡量团队成员的能力水平,但它无法揭示团队成员的个性特点、工作风格和沟通能力。此外,技术测试可能给团队成员带来不必要的压力。

3. 培养多样性和包容性（无对应的考纲）

培养多样性和包容性是指项目经理在组建和管理团队时，重视并尊重团队成员的多样性，如性别、年龄、文化背景和专业领域等。这有助于建立一个包容的工作环境，鼓励团队成员发挥各自优势，共同推动项目成功。

在全球众多组织的工作环境中，多样性和包容性已成为必要条件。项目经理应关注如何吸纳来自不同背景和观念的人参与项目，为项目带来新的视角和人才。这些团队成员拥有不同的背景、经验，有时甚至使用不同的语言。项目经理应努力创建能够充分利用多样性的环境，并营造相互信任的团队氛围。

【题目】P项目的两位新团队成员罗伦佐和乔家都是从意大利招募而来的，他们在工作中使用意大利语进行交谈。其他团队成员向作为项目经理的你抱怨，这种情况正在影响团队成员互动。请问你应该如何处理这种情况？

A. 告诉向你抱怨的团队成员，要包含多样性，当成员之间的交流与其他人无关时，使用他们自己熟悉的语言才是最有效率的沟通。

B. 让罗伦佐和乔家教整个团队几句意大利话，让每个人都能参与到他们的谈话中。

C. 当整个团队都在场时，请罗伦佐和乔家说英语，这样就不会有人觉得被排除在外。

D. 询问罗伦佐和乔家，当整个团队在场时，是否有任何原因让他们无法说英语。

【答案】D

【解析】本题考查的知识点是培养多样性和包容性。解题关键在于要带着同理心培养多样性和包容性，互相理解是最重要的，所以在处理问题前先与当事人进行沟通才是正确选项。本题的四个选项中，选项D是一种更为尊重和体谅他人的方式，可以让他们了解团队的感受并鼓励他们主动改善沟通。这有助于确保团队成员之间的沟通顺畅，提高团队凝聚力和效率。所以，正确答案是D。

选项A：不正确。尽管多样性和包容性很重要，但在团队互动中，确保每个人都能理解和参与对话是非常关键的。让罗伦佐和乔家在整个团队在场时使用共同的语言可以提高沟通效率和团队凝聚力。

选项 B：不正确。虽然这可能有助于增进团队之间的了解和友谊，但这不是解决沟通问题的最佳方法。教授几句意大利语可能不足以让其他团队成员充分参与到他们的谈话中。

选项 C：不正确。虽然要求罗伦佐和乔家在整个团队在场时只说英语可以避免让其他团队成员感到被排除在外，但这可能会让他们感到被强制说英语。在提出这一要求之前，先了解他们的想法和原因可能是更为合适的方法。

4. 角色和责任的确定（无对应的考纲）

角色和责任的确定是指项目经理在建设团队的过程中，明确各团队成员在项目中的角色和职责。这有助于确保团队成员明确自己的工作范围和任务，有助于提高团队工作效率和减少资源浪费。

传统的项目经理在项目管理计划中为每个团队成员分配角色和职责，选择最佳资源以履行职责，这可能基于经验、知识、技能和态度等因素，同时也要考虑地点、时区和沟通需求。

敏捷团队是自组织的，成员角色分配和职责由团队自行决定。通常在迭代规划分解工作并进行排序后，团队成员自主领取任务。项目经理或敏捷教练需关注是否有成员领取的工作过多或过少。在敏捷团队的工作过程中，成员根据实际情况主动协助其他成员或主动适应不同角色，以在约定的时间内完成项目增量成果。

【题目】王总不同意 B 公司 PMO 在处理财务规划变更和跟踪该项目预算时的做法。王总认为，项目经理小战需要每个月处理预算，因为小战负责的 P 项目使用的是敏捷开发方法。PMO 希望预算固定，但团队在下一个里程碑结束前可能会更改预算。请问你将如何解决这个分歧？

A. 让小战在新的流程出来之前暂时先适应目前传统的做法。

B. 告诉 PMO 其需要实施一个新流程配合小战。

C. 告诉 PMO 向王总申请更改部门职责说明书。

D. 在参与 PMO 会计系统更新的同时继续跟踪项目预算，直到 B 公司可以为敏捷开发实施新的预算流程。

【答案】D

【解析】本题考查的知识点是角色和责任的确定。解题关键在于先确保效果再动态调整流程，这是符合敏捷精神的最佳做法。本题的 4 个选项中，选项 D 提供了一个平衡的解决方案，既能满足 PMO 的需求，也能适应敏捷开发项目的特点。这样既可以遵循公司现有流程，又可以保证项目预算在敏捷开发过程中得到适当的关注和调整。所以，正确答案是 D。

选项 A：不正确。这个选项忽略了敏捷开发方法对预算调整的需求，可能导致项目受到负面影响。

选项 B：不正确。虽然这个选项提出了实施新流程的想法，但它没有考虑现有流程的需求，可能导致与 PMO 之间的冲突。

选项 C：不正确。改变部门职责说明书不是解决问题的最佳方法，因为它可能无法解决敏捷项目与现有预算流程之间的矛盾。

5. 持续评估并更新团队技能，以达到项目要求（考纲 1-6-3）

确保团队成员保持高水平的绩效并让整个团队发挥出最佳水平，对项目经理来说是一个巨大的挑战。在项目开始阶段，项目经理应深入了解团队开展工作所需的知识、技能、特质和经验。随着项目的推进，项目经理与团队成员需持续关注所需技能的变化，并在适当时机提供培训和指导。

【题目】专门开发整合决策云系统的小李是团队中最重要的成员，但他似乎没有把注意力放在项目上，他已经在几个里程碑都延期交付成果了。你约见小李，询问原因，他说工作变得越来越复杂，他之所以延迟交付，是因为花了太多时间试图找出最佳步骤。请问你应该如何处理？

A. 借由详细检查系统软件代码，指导小李和团队克服当前的障碍。

B. 指导小李和团队通过额外的培训来克服当前的障碍。

C. 询问团队是否还有其他人在为工作量或日益增加的复杂性而苦苦挣扎，并试图为小李寻求帮助。

D. 开始记录延迟交付的成果，如果绩效继续下降，寻找新的团队成员替代小李。

【答案】B

【解析】本题考查的知识点是更新团队和个人成员的技能组合。解题关键在于，根据项目领导力五维模型，保持关键人物的状态和热度极为重要。本题的 4 个选项中，选项 B 为小李和团队提供额外的培训，有助于提高他们的技能和应对复杂性，从而解决交付延迟的问题，而且提供培训对提升团队成员能量状态是有帮助的。所以，正确答案是 B。

选项 A：不正确。只检查代码对于提高团队成员技能没有帮助。

选项 C：不正确。虽然询问团队其他成员的情况有助于了解整个团队的问题，但这个选项并未提及解决问题的方法。

选项 D：不正确。在考虑替换团队成员之前，应首先尝试提供支持和培训，以解决问题并提高团队绩效。而且这个选项会让小李感到威胁和恐惧，能量状态进一步下降。

6. 保持团队和知识相互交流（考纲 1-6-4）

项目知识应被视为宝贵的资产，因此需要制定流程以确保知识在团队内部和团队之间得以传播，从而避免重复犯昂贵的错误。项目经理的职责之一是推动知识共享，在项目章程中可以约定知识共享的技术和流程。在敏捷实践中，信息发布站是一个共享重要信息的平台或实际场所，便于团队成员获取并共享相关知识。迭代回顾和发布回顾是团队基于经验和知识的分享，讨论下一个迭代和发布如何更好的仪式。

【题目】几位软件开发工程师正在通过电子邮件发送代码字段，并使用微信来解决软件代码库的问题。虽然这样的做法对几位软件工程师有用，但团队无法跟踪、搜索或共享他们的结果。请问你将如何构建一种更好的方法来管理软件开发工程师和团队其他成员之间的知识？

A. 为各部门的软件开发工程师建立一个团队协作工作网，以共享代码字段、最佳实践，以及问题和问题答复，每月用一个小小的"感谢"来奖励最受欢迎的问题答复。

B. 要求软件开发工程师发布他们电子邮件中的所有文本和软件代码，将在线会议笔记打印出来，并存储在团队中任何人都可以访问的地方。

C. 在内部 Wiki 页面上发布电子邮件中的发现和软件代码，以及相关的会议记录和讨论主题。此外，要求所有软件代码讨论都通过内部 Wiki 页面进行。

D. 借由详细检视系统软件代码，指导你和团队克服当前的障碍。

【答案】A

【解析】本题考查的知识点是保持团队和知识相互交流。解题关键在于熟悉知识交流的合适方法。本题的 4 个选项中，选项 A 鼓励团队成员共享知识，同时提高了参与度。所以，正确答案是 A。

选项 B：不正确。将电子邮件、代码和会议笔记打印并存储在一个可访问的地方，不仅效率低，而且不利于搜索和共享。

选项 C：不正确。虽然使用内部 Wiki 页面能够实现知识共享，但这种方法可能缺乏对团队成员的激励机制，从而降低了参与度和知识共享的效果。

选项 D：不正确。这个选项与问题本身无关，它更关注于解决软件代码的问题，而不是改进团队之间知识共享的方式。

3.5 与干系人协作

与干系人协作是指在项目执行过程中，项目团队和各干系人（如客户、供应商、内部部门等）保持密切沟通与合作，共同推进项目的成功实施。与干系人协作涉及识别项目中的主要干系人，建立有效的沟通渠道，分享信息和资源，解决问题，以及及时调整项目计划和策略。与干系人协作的目标是确保项目顺利进行，降低风险，提高项目质量，加快项目进度和进行项目成本控制。

与干系人协作的步骤包括：①评估干系人的参与需求；②使干系人的需要、

期望和项目目标趋于一致；③构建信任，并影响干系人，以实现项目目标。这 3 个步骤就是 PMP®考纲领域 1："人员"的任务 9 的 3 个驱动因素，以下每个驱动因素的考题都使用下列情境案例。

> **情境案例**
>
> B 公司的小战在担任 A 集团 P 项目的项目经理后，与云系统部门经理小沈合作，确保项目沿正确方向前行。

1. 评估干系人的参与需求（考纲 1-9-1）

评估干系人的参与需求是指项目经理在项目启动和执行过程中，分析各干系人（如项目团队、客户、供应商等）在项目中的需求、期望和影响。这有助于项目经理更好地了解各方利益诉求，制订相应的沟通策略和计划，确保项目顺利进行。

【题目】P 项目的 5 个主要内部干系人是高层领导万总和其他 4 位执行同事：首席财务官陈总、首席技术官刘总、云系统部门经理小沈和营销经理小赵。你已经接触了他们的助理，请问后续你应该如何评估他们的参与需求？

A. 绕过助理直接与干系人进行沟通，然后根据态度决定沟通的方法。

B. 检查每个人的行程，看看是否有即将发生的事件可能会分散他们对项目的注意力，然后向助理询问他们对项目的看法，以及你可以为每个干系人安排多少时间。

C. 安排与每个助理的单独会议，讨论项目并根据助理认为其主管能够投入项目中的时间及其主管想要的参与程度，从而获得每个干系人的意见。

D. 询问助理每个干系人的行程，然后分别安排与每个干系人的面对面沟通。

【答案】D

【解析】本题考查的知识点是评估干系人的参与需求。解题关键在于理解与干系人进行面对面沟通是最重要的。本题的四个选项中，选项 D 尊重助理的角色，同时也安排了与干系人的面对面沟通。这将有助于你准确了解干系人的需求，并为项目的成功奠定基础。所以，正确答案是 D。

选项 A：不正确。这个选项可能被认为不尊重助理的角色，也让干系人觉得自己的时间不被尊重。

选项 B：不正确。这个选项忽略了直接从干系人那里获取需求的重要性。此外，助理可能无法充分了解每个干系人的需求。

选项 C：不正确。这个选项过于依赖助理的判断，可能无法准确反映干系人的需求和期望。最好直接与干系人沟通，以便更准确地了解他们的意见。

2. 使干系人的需要、期望和项目目标趋于一致（考纲 1-9-2）

使干系人的需要、期望和项目目标趋于一致是指项目经理在项目执行过程中，努力平衡各干系人的需求和期望，确保他们都能认同项目目标。这可以通过有效的沟通、协调和谈判来实现，旨在增强各方对项目成功的信心和支持。

干系人的期望通常会影响他们对项目的看法，因此请确保干系人具有符合项目目标、切合实际且适当的期望。为了确保干系人与项目目标保持一致，项目经理应做到以下几点。

（1）确保干系人可以访问项目管理计划的信息，如生命周期、工作执行描述、资源需求描述、变更监控，以及沟通需求和技术。

（2）检视组织文化、结构和政治氛围，以决定如何让干系人弹性、适度参与项目，给予项目最大支持。

（3）查看经验教训数据库和历史信息。

（4）通过专家判断来决定项目的每个阶段所需的干系人参与程度。

（5）制订干系人参与计划。

【题目】三个内部关键干系人似乎对项目的优先级排序略有不同，首席财务官陈总关注的是降低营运成本，首席技术官刘总关注的是公司需要更好地利用技术，营销经理小赵关注的是营销，确保产品推出后尽快获利。万总要求你在他外出旅行时要确保各干系人在项目成果和目标上达成共识。

A. 采用德尔菲法让各干系人对其他人的意见进行评价，然后统一意见。

B. 准备一个包含各干系人观点的演示文稿，然后与各干系人单独会面，以确保他们理解计划以及为什么该项目需要他们的支持，专注于他们的独特观点及其如何影响他人的优先级。

C. 将各干系人召集在一起，并准备一份包含各干系人观点的演示文稿。提供打印的纸本报告，并留出足够的时间讨论，以确保包含他们的所有观点，并且让每个人清楚地知道项目的目标和计划。

D. 准备一份展示首席执行官愿景的演示文稿并通过电子邮件发送给干系人，请他们添加各自的观点作为补充。

【答案】C

【解析】本题考查的知识点是协调干系人的意见。解题关键在于，协调干系人意见时效率最高、效果也最好的是把意见相左的各干系人聚集在一起，在共同的项目愿景和目标下进行沟通。本题的4个选项中，选项C提供了一个将所有关键干系人召集在一起的方法，让他们共同讨论。这种方法有助于确保所有干系人都参与到决策过程中，并有机会表达自己的意见。坐在一起进行讨论有助于达成共识，并确保每个人都清晰了解项目的目标和计划。所以，正确答案是C。

选项A：不正确。德尔菲法可能不适用于这种情况，因为关键干系人需要直接沟通和讨论他们的观点，以达成共识。

选项B：不正确。单独与各干系人会面可能导致沟通不充分，大家难以达成共识，最好将各干系人聚集在一起讨论项目目标和优先级。

选项D：不正确。仅通过电子邮件发送演示文稿可能无法充分地让关键干系人参与到讨论中，面对面的沟通更有助于促进讨论和达成共识。

3. 构建信任，并影响干系人，以实现项目目标（考纲1-9-3）

构建信任，并影响干系人，以实现项目目标，是指项目经理在与干系人协作过程中，努力建立信任关系，展示项目管理能力和专业素质，以实现项目目标。通过诚实、透明的沟通和行动，项目经理可以赢得干系人的信任，从而更容易影响他们支持项目目标和决策。这有助于提高项目的成功率和干系人满意度。

建立信任需要时间、耐心和借由分享实现成功项目成果的愿景来影响干系人的能力。合作过程是项目经理展示自己值得信任的机会。干系人之间的协作可以是每天、每周,也可以不那么频繁,参与的频率基于相互的需求和期望。

【题目】万总已结束旅行,回到办公室。关键的内部干系人在项目成果和目标上达成一致。除了与万总和内部干系人保持密切联系,小战现在还需要与P项目团队的成员及其他干系人建立信任并提升影响力,请问哪种策略最适合建立信任和提升影响力?

A. 在每月举行的例会上,通过展现高层对你的支持来强化对其他干系人的影响,然后再询问他们是否有和高层沟通的需求。

B. 与主要干系人举行简短的一对一沟通,并经常向他们发送电子邮件。使用团队协作网站发布项目摘要、视频更新,并促进与所有干系人(包括新客户)的互动。强调他们的每个优先事项是如何被纳入工作流程的,并随着优先事项的变化继续进行调整。

C. 每两周通过电子邮件向所有干系人群体发送更新信息,附上预算、技术报告和产品的当前功能。提醒他们,如果他们想见面讨论任何信息,可随时联系你。

D. 每两周为内部和外部干系人安排一次小组会议,介绍产品的当前状态,并查看有关效率、错误修复、成本和行程安排的详细报告,你还应该在需要时征求他们的意见。

【答案】B

【解析】本题考查的知识点是构建信任,并影响干系人,以实现项目目标。解题关键在于,点对点、面对面沟通都是建立信任和提升影响力很重要的原则。本题的4个选项中,选项B提供了一个既能保持与干系人个人沟通又能在团队层面共享信息和互动的方法。一对一沟通有助于建立个人联系和信任,而团队协作网站和电子邮件则确保项目进展和重要信息得到广泛传播。此外,B答案还强调了如何在项目工作流程中纳入各干系人的优先事项,这有助于建立信任和提高影响力。所以,正确答案是B。

选项A:不正确。仅依赖高层支持来建立信任和提高影响力可能不足以确保与各干系人的有效沟通和合作。更多的个人沟通和信息共享更有助于建立信任。

选项 C：不正确。只通过电子邮件发送更新信息能不足以建立信任和提高影响力。更多的个人沟通和互动可能会更有效。

选项 D：不正确。每两周的小组会议可能导致时间浪费和沟通低效。结合一对一沟通和团队协作网站的策略能更有效地建立信任和提高影响力。

3.6 凝聚共识

凝聚共识是指在项目执行过程中，项目经理或负责人通过与团队成员和干系人的沟通和协商，达成对项目目标、策略和行动计划的一致认同。凝聚共识涉及识别不同观点和需求，倾听各方意见，充分讨论和评估各种方案，以及寻求一个能够满足各方利益和期望的共同解决方案。凝聚共识的目标是确保项目团队和干系人在明确的目标和策略下共同推进项目，提高项目成功率。

凝聚共识的步骤包括：①对情况进行详细分析，发现产生误解的根本原因；②对所有必要的参与方进行调研，以达成共识；③为各方协议的结果提供支持；④对潜在误解进行调查。这 4 个步骤就是 PMP® 考纲领域 1："人员"的任务 10 的 4 个驱动因素，以下每个驱动因素的考题都使用下列情境案例。

> **情境案例**
>
> B 公司承接了 A 集团的 P 项目，其中涉及在中国、欧洲和美国的分公司部署 GPS+BDS 系统（包括软硬件）。你需要确定这三个地区所需的认证要求，并协助团队达成共识，以实现成功的项目成果。首先，咨询三个地区的监管专家，了解需要哪些认证以确保 GPS+BDS 系统在这些地区被合规使用。然而，B 公司的业务人员和 IT 人员缺乏这方面的经验。

1. 对情况进行详细分析，发现产生误解的根本原因（考纲 1-10-1）

对情况进行详细分析，发现产生误解的根本原因是指项目经理在项目管理过程中，对出现的问题进行深入分析，找出问题产生的根本原因。这有助于项目经理采取针对性的措施解决问题，确保项目能够顺利进行。

【题目】团队详细介绍了 P 项目要如何实现合规性。你认为团队需要了解网络和设备的监管要求，并准备好原型设备。请问你要如何实现这些目标？

A. 向团队喊话，希望大家共同努力遵循流程制度，朝着原型设备开发前进，在每个里程碑都能有详尽的文档让干系人了解工作状况。

B. 主持关于原型设备的头脑风暴会议，分析可能需要哪些额外工作，解决干系人最关心的合规问题。一旦有足够的建议，就可以决定哪些意见将被批准。

C. 召开会议，征求建议，让团队有机会表达他们的担忧。可以从开发原型设备和软件展示、探索监管要求和关注点及公开讨论开始，就共同前进的最佳方式达成共识。

D. 树立榜样，让每个人都可以进行产品说明，然后提供产品文档和关于合规问题的报告。团队可以检视这些素材，以便准备好在下周开始开发原型设备。

【答案】C

【解析】本题考查的知识点是对情况进行详细分析，发现产生误解的根本原因。解题关键在于哪个选项对于现况有着最为详细的分析，并让各干系人充分表达意见（表达担忧），就共同的前进方式达成共识。本题的 4 个选项中，选项 C 提供了一个具有包容性和透明度的方法，使团队能够在会议中分享担忧、讨论监管要求和关注点，并寻求共同的前进方式。这有助于在团队成员之间的建立信任并促进合作，同时确保项目按照合规要求进行。所以，正确答案是 C。

选项 A：不正确。缺乏团队的参与和讨论，仅鼓舞信心，并没有提供实际的方法来解决合规问题。

选项 B：不正确。关注了头脑风暴会议，但没有提到关于监管要求和关注点的讨论，可能导致团队没有充分了解合规要求。

选项 D：不正确。强调了作为榜样的重要性，但没有为团队提供参与和讨论合规问题的空间，可能导致团队成员对合规要求和关注点的认识不足。

2. 对所有必要的参与方进行调研，以达成共识（考纲 1-10-2）

对所有必要的参与方进行调研，以达成共识是指项目经理在项目执行过程中，通过沟通、调查和咨询等方式，了解各干系人的需求和期望，为达成共识做准备。通过这种方式，项目经理能够更好地平衡各方利益，确保项目成功实施。

【题目】P 项目团队就如何实现合规性已经召开共识会议，并针对开发原型设备和展示软件、探索监管要求和关注点充分表达了意见和想法。请问你应该如何继续对参与方进行调研，以便更好地达成共识？

A. 将有不同意见和想法从而会延缓项目进程的参与方排除在外，继续推进。
B. 将会议上收集到的项目团队担忧汇总并反馈给高层，听取他们的意见。
C. 确定是否已经调研了所有必要的参与方，并就共同前进的最佳方式达成共识。
D. 着重与会议上表达担忧的团队成员进行会谈，打消他们的顾虑。

【答案】C

【解析】本题考查的知识点是对所有必要的参与方进行调研，以达成共识。解题关键在于是否找出了必要的参与方，并对各参与方充分调研以达成共识。本题的 4 个选项中，选项 C 提供了一个全面的方法，确保已经涵盖了所有必要的参与方，并对其进行调研以达成共识。这有助于确保所有必要的参与方的担忧都得到了解决，从而使项目更顺利地进行。所以，正确答案是 C。

选项 A：不正确。这不是一个建设性的解决方案，因为它排除了可能提出有价值意见的参与方，可能导致项目进程中出现更多问题。

选项 B：不正确。只将担忧反馈给高层，而没有涉及与其他参与方进行更深入的沟通，可能导致无法完全达成共识。

选项 D：不正确。强调了与表达担忧的团队成员进行会谈，但没有确保对所有必要的参与方进行调研。这可能导致部分关注点未得到解决，从而影响项目进程。

3. 为各方协议的结果提供支持（考纲 1-10-3）

为各方协议的结果提供支持是指项目经理在项目执行过程中，积极促进和确保各干系人达成共识和协议的能力。这意味着在项目实施期间，项目经理需要协调资源、分配任务等，保障达成的协议得到贯彻执行，确保项目按照预定目标和计划顺利进行。

团队章程对支持协议结果具有重要意义，因为它为团队在应对特定情况时提供指南。在团队内部，尽可能寻求达成共识是理想的选择，但要认识到有时达成共识并非易事，因此需要做好应对准备。在团队成员达成共识的过程中，谈判和妥协是不可或缺的环节。然而，当团队做出决策后，谈判和妥协就应该结束，每个成员都需要保持一致的立场和行动。

【题目】在与 P 团队讨论后，为了让原型设备符合监管要求，团队每个人都同意由聘请的专家进行设备使用培训，并在培训后由你规划引进一名监管合规专家来提供协助。几天后，软件开发团队的两位成员找你，要求改变规划的顺序，先研究合规性，再完成关于合规性的培训。请问你应该怎么做？

A. 先确认变更是否对项目产生正面影响，如果产生，团队虽已经进入正轨，但应该立即变更，以免问题越来越大，造成危机。

B. 先确认变更是否对项目产生正面影响，如果产生，在团队继续工作的同时，让其他组员作为独立评估员进行评估。独立评估员经过评估后认为这是个好主意，就于变更核准后通知整个团队，并相应地修改项目管理计划。

C. 召开关于这个变更的团队会议，让软件开发人员解释一下变更及其原因，并让团队决定是否采用这样的顺序。

D. 考虑变更的理由，确认是否可行和符合逻辑。如果符合逻辑，向软件开发人员说明，虽然他们的建议不错，但团队已经进入正轨，因此无须变更，以免衍生无谓的风险。

【答案】B

【解析】本题考查的知识点是为各方协议的结果提供支持。解题关键在于了解协议发生变更时应该遵守的一些基本原则。本题的 4 个选项中，选项 B 最有效地处理了变更请求，因为它确认了变更的影响，同时进行了独立评估，这有助于确保客观性。一旦独立评估员认为这是个好主意，将通知整个团队并修改项目管理计划。这样既可以确保项目进程不受影响，又兼顾了变更请求。所以，正确答案是 B。

选项 A：不正确。过于急功近利，立即放下手边的工作进行修改，可能导致项目进程受到影响。

选项 C：不正确。让整个团队决定是否采用这种方法，可能导致项目决策的低效率和缺乏明确方向。

选项 D：不正确。没有充分听取团队成员的意见，直接拒绝变更请求，可能导致团队成员的信心和动力受损。

4．对潜在误解进行调查（考纲 1-10-4）

对潜在误解进行调查是指在项目管理过程中，项目经理通过观察、交流和咨询等方式，积极发现可能导致误解和冲突的因素。项目经理可以通过提前识别这些潜在问题并采取预防措施，从而降低误解和冲突对项目执行的影响。

当项目变更发生时，各干系人通常需要进行沟通，以便就新的协议达成共识。在这个过程中，项目经理需要特别关注是否存在潜在的误解和冲突，并提前进行调查与沟通，以确保项目的顺利进行。

【题目】在今天进行的 P 项目的合规性培训过程中，你作为项目经理，发现 P 项目团队中有两名成员没有认真听讲，而是在处理其他项目工作，而且显得忧心忡忡。请问你接下来应该怎么做？

A．专门安排与两名成员进行面对面沟通，调查是否存在潜在的误解。
B．警告他们如果继续不好的表现，就会被调离 P 项目团队。
C．P 项目的工作压力比较大，他们的行为可以理解，不去打扰他们。
D．在合规性考试中让他们不及格，并且重新参加下一次的合规性培训。

【答案】A

【解析】本题考查的知识点是对潜在误解进行调查。解题关键在于，了解面对面沟通有利于冲突解决。本题的 4 个选项中，选项 A 以沟通为基础，了解两名成员为什么在培训过程中没有认真听讲，以及他们是否存在潜在的误解。这种方法有助于识别问题的根源并寻找解决方案，同时有助于增强团队成员之间的信任。所以，正确答案是 A。

选项 B：不正确。采用了威胁的手段，可能导致团队成员的信心受损，甚至可能引发其他团队成员的恐慌。

选项 C：不正确。忽略了他们在培训中的不良表现，可能导致他们在项目中出现更严重的问题，因为他们没有掌握合规方面的知识。

选项 D：不正确。在考试中惩罚他们可能导致他们对项目的抵触情绪，同时也不能解决他们为什么在培训过程中没有认真听讲的问题。

3.7 让虚拟团队参与进来并为其提供支持

让虚拟团队参与进来并为其提供支持是指在项目管理过程中，确保分布在不同地理位置的虚拟团队成员能够充分参与项目活动，并获得必要的资源和支持以完成其任务。这包括确保虚拟团队成员能够有效地沟通和协作、融入团队文化、参与决策和解决问题等。为虚拟团队提供支持的目标是确保项目团队在一个高度分散的环境中仍能保持协同和高效，提高项目成功率。

让虚拟团队参与进来并为其提供支持的步骤包括：①审视虚拟团队成员需要；②研究让虚拟团队成员参与进来的备选方案；③实施让虚拟团队成员参与进来的方案；④持续评估虚拟团队成员参与的有效性。这 4 个步骤就是 PMP® 考纲领域 1："人员"的任务 11 的 4 个驱动因素，以下每个驱动因素的考题都使用下列情境案例。

> 情境案例
>
> B 公司承接了 A 集团的 P 项目，其中通信装备需要研发。到目前为止，工程师和产品营销人员一直与查尔斯领导的意大利团队的设计师密切合作。他们

> 去年开发了一款类似的产品,领导层希望通过这次合作获得共享的专业知识并加快工作节奏。
>
> 各团队分布如下:中国——制造部门、美国加州——合规专家、意大利——设计中心、德国——产品营销人员和工程师,你需要建立一个虚拟工作空间来支持所有团队。

1. 审视虚拟团队成员的需要(考纲 1-11-1)

审视虚拟团队成员的需要是指项目经理在管理虚拟团队时,要充分考虑团队成员在环境、地理位置、文化等方面的多样性。这有助于项目经理更好地理解团队成员的工作状况和需求,为他们提供适当的支持,从而提高团队的协作效率和项目的成功率。

【题目】德国和意大利的团队希望尽快开始研究和规划项目,团队成员已经在共享文档和讨论项目。你还需要让中国和美国的团队参与进来。请问你应该如何评估虚拟团队的需求?

A. 你应该要求德国和意大利的团队暂停,因为既然是一个团队,即使是虚拟团队,也应该等你做好沟通规划,大家再遵循规划结果进行讨论。

B. 要求每个地点的团队负责人与员工讨论需求,然后发送电子邮件,注明期望和所需的支持,将这些汇编成一份文档并分发给所有人。

C. 如果可能的话,拜访每个团队并讨论项目,通过面对面交谈或虚拟交谈来确定团队的需求,评估团队的风险和劣势,以提供适当的支持。与团队领导者举行虚拟启动会议,促进相互了解并说明各自团队的能力。

D. 开视频会议,让所有团队领导者互相了解,请团队领导者介绍他们的团队成员,并讨论他们团队的需求和优势。

【答案】C

【解析】本题考查的知识点是审视虚拟团队成员的需要。解题关键在于了解进行虚拟团队需求评估的合适方法。本题的 4 个选项中,选项 C 关注了与每个团队沟通以了解他们的需求,同时评估团队风险和劣势以提供适当支持。通过与团队领导者举行虚拟启动会议，团队之间可以相互了解并分享他们的能力，从而有利于项目的顺利进行。所以，正确答案是 C。

选项 A：不正确。提出德国和意大利的团队暂停的要求，可能会导致团队士气受损和项目延误。

选项 B：不正确。通过电子邮件来了解需求，可能导致信息传递不准确或者沟通不充分，无法真正了解各团队的需求。

选项 D：不正确。仅关注了团队领导者之间要相互了解，而没有涉及评估团队的风险和劣势，以提供适当的支持。

2. 研究让虚拟团队成员参与进来的备选方案（考纲 1-11-2）

研究让虚拟团队成员参与进来的备选方案是指项目经理在管理虚拟团队时，要探讨和评估不同的参与方式，如沟通工具、集中办公等。这样可以确保虚拟团队成员能够充分参与到项目中来，实现有效的协同工作。

汇聚全球人才，组建高效能团队，无论是实体团队还是虚拟团队，都需要投入大量时间和专注力。如果是虚拟团队，则需要借助技术力量和创新思维，确保所有团队成员能够进行联系，并公平地参与项目。

市场上不断出现的新技术和新产品有助于虚拟团队的运作，因此必须保持警觉，时刻关注这些变化。此外，让所有团队成员，无论是实体团队成员还是虚拟团队成员，参与到决策过程中，这是帮助他们顺利协作的重要一步。

管理团队的参与度需要持之以恒地密切关注团队动态。面对面会议会带来更高效的沟通，但在无法实现面对面会议的情况下，可以借助视频会议等技术手段，在较低的成本下模拟类似的交流环境，从而保证团队的沟通和协作能够顺利进行。

【题目】项目经理应该熟悉用于分布式开发的各种技术和在线工具，从以下 P 项目虚拟团队合作方法的描述中选出正确答案，以便让虚拟团队成员更好地参与进来。（多选题，选择两个正确答案）

A. 使用电子邮件作为主要的沟通方式和文档共享方式。

B. 列出可用于远距离和分布式工作的现有的内部授权通信系统，如电子邮件、共享的项目工作列表、在线聊天系统和视频会议室等，确保视频会议室和在线聊天系统都可使用。

C. 不安排定期会议，遇到问题随时开会，以确保每个人都步入正轨。

D. 研究任何可能让团队成员保持联系的新技术。

【答案】BD

【解析】本题考查的知识点是研究让虚拟团队成员参与进来的备选方案。解题关键在于了解虚拟团队之间联系的最佳方式。本题的4个选项中，B和D选项都关注使用多种沟通工具和技术，以促进分布式团队的协作。选项B提到了多种现有的内部授权通信系统，有助于团队成员之间的沟通、协作和在线聊天，从而提高团队之间的实时沟通效果。D选项建议探索新技术，以便不断提高团队协作效率。所以，正确答案是B和D。

选项A：不正确。使用电子邮件作为主要沟通方式和文档共享方式可能导致信息传递不准确或沟通不充分，现代团队通常使用更高效的协作工具进行沟通和文件共享。

选项C：不正确。不安排定期会议可能导致团队成员无法及时了解项目进展和遇到的问题，定期会议有助于使团队成员保持同步和交流，而随时开会可能影响团队成员的工作效率。

3. 实施让虚拟团队成员参与进来的方案（考纲1-11-3）

实施让虚拟团队成员参与进来的方案是指项目经理在确定了合适的参与方案后付诸实践，为虚拟团队成员提供相应的支持。这包括提供必要的技术支持、沟通工具及协调资源等，确保虚拟团队成员能够顺利参与项目。

在实施选定的协作方案时，请确保实体团队和虚拟团队都参与其中，使所有人无论身处何地都能进行沟通，共享个人成果和进展。协调虚拟团队成员和实体团队成员对于建立积极的关系和取得成功至关重要。虚拟团队需要经历组建阶段、风暴阶段和规范阶段，最终发展成为高绩效团队。

【题目】开发工作已经展开，制造部门正在为开发一系列原型设备制订计划。

由于用于沟通和工作跟踪的平台出现故障,中国的制造团队始终无法接收到信息。为应对这一情况,团队负责人小杨在本周通过电子邮件与各方保持沟通。然而,电子邮件并不是最有效的工具。请问此时的问题是什么?你将如何解决?

A. 执行项目工作比较重要,沟通平台出现故障,团队可以先用电子邮件进行沟通,不用花时间在平台修复上,等以后平台修复了,再上传数据就好。

B. 中国团队正在落后,因为他们花在解决沟通问题上的时间多于工作。让每个人都知道整个团队将在本周末之前切换到用电子邮件沟通,直到平台的故障得到解决,分配一个快速响应的团队来执行此操作。

C. 中国团队和项目团队其他成员之间的沟通效率太低,让一个团队寻找变通方法和技巧以快速解决当前问题,如果故障无法在两天内解决,请投资新平台。

D. 中国团队可能感到被忽视和得不到支持,这会影响工作和团队士气,应寻找其他适用于每个团队的沟通工具,通过电子邮件让每个人都知道,并设置新平台使用的截止日期。

【答案】D

【解析】本题考查的知识点是实施让虚拟团队成员参与进来的方案。解题关键在于当一种沟通工具不合适时,应该及时更换更合适的沟通工具,以确保让所有虚拟团队成员参与进来。本题的4个选项中,选项D关注了整个团队的需求,特别是中国团队可能感到被忽视和得不到支持的问题。寻找适用于每个团队的沟通工具并设置新平台使用的截止日期,有助于确保团队之间的有效沟通和协作。所以,正确答案是D。

选项A:不正确。虽然执行项目工作很重要,但沟通对于团队协作和项目成功也是至关重要的。仅依赖电子邮件进行沟通可能导致效率低下,从而影响项目进度。因此,这不是一个长期有效的解决方案。

选项B:不正确。尽管在修复平台问题之前通知团队使用电子邮件进行沟通是个好主意,但仅依赖电子邮件可能无法满足团队之间快速、高效的沟通需求。此外,仅关注中国团队可能不足以解决整个项目团队的沟通问题。

选项 C：不正确。寻找变通方法和技巧来解决沟通问题是值得考虑的，但这个选项没有强调寻找适用于每个团队的工具。此外，在故障无法于两天内解决时投资新平台可能不现实，因为可能需要时间来评估、选择和部署新的沟通工具。

4. 持续评估虚拟团队成员参与的有效性（考纲 1-11-4）

持续评估虚拟团队成员参与的有效性是指项目经理在项目过程中，不断对虚拟团队成员的参与情况进行评估，以了解其参与的效果和影响。这有助于项目经理及时发现问题，调整管理策略，以保证虚拟团队的高效参与和项目的顺利实施。

【题目】团队中的每个人似乎都在有效地使用沟通工具，然而，你注意到 B 公司总部办公室的工作节奏放慢了，因为那里的工程师和产品经理正在改变瑞士设计团队对生命周期需求做出的决定。B 公司项目团队成员间讨论很激烈，但大多是负面的情绪和语言，很少有建设性的意见和沟通。你查阅团队章程，其中规定"所有最终设计决策都必须得到干系人的同意"。请问你将如何解决这个问题？

A. 应该根据一线工程师和产品经理的意见，要求其他人跟上，因为他们是最前沿的工作人员，意大利设计团队要依据项目真实状况进行调整。

B. 查阅团队章程以获取冲突解决说明并开始实施，同时提醒团队同意共同做出最终设计决策。要找出沟通变慢的原因，并找出所有团队成员都高度参与的模式。

C. 联系团队领导者，让他们知道如何更好地鼓励团队成员之间进行沟通，还可以在周末规划一次虚拟的庆祝活动来提高士气。

D. 向整个团队发送电子邮件，让他们知道每个人都做得很好，并提醒他们继续做好工作，保持专注并持续合作。独立评估情况并决定哪个团队的观点最能确保项目结果，做出决策并结束争论。

【答案】B

【解析】本题考查的知识点是持续评估虚拟团队成员参与的有效性。解题关键在于，了解评估的参考文档是团队章程。本题的 4 个选项中，选项 B 提出了一个具体的解决方案，即查阅团队章程以获取冲突解决说明并开始实施，提醒团队同意共同做出最终设计决策。此外，它还建议找出无法有效沟通的原因，并找到所有团队成员都高度参与的模式。这种方法既坚持了团队的共同决策原则，又关注了沟通问题的解决。所以，正确答案是 B。

选项 A：不正确。过于偏向于一线工程师和产品经理的立场，可能会加剧团队之间的矛盾，没有关注项目的真正需要——协作和共同决策。

选项 C：不正确。虽然联系团队领导者和规划活动可以提高士气，但这并没有直接解决关于生命周期要求的决策冲突问题。

选项 D：不正确。向整个团队发送电子邮件可能无法解决实际问题。独立评估情况并做出决策可能不符合团队章程中的共同决策原则，可能导致团队成员对项目决策的不满和抵触。

3.8 定义团队的基本规则

定义团队的基本规则是指在项目开始阶段，项目经理或负责人与团队成员共同制定一套明确的、实际可行的行为规范和原则，以指导团队成员在项目执行过程中的行为和决策。这些规则可能包括沟通方式、任务分配、决策流程、时间管理、资源共享和团队文化等方面。定义团队基本规则的目标是确保团队成员能够在一个明确的框架下协同工作，提高项目的效率和成功率。

定义团队基本规则的步骤包括：①营造遵守基本规则的环境；②将组织原则告知团队和外部干系人；③重视基本规则；④管理和纠正违反基本规则的行为。这 4 个步骤就是 PMP®考纲领域 1："人员"的任务 12 的 4 个驱动因素，其中 1 个不在考纲，但在执行项目工作时也需要考虑，执行顺序应该是 1-12-2、1-12-1、1-12-3。以下每个驱动因素的考题都使用下列情境案例。

> 情境案例
>
> 好消息！A 集团今年的业绩翻了两番，增长高达 1 000 亿元。为答谢员工的辛勤付出，A 集团委托国际娱乐公司组织年终联欢活动，预计邀请来自六大

洲的 10 位艺术家参加联欢活动。你的团队负责后勤工作,与联欢活动制作人瑞思紧密合作。为了加快节目过场,所有艺术家及其技术团队将共享舞台灯光、功放和主音箱等设备,艺术家还需要在后台使用相同的更衣区和准备区。你的项目团队、艺术家及其随行人员需要了解期望并合作,以确保演出顺利进行。

1. 营造遵守基本规则的环境(考纲 1-12-2)

营造遵守基本规则的环境是指为团队制定一系列明确的指导方针,确保成员在项目管理过程中能够协同工作。这包括明确目标与期望、沟通规范、角色与职责、决策流程及问责制。制定基本规则的目的是在团队内部增强信任感,强化尊重意识和提高凝聚力,进而提升项目实施的效率和成功率。

项目章程中涵盖了团队章程,而团队章程包括关于预期行为的基本规则,以及解决团队成员之间冲突的方法。通过共享项目章程中明确界定的基本规则,团队成员能够了解绩效期望,降低混淆风险,从而提高绩效。高绩效团队的工作需要高度透明化,以便更好地了解彼此的工作进展。

【题目】瑞思在电子邮件中说:"我需要每个人在工作中都能无缝衔接。在之前的彩排活动中充满了争论,我们的员工、艺术家及经理,每个人都在抱怨!我们不能再这样了。"请问你如何让信任、尊重和理解成为项目的一部分?

A. 根据以往的活动经验拟定一份团队章程,并以实体和虚拟形式同步召开全员会议。在会议上朗读团队章程,并要求全体团队成员支持与遵守。

B. 召集内部团队,共同为该项目制定一套基本规则。然后与主要干系人会面并向他们展示规则,可以将干系人的任何反馈或建议纳入其中。

C. 主动制定一套基本规则,然后召集项目团队成员和艺术家代表开会。在会议上概述基本规则,并让他们知道我希望基本规则能得到支持和遵守。

D. 与艺术家代表一起举办一次团队会议,以制定基本规则。每个人都可以投票,每个人最后都必须同意并支持基本规则。

【答案】D

【解析】本题考查的知识点是营造遵守基本规则的环境。解题关键在于让所有团队成员参与制定基本规则。本题的四个选项中，选项 D 提倡与艺术家代表一起举办团队会议，以制定基本规则。这种方法确保所有团队成员和干系人参与规则制定过程，并能达成共识。这有助于建立信任，使整个团队更加团结。所以，正确答案是 D。

选项 A：不正确。尽管制定团队章程是一个好主意，但没有涉及让团队成员和艺术家代表参与制定章程的过程，可能导致规则不被广泛接受和遵守。

选项 B：不正确。主动制定一套基本规则，但没有涉及全体团队成员，可能导致规则不被广泛接受和遵守，因此不是最佳答案。

选项 C：不正确。让项目经理单独制定基本规则，可能不利于团队成员的参与和认同。为了确保所有人都遵守基本规则并相互信任，最好让团队成员参与规则制定过程。

2. 将组织原则告知团队和外部干系人（考纲 1-12-1）

将组织原则告知团队和外部干系人是指在项目启动阶段，项目经理需要确保所有团队成员及外部干系人清楚了解并明确组织的原则。这有助于项目团队在工作过程中遵守这些原则，提高团队协作效率，减少沟通障碍及潜在冲突。

若你能与团队共同制定基本规则，务必将其意图传达给他们。如果因某种原因无法与团队共同制定基本规则，分享这些规则就显得尤为重要。项目开始时，花时间制定基本规则会使团队更有可能以团结协作的方式开展工作，从而在面临挑战时更好地应对。

【题目】项目实施几周后，加入了新的团队成员，团队规模扩大了一倍。你需要确保向团队与新的团队成员和干系人传达共同的愿景，并确保大家的想法保持一致。请问你应如何做？

A. 新加入的团队成员应该都有基本技能与职业道德，因此，只需将团队基本规则文档发给新的团队成员，请他们依据规则做好分内工作，有问题要立刻提出来。

B. 我将分享基本规则文档，其中解释了所有内容。项目团队或乐队的任何新成员都将获得一份副本，以便知道对他们的期望。

C. 我将在合约中附加关于基本规则的声明，要求团队开会并设计口号以提高凝聚力。我们可以为工作人员提供有公关主题标语的 T 恤，以传达价值观，让每个人都感到被包容。我也会让每个艺术家的负责人担负起整合新团队成员的责任，并提醒他们，要向新团队成员解释基本规则。

D. 我会要求团队中的一名志愿者与每个新加入的团队成员一起工作，这样他们就会得到个别指导，可以向他们解释项目是如何运作的以及基本规则是什么。

【答案】D

【解析】本题考查的知识点是将组织原则告知团队和外部干系人。解题关键在于这种分享最好是一对一或面对面的。本题的四个选项中，选项 D 鼓励团队成员之间的互动和支持，有助于更好地理解项目愿景和期望。所以，正确答案是 D。

选项 A：不正确。这种方法缺乏互动和个性化支持，仅向新团队成员发送基本规则文档并要求他们按规则工作，可能不足以让他们充分了解项目愿景和期望。

选项 B：不正确。虽然确保了所有新团队成员都收到了基本规则文档，但仍然没有提供足够的互动和支持，以确保每个人都充分理解项目愿景和期望。

选项 C：不正确。尽管提供了一种全面的方法来提高团队凝聚力和传达共同愿景，但该方法过度关注口号和宣传价值观的物品，而不是确保新团队成员融入团队并理解项目的目标和期望。

3. 重视基本规则（无对应的考纲）

重视基本规则意味着项目经理在管理项目团队时，需要始终关注团队成员是否遵守基本规则。这包括定期评估团队成员的表现，及时发现问题，提醒团队成员遵守基本规则，以确保项目的顺利进行。

项目经理的部分职责是营造团队能够有效执行任务并建立信任的环境。团队基本规则可以协助项目经理营造项目环境，通过让团队掌握规则，为自己设定期望，以及建立应对冲突的有效机制，促进团队有效协作，提高工作进度的可视性，使团队能够自组织和自我管理。团队基本规则是建立高绩效团队的关键因素。

【题目】项目的基本规则已经确定,并且已经发送了关于基本规则的信息。请问下列哪项可以向团队证明你支持这些规则,并希望他们遵守这些规则?

A. 最有效的做法就是杀鸡儆猴,把不遵守规则的人找出来,依照规则严厉惩罚,以后大家就会乖乖地遵守了。

B. 作为领导者,我有责任强制要求大家遵守基本规则。我会监督违规行为,让大家知道遵守规则很重要。

C. 我要做最好的示范,这不仅意味着遵守规则,还意味着我会把不遵守规则的人找出来,连我自己也不例外。

D. 请各团队选出一名负责人来确保各团队遵守基本规则。我相信每个团队都能解决自己的问题。

【答案】C

【解析】本题考查的知识点是重视基本规则。解题关键在于了解如何遵守基本规则,以身作则是最好的做法。本题的四个选项中,选项C强调了以身作则的重要性,表明领导者应带头遵守规则。同时,领导者应确保所有成员遵守规则,包括他自己。这种做法向团队传达了领导者支持规则的信息,提高了规则的可信度和执行力。所以,正确答案是C。

选项A:不正确。仅依赖严厉惩罚可能导致团队成员害怕犯错,从而影响团队的创造力和士气。此外,这种做法不利于营造支持和鼓励的团队氛围。

选项B:不正确。虽然领导者有责任强制要求大家遵守基本规则,但仅依赖监督违规行为可能会破坏团队成员间的信任,导致团队氛围紧张。

选项D:不正确。让各团队选出负责人来确保遵守基本规则是一种分散责任的做法,作为领导者,仅依赖团队自己解决问题可能会使规则执行力下降。领导者应积极参与并以身作则,以提高规则的可信度和执行力。

4. 管理和纠正违反基本规则的行为(考纲1-12-3)

管理和纠正违反基本规则的行为是指项目经理在发现团队成员违反基本规则

时，要采取适当的管理措施予以纠正。这有助于确保团队成员遵守基本规则，维护团队的良好氛围，提高项目的成功率。

【题目】坏消息！你的一名团队成员和一位艺术家被发现私自进行周边商品交易，并被刊登在早报上。这明显违反了项目基本规则。几小时内照片就传遍了网络，所有人，尤其是瑞思都在等着看你会如何处理。请问你会怎么做？下列哪个选项最合适？

A. 与这两人会面，了解发生了什么事以及原因，要求他们自我惩罚，我会最终决定是否惩罚他们。

B. 与这两人的领导会面，了解发生了什么事以及原因。我会要求他们做出一致、适当的惩罚，并确保惩罚是公平和适当的。

C. 在公共平台上发帖，声明这两人的行为与活动无关，告诉团队其他成员对两人的惩罚结果，作为对其他参与项目的成员的警告。

D. 与两人单独交谈，然后与他们的领导交谈，最后我将决定是否及如何惩罚他们。

【答案】B

【解析】本题考查的知识点是管理和纠正违反基本规则的行为。解题关键在于遵循公平、一致的原则及尊重职能领导。本题的四个选项中，选项B确保了公平、适当的处置，并且充分了解了情况。同时，避免了公开处理此事可能带来的负面影响。所以，正确答案是B。

选项A：不正确。将责任转移到了个人身上，要求他们自我惩罚可能导致不公平和不适当的惩罚。而且不同的领导可能会有不同的看法，没有让职能领导直接参与到决策中。

选项C：不正确。在公共平台上发帖处理此事可能会引发更大的负面影响，给公司带来更多不必要的关注。此外，这样做也没有解决实际问题，不能保证两人受到公正的惩罚。

选项D：不正确。与两人和他们的领导单独交谈可能会耗费大量时间。此外，如果你单独做决定，可能没有充分了解个人及其领导的看法，导致惩罚不够公正。

3.9 让干系人参与进来

让干系人参与进来是指在项目管理过程中，项目经理或负责人确保项目的干系人（如客户、供应商、管理层等）能够积极参与项目的各个阶段，包括规划、执行、监控和收尾。这涉及与干系人进行有效沟通，了解他们的需求和期望，确保他们对项目的目标和策略有清晰的认识。让干系人参与进来的目标是确保项目团队能够更好地满足干系人的需求，降低项目风险，提高项目的成功率。

让干系人参与进来的步骤包括：①分析干系人；②将干系人归类；③按类别让干系人参与进来；④制定、执行并确认干系人参与策略。这4个步骤就是PMP®考纲领域2："过程"的任务4的4个驱动因素，以下每个驱动因素的考题都使用下列情境案例。

> **情境案例**
>
> B公司承接了A集团的P项目，其中，红盾科技公司负责开发的"智能GPS+BDS系统"是六个子系统之一。红盾科技公司的项目进展顺利，最终按时、按预算完成。智能GPS+BDS系统配备了加密通信功能。验证成功后，工程师们纷纷庆祝。由于CEO庄总在股东大会上不断提及智能GPS+BDS系统，因此吸引了新的投资者。你需要让所有干系人参与并保持积极态度，协助项目的推进。

1. 分析干系人（考纲2-4-1）

在项目管理领域，关键步骤之一是分析各方利益关系。这一过程涉及识别项目中的所有干系人，评估他们的权力、利益、影响力和角色。项目经理可以借助诸如权力—利益矩阵等工具来协助进行干系人的识别与分析。这有助于项目经理深入了解各干系人的期望和需求，从而更有效地满足这些需求，确保项目取得成功。

第3章 项目领导力广度

进行干系人分析的目的是揭示项目中所有干系人的需求和期望。通过分析，你将更深入地了解项目是如何与内外部干系人相互关联的，这些洞察将使你更清楚地了解如何为干系人创造价值。为展示你对干系人利益的关注，亲自与每个干系人会面，并评估他们对项目在市场或组织中最终成功的潜在影响。

【题目】你在启动发布会上会见了四个新的干系人，除了庄总和你的团队成员，干系人名单现在包括国有机构的一名负责人、红盾科技公司的法律顾问、董事会成员及内部研发负责人，他们都想以某种方式参与项目。请问你应该如何进行干系人分析？

A. 发送正式文件给每个干系人，以示慎重，文件内容包含请干系人回复对项目的需求。

B. 向每个干系人发送一封电子邮件以进行调查，电子邮件内容包括请干系人回复对项目的需求。

C. 请庄总帮忙确定最重要的干系人，以及他们感兴趣的程度和影响力发挥作用的原因，然后与重要的干系人召开会议，确定联系方式。

D. 与每个新的干系人会面，评估他们对项目的感兴趣程度及其对项目的潜在影响，然后根据重要性、相关性和影响对他们进行优先级排序。

【答案】D

【解析】本题考查的知识点是分析干系人。解题关键在于面对面地与干系人进行沟通，才能评估他们对项目的感兴趣程度和潜在影响，才能根据重要性、相关性和影响对干系人进行优先级排序。本题的四个选项中，选项D与每个新的干系人会面能够更好地评估他们的感兴趣程度和潜在影响。面对面交流使你能够深入了解他们的需求和兴趣。根据重要性、相关性和影响对他们进行优先级排序，有助于你明确哪些干系人在项目中具有更高的优先级。这种做法有助于确保你与所有干系人保持良好沟通，并明确他们在项目中的角色。所以，正确答案是D。

选项A：不正确。发送正式文件显得过于正式，可能影响沟通效率，而且它没有提供与干系人面对面交流的机会，无法深入了解他们的需求和兴趣。

选项B：不正确。通过电子邮件进行调查可能无法获得足够的信息来全面了解每个干系人的需求和兴趣。此外，电子邮件也无法提供与干系人面对面交流的机会。

选项 C：不正确。请庄总帮忙确定最重要的干系人可能导致对其他干系人的忽视。此外，这种做法可能导致过于依赖主观判断，无法确保你了解每个干系人的需求和兴趣。

2. 将干系人归类（考纲 2-4-2）

在项目管理中，将干系人归类意味着根据分析结果，按照影响力、利益或其他特征对他们进行分组。这有助于项目经理更高效地管理干系人并与他们互动，确保项目的顺利进行。

为节省时间和精力，你可以按组别或类型考虑干系人。以角色的方式描述他们，你将更容易地与每个干系人进行沟通。干系人类型包括但不限于以下几类。

（1）发起人：为项目提供经济支持、资源支持的个人或团体。发起人通过签署项目章程正式授权项目启动。

（2）客户和用户：对项目交付成果进行审核和批准的人员。

（3）供应商：根据合同为项目提供组件或服务的企业或个人。

（4）合作伙伴：与项目有特殊业务关系的角色，负责安装、培训或支持等。

（5）职能经理：负责管理人力资源、财务、采购或会计等组织部门，并需要为项目提供支持。

（6）内部干系人：受项目活动影响的内部团队，如法律、财务、运营、销售和客户服务等部门。

（7）其他干系人：对项目交付成果产生贡献或感兴趣的团体，如政府监管机构、顾问和金融机构等。

通过对干系人进行分类和分组，项目经理可以更有针对性地管理干系人并与他们互动，提高项目的成功率。

【题目】你已经确定了新的干系人并与他们会面，了解了他们对项目的感兴趣程度和潜在影响。接下来，你将为每个干系人分配一个"角色"。请问你应该将什么样的角色与你的干系人进行匹配？

A. 根据项目里程碑建立沟通矩阵，并根据每个人是否想要对项目的每个方面负责咨询或了解信息，为每个人分配一个信息浏览等级，团队成员使用此沟通矩阵与每个干系人进行沟通与管理。

B. 建立 RACI 矩阵，并根据每个人是否想要对项目的每个方面负责咨询或了解信息，为每个人分配一个信息浏览等级，使用 RACI 矩阵来规划与每个干系人的沟通。

C. 使用支持者、中立者、反对者、坚忍者和隐形者角色，并利用之前对每个干系人的分析来确定其中哪个角色最适合哪个干系人。

D. 对每个干系人使用性格测试分类系统，以确定他们是内向的还是外向的，是占主导地位的还是尽责的等，并使用此信息来指导沟通方法。

【答案】C

【解析】本题考查的知识点是将干系人归类。解题关键在于按对项目支持和反对的程度进行干系人分类。本题的四个选项中，选项 C 的方法有助于了解干系人的立场和影响力，从而更好地管理和满足他们的期望。所以，正确答案是 C。

选项 A：不正确。尽管建立沟通矩阵有助于规划与干系人的沟通，但这个选项中的信息浏览等级可能无法充分反映每个干系人在项目中的职责和影响。此外，这种方法缺乏对责任和角色的明确划分。

选项 B：不正确。虽然 RACI 矩阵是一种常用的项目管理工具，但它主要关注任务分配和沟通，而不是确定和描述干系人之间的关系。

选项 D：不正确。虽然性格测试分类系统可能提供有关干系人性格的信息，但它并不直接关注如何为干系人分配角色。此外，这种方法可能导致过于复杂的沟通策略，而且没有关注项目管理的核心要素。

3. 按类别让干系人参与进来（考纲 2-4-3）

项目经理通过分析和对干系人进行分类，有针对性地制定策略和方法，使各干系人能够积极参与项目决策和执行过程。这种做法有助于更有效地满足不同干系人的需求，降低潜在冲突与问题的风险，提高项目的成功率。

在分类之后，项目经理需基于每个干系人的需求、期望、兴趣及其对项目的潜在影响，制定相应的参与策略。干系人参与策略将在整个项目生命周期中引导项目经理有效地吸引和管理各类干系人，加速干系人的参与过程，有助于建立并保持项目团队与干系人之间的良好关系，同时确保在项目范围内满足各方的需求与期望。

【题目】你已经为每个干系人分配了一个角色类型，并且了解了他们的兴趣和潜在影响，是时候与他们沟通了。你知道红盾科技公司的研发经理是一个坚定的反对者，因为她认为这个项目本来应该在她的部门启动。请问你将如何与她沟通？

A. 在干系人登记册中，将她列为影响力与重要性都低的干系人，只在每个里程碑告知她项目目前的进度与成果。

B. 她可能只是不了解或不知道项目正在做什么以及为什么这样做，我会向她展示我们正在做的一切以及我们所有的项目文档，如果她有任何反馈，我会倾听。

C. 我会制订沟通管理计划，让她了解情况。最有可能的情况是，她只是相信她的团队可以做得更好，对她保持透明将有助于减少她的恐惧。

D. 既然她反对这个项目，我会让她置身事外并转移她的任何询问，防止她破坏项目或让她有筹码将项目转移到她的部门。

【答案】C

【解析】本题考查的知识点是按类别让干系人参与进来，将利益最大化，将问题和负面影响最小化。解题关键在于，按对项目支持和反对的程度进行干系人分类，根据不同类别管理干系人，增加有利于项目成功的积极影响，减少不利于项目的消极影响。本题的四个选项中，选项C制订沟通管理计划，让她了解项目情况，保持透明，有助于减少反对意见。通过主动沟通，你可以了解她的担忧和疑虑，并采取相应措施消除她的恐惧，从而转变她的态度。所以，正确答案是C。

选项A：不正确。将她列为影响力与重要性都低的干系人可能不利于改善关系。而且，只在每个里程碑告知她项目进度与成果可能不足以让她了解项目的真实情况，无法改变她的反对立场。

选项B：不正确。向她展示所有项目文档可能导致信息过载，她可能难以消化这些信息。此外，这种方法可能无法消除她对项目的根本担忧。

选项 D：不正确。让她置身事外可能强化她的反对态度，导致她采取更激进的行动。排除她可能导致潜在的冲突和团队内部矛盾。

4. 制定、执行并确认干系人参与策略（考纲 2-4-4）

制定、执行并确认干系人参与策略是指项目经理在充分了解各干系人的需求和期望后，制定一套有针对性的干系人参与策略，并确保其得到有效执行。此外，项目经理需要定期评估策略的效果，以确认其对项目的贡献，并在必要时进行调整。这有助于确保项目顺利进行，实现预期的目标。

【题目】你的分析有助于确定干系人的潜在分组，请问你将干系人分为哪四类最恰当，以便在项目进行中向干系人提报项目现况？

A. 内向、有影响力（频繁，会议）；外向，有影响力（不经常的，会议）；内向，无影响力（频繁，电子邮件）；外向，无影响力（很少，电子邮件）。

B. 低兴趣、低重要性、低细节的沟通；高兴趣、低重要性、低细节的沟通；低兴趣、高重要性、高细节的沟通；高兴趣、高重要性、高细节的沟通。

C. 支持，强大（经常，广泛）；对抗性的，强大（很少，短暂）；支持，无力（经常，短暂）；敌对的，无力（很少，短暂）。

D. 内部、有影响力（频繁、会议）；外部，有影响力（不经常的，会议）；内部，无影响力（频繁，电子邮件）；外部，无影响力（很少，电子邮件）。

【答案】B

【解析】本题考查的知识点是制定、执行并确认干系人参与策略。解题关键在于确定干系人对项目的兴趣高低、重要性高低和汇报信息的详略。本题的四个选项中，选项 B 根据干系人的兴趣和重要性进行分类，并提供了关于沟通细节的信息。这种分类方法有助于确保与各个干系人的沟通是有针对性的，同时满足他们的需求和期望。所以，正确答案是 B。

选项 A：不正确。这个选项基于内向和外向的性格特征对干系人进行分类，而不是根据他们对项目的兴趣和重要性，这种分类可能无法充分解释他们在项目中的作用和沟通需求。

选项 C：不正确。这个选项侧重于干系人的支持程度和实力，但没有考虑他们在项目中的兴趣和重要性。此外，这种分类可能无法提供足够的细节来指导有效的沟通。

选项 D：不正确。这个选项基于内部和外部的划分对干系人进行分类，但没有考虑他们在项目中的兴趣和重要性。此外，这种分类可能无法提供足够的细节来指导有效的沟通。

3.10 管理沟通

管理沟通是指在项目管理过程中，项目经理或负责人确保项目团队成员、干系人和其他参与者之间的信息传递和沟通渠道能够有效、及时和高效地运作。这涉及规划、实施、监控和调整沟通策略，以满足项目的需求和目标。管理沟通的目标是确保信息在项目中顺畅流动，减少误解和克服沟通障碍，提高项目执行的效率和成功率。

管理沟通的步骤包括：①分析所有干系人的沟通需要；②确定适用于所有干系人的沟通方法、渠道、频率、时长和详细程度；③有效传达项目信息和更新情况；④确认干系人消息已被理解而且收到反馈。这 4 个步骤就是 PMP®考纲领域 2："过程"的任务 2 的 4 个驱动因素，以下每个驱动因素的考题都使用下列情境案例。

> **情境案例**
>
> B 公司负责 A 集团的 P 项目，其中"智能 GPS+BDS 系统"作为六个子系统之一，由红盾科技公司承担。在应用该系统后，预计每周平均为每位车队成员节省 30 分钟。在"智能 GPS+BDS 系统"中，你的联络人是小孙。作为 P 项目的项目经理，你需要确保与红盾科技公司以及其他 5 家下游供应商保持良好合作，为 A 集团创造价值。

第3章 项目领导力广度

1. 分析所有干系人的沟通需要（考纲 2-2-1）

分析所有干系人的沟通需要意味着项目经理需了解项目中各干系人的信息需求、沟通方式和期望。这一过程能帮助项目经理更好地满足各干系人的沟通需求，确保信息准确、及时传达，从而提升项目执行效率。

在项目团队中，可以采用多种沟通形式和风格。部分团队成员可能更偏好高层级的概述而非细节，而有些人则可能更倾向于使用电子邮件而不是电话。项目经理需要关注每个干系人的沟通偏好，分辨哪些方式对个人有效，哪些方式对团队更有利。

【题目】你的项目有很多干系人，请问你将如何确定他们需要的沟通类型，以及需要多久进行一次沟通？

A. 每月都会和干系人开一次例会，确保所有问题都能在这次会议上得到解决。

B. 每周都会向团队中的每个人发送一封电子邮件。邮件内容包括执行摘要和下一周的项目进度，以及我的联系方式，以防有人有任何疑问。

C. 前往各干系人单位，与项目干系人会面，询问他们更喜欢的沟通频率和方式，他们最感兴趣的信息，以及他们希望参加哪些会议。

D. 通过电子邮件单独联系每个干系人，提供我的联系方式，请他们确认他们的角色是什么，什么样的信息对他们最有用。我可以每周通过电子邮件发送干系人要求的信息。

【答案】C

【解析】本题考查的知识点是分析所有干系人的沟通需要。解题关键在于遵循面对面沟通的原则。本题的四个选项中，选项 C 强调了面对面的沟通，可以更好地了解干系人的需求。所以，正确答案是 C。

选项 A：不正确。这个选项采取了一种统一的方法，要求每月与所有干系人开一次例会。这种方法可能无法满足所有干系人的不同需求和沟通偏好。

选项 B：不正确。在这种方法中，会定期向干系人提供信息，但这可能无法满足所有干系人的个性化沟通需求。

选项 D：不正确。这个选项试图通过电子邮件了解每个干系人的需求和角色，但它没有提供与干系人面对面沟通的机会。面对面沟通在建立信任和了解干系人的需求方面可能更有效。

2. 确定适用于所有干系人的沟通方法、渠道、频率、时长和详细程度（考纲 2-2-2）

在了解各个干系人的沟通需求后，项目经理需要确定适用于所有干系人的沟通方法、渠道、频率、时长和详细程度。这意味着项目经理要为各个干系人提供恰当的沟通途径，确保信息能够准确、及时地传递，同时平衡沟通成本和效果。分析干系人后，项目经理还需要为干系人制订沟通计划，包含沟通对象、沟通渠道、沟通频率、沟通内容等。

【题目】你的项目既涉及私人公司也涉及政府代表，这两个组织习惯于完全不同的沟通方法和工具。请问你可以使用哪些沟通方法和工具？

A. 说服私人公司和政府代表，既然在同一个团队，应该尝试改变过去的习惯，使用同一种沟通工具进行沟通，这样会提高沟通效率。

B. 有多种沟通工具可供使用，我将使用我拥有的工具，并根据团队的需要灵活选择。沟通计划是基础文档，我将使用它来确定团队会议的日程安排，保持开放式沟通，这意味着团队可以就问题或疑虑单独与我联系。

C. 我们将根据沟通计划，每天、每周或每月通过电子邮件或视频会议与干系人进行沟通。共享执行摘要，但如果他们想要其他任何东西，他们可以向我索取。

D. 每个人都可以在线（云端）浏览所有项目文档。会议也将根据需要通过电话进行，当他们需要任何东西或有疑问时，可以通过电子邮件或电话与我联系。

【答案】B

【解析】本题考查的知识点是确定适用于所有干系人的沟通方法、渠道、频率、时长和详细程度。解题关键在于遵循沟通计划，根据不同干系人需要灵活选择不同方法和工具。本题的四个选项中，选项 B 提供了灵活性，使用多种沟通工具来迎合团队的需要。将沟通计划作为基础文档来确定团队会议的日程安排，并保持开放式沟通，以便团队成员在有问题或疑虑时能够单独与你联系。这种方法允许你根据团队成员的需求进行沟通，并有助于确保有效的沟通。所以，正确答案是 B。

选项 A：不正确。在这个选项中，项目经理试图说服私人公司和政府代表改变过去的习惯，使用同一种沟通工具。然而，这可能导致某些团队成员不适应新的沟通工具，从而降低沟通效果。

选项 C：不正确。虽然这个选项提供了一种定期沟通的方式，但它可能过于僵化，不够灵活，无法满足团队中不同人员的沟通需求。

选项 D：不正确。在这个选项中，侧重于提供在线访问项目文档的能力，并允许团队成员在有需要时通过电话或电子邮件与你联系。然而，这种方法可能不足以满足团队中不同人员的沟通需求和偏好。

3. 有效传达项目信息和更新情况（考纲 2-2-3）

有效传达项目信息和更新情况是指项目经理需要以清晰、准确的方式将项目的进展、变更和其他重要信息传递给干系人。这有助于保持项目各方对项目状态的了解，避免误解和冲突，为项目的顺利推进提供支持。

沟通计划描述了如何、何时以及由谁来管理和分发有关项目的信息。应在开始规划项目时创建沟通计划，并在干系人流失或任何干系人的沟通要求发生变化时进行更新。

【题目】"智能 GPS+BDS 系统"项目的沟通计划在内部运作良好，但与大集团打交道意味着，有更多的人希望根据他们的需求进行沟通。如果你在这个项目中采用类似的模式，请问你将如何确保与每个人进行清晰有效的沟通？

A. 根据沟通计划确保项目团队采用了正确的沟通方法，告诉团队成员遇到问题及时向你汇报，不要过滤任何信息。

B. 通过使用简单的语言和重复来避免混淆，并确保每个人都获得他们需要的信息，所有项目团队成员都需要了解沟通。

C. 在团队讨论中，我会定期检查别人是否理解我，并通过积极倾听来反思他们所说的话。我会特别注意非语言交流，如肢体语言。

D. 使用清晰、直接、不模棱两可的语言。我会倾听干系人的意见，提供及时的反馈，通过复述来表明我正在倾听。我还将跟进发送任何文档或参考数据，以帮助理解。

【答案】D

【解析】本题考查的知识点是有效传达项目信息和更新项目情况。解题关键在于根据沟通计划，使用清晰、直接、不模棱两可的语言，确保及时反馈和相互理解。本题的四个选项中，选项 D 提倡使用清晰、直接、不模棱两可的语言，并倾听干系人的意见。通过提供及时的反馈、复述来表明正在倾听，并跟进发送任何文档或参考数据，以帮助理解。这种方法更全面地涵盖了有效沟通的各个方面。所以，正确答案是 D。

选项 A：不正确。这个选项强调根据沟通计划确保项目团队采用了正确的沟通方法，并要求团队成员及时报告问题。然而，它没有提到如何实际确保与每个人进行清晰有效的沟通。

选项 B：不正确。这个选项提倡使用简单的语言和重复来避免混淆，并确保每个人都获得他们需要的信息。然而，这种方法可能过于简单，不足以满足不同干系人的沟通需求。

选项 C：不正确。这个选项关注了团队讨论中的理解和非语言交流，但没有涉及更广泛的沟通策略，比如，如何处理书面沟通或跟进与干系人的讨论。

4. 确认相关消息已被理解而且收到反馈（考纲 2-2-4）

确认相关消息已被理解而且收到反馈意味着项目经理在传达信息后，需要确认干系人已理解并对信息做出响应。这有助于项目经理了解干系人对项目信息的态度，发现潜在问题，并及时调整沟通策略和方法，以更好地满足干系人的沟通需求。

沟通是双向的，仅传达信息并不能保证有效沟通。要始终确保双方理解，同时确保团队了解项目对他们的要求。在进行沟通时，无论是通过电子邮件还是其他方式，都应期望收到对方的响应或反馈。数字通信应以相同的方式回复，与发送消息的方式一致。若会议为面对面交流，可以提供口头或非口头反馈（如肢体语言和面部表情）。

【题目】你已向主要干系人发送了包含大量文档的电子邮件，但没有人回复或提出任何问题，这似乎不寻常。请问你该怎么办？

A. 耐心等待接收信息的干系人提出反馈，如果一直收不到，就发邮件询问他们的领导。

B. 检查退件通知，如果没有，则假设沟通顺畅且对方已收到文档，不要打扰干系人或期望他们回复基本信息。

C. 为了避免电子邮件的附件太大，将文档放在云端服务器上，并发送包含文档超链接的电子邮件给对方，要加上提醒"欢迎随时提问"。

D. 发送后续电子邮件，以确保每个人都收到了第一封电子邮件，在电子邮件中告知他们，如果有任何问题、意见或疑虑，可以直接与我联系，而不是与整个小组联系。

【答案】D

【解析】本题考查的知识点是确认相关消息已被理解而且收到反馈。解题关键在于确认获得反馈是发送方的责任而不是接收方，所以发送方要主动和接收方联系并确认是否收到合适的反馈。本题的四个选项中，选项D发送后续电子邮件以确保每个人都收到了第一封电子邮件是一个好主意，因为这可以确保你的信息已经传达给了干系人。在电子邮件中告知他们，如果有任何问题、意见或疑虑，可以直接与你联系，而不是与整个小组联系，这有助于提高沟通效率。这个选项虽然没有解决文档过大的问题，但是它确保你的信息已经传达，并且你积极地鼓励他们提出问题。所以，正确答案是D。

选项A：不正确。耐心等待并询问领导不是最有效的策略，因为可能存在沟通问题，如文档未被接收或不易阅读。此外，这可能导致项目延误，因为你等待反馈的时间可能较长。

选项B：不正确。检查退件通知并假设沟通顺畅也不是一个好策略，因为可能存在其他沟通问题，如文档太大或干系人遗漏了邮件。此外，你不能确保他们已阅读邮件中的内容，也不能确保他们理解了你发送的信息。

选项 C：不正确。将文档放在云端服务器上并发送包含文档超链接的电子邮件给干系人，确实解决了文档过大的问题。然而，这种策略没有包括直接跟进以确保干系人已经阅读了邮件和文档。提醒干系人随时提问是一个好主意，但不能保证他们是否真的会提问。

第 4 章

项目领导力进度

4.1 进度——喜悦交付力简介

项目领导力进度涵盖两个关键方面：扫清困难，排除障碍；营造喜悦，有效交付。这一维度的原则强调项目经理应协助团队在进度上扫清困难，排除障碍，小步快跑。此外，项目经理还需用心营造愉快的工作氛围，确保及时有效地交付对客户最有价值的成果和服务。

其他各维度的能量状态都会对交付维度产生影响，反之亦然。如果愿景不明确或项目双方的管理层未就愿景达成一致，团队可能会白忙一场，时而朝东，时而朝西，甚至像狗追尾巴一样原地打转。当项目干系人和团队之间缺乏信任和协同时，可能导致大量时间被浪费在互相抱怨、指责，甚至谩骂上，人们不能理性地共同解决问题，从而拖慢项目进度。

在巨变时代，领导团队应对变化的关键在于提升团队的能量状态。一个健康、愉悦的团队才能更好地应对变化。如果团队无法全身心地投入项目工作，项目进度可能会受到影响。因此，各维度的能量状态综合体现在项目进度，即团队的交付维度上。与项目领导力进度相关的考纲如表 4-1 所示，具体说明将在下述各小节中展开。

表 4-1 与项目领导力进度相关的考纲

维度	PMP®考纲
进度	领域 1 "人员"
	任务 4：向团队成员和干系人授权
	任务 7：解决和消除团队面临的障碍、妨碍和阻碍
	领域 2 "过程"
	任务 1：执行需要紧急交付商业价值的项目
	任务 3：评估和管理风险
	任务 5：规划并管理预算和资源
	任务 6：规划和管理进度计划
	任务 7：规划和管理产品/可交付物的质量
	任务 8：规划和管理范围
	任务 9：整合项目规划活动
	任务 11：规划和管理采购
	任务 12：管理项目工件
	任务 13：确定适当的项目方法论/方法和实践
	任务 15：管理项目问题
	任务 17：规划和管理项目/阶段的收尾或过渡工作

4.2 向团队成员和干系人授权

向团队成员和干系人授权是指项目经理或负责人在项目管理过程中，通过分配适当的职责和资源，为团队成员和干系人创造一个可以发挥他们专长和能力的环境。授权意味着提供必要的支持和信任，使团队成员能够自主地解决问题和做出决策，从而提高工作效率和成果质量。同时，授权也包括培养团队成员的能力，提供学习和成长的机会。

授权就是让团队成员和干系人更有权力和能力来参与决策、管理和推动项目，这种做法有助于提高团队的积极性、创造力和整体效率，从而提高项目的成功率，增强团队凝聚力，提高满意度，并促进更好的沟通。

向团队成员和干系人授权的步骤包括：①根据团队优势进行组织；②支持对

团队实行任务问责；③评估任务问责的表现情况；④决定和授予决策权的级别。这4个步骤就是PMP®考纲领域1："人员"的任务4的4个驱动因素，以下每个驱动因素的考题都使用下列情境案例。

> **情境案例**
>
> 安盾生物科技是A集团子公司，也是一家跨国制药公司，作为新药开发项目的项目经理，你在项目发起人安盾生物科技公司 CEO 许总的指导下执行项目。由于疫情的冲击，研发新药的进程需要加快，以便在最短的时间内投入市场。

1. 根据团队优势进行组织（考纲 1-4-1）

根据团队优势进行组织是指项目经理在构建团队时，需要充分挖掘和发挥每位成员的特长和优势。通过了解团队成员的技能、经验和擅长领域，项目经理可以合理分配任务，确保团队在执行项目过程中能够充分发挥各自的潜力。

【题目】为了最大限度地提升团队效能，你应该采取以下哪种策略来调整团队结构和管理方式？

A. 对于职责与任务，所有团队成员共同分担。
B. 根据每位团队成员的专业技能和经验，在当面询问团队成员意见后，分配相应的职责和任务。
C. 发问卷询问每位团队成员的意见，并基于他们的反馈进行分配，这是最公正且高效的方法。
D. 通过抽签的方式分配职责与任务是最公正且高效的方法。

【答案】B

【解析】本题考查的知识点是根据团队优势进行组织。解题关键在于根据团队成员的技能和经验分配任务。本题的四个选项中，选项B根据团队成员的专业技能和经验进行职责和任务分配，将使每位成员的专长最大化，从而提高团队效能。当面询问团队成员的意见，能确保了解他们的兴趣和愿意承担的职责，可进一步提高团队效能。所以，正确答案是B。

选项 A：不正确。所有团队成员共同分担职责和任务，虽然看起来公平，但不是最有效的方法。因为团队成员的专业技能和经验不同，如果不考虑这些差异，可能导致某些职责和任务被分配给不擅长该任务的成员，这不利于提高团队效能。

选项 C：不正确。这个选项虽然考虑了团队成员的意见，但问卷可能无法充分了解每位团队成员的专业技能和经验，并且可能存在成员为了避免困难任务而不完全诚实的情况。因此，这种方法并不是最高效的。

选项 D：不正确。通过抽签无法充分利用每位成员的专业技能和经验，很可能导致职责和任务分配不当，并降低团队效能。因此，这并不是一种有效的方法。

2. 支持对团队实行任务问责（考纲 1-4-2）

支持对团队实行任务问责是指项目经理要营造一种环境，鼓励团队成员对分配给他们的任务承担责任。这包括明确地定义每个人的角色和责任，以及他们对整个项目的贡献，并且让他们知道他们的工作成果会如何影响整个项目的结果。

在确定如何追踪和管理工作上，传统方法和敏捷方法有所不同。传统方法的问责可基于 WBS，项目经理将工作包分配给能胜任、可完成交付成果的团队成员，WBS 工作包中的每个工作和问责者都被识别、指派、追踪和管理，以产生交付成果。

在敏捷实践中，通常在迭代规划会议时，该迭代的每个用户故事都会被分解为工作，团队成员共同识别工作，自己领取工作。在每日站会上，用信息发布站（如看板）追踪和管理这些工作，在迭代审查时展示工作成果。

【题目】为了让团队成员对新的任务负责，你应该采取以下哪种策略？
A. 通过例行性的进度报告和检查来确保每个人都达到目标。
B. 建立奖励和惩罚制度，以激励团队成员。
C. 提供明确的期望和反馈，并确保有足够的资源和支持。
D. 通过指出团队成员的错误来确保他们承担责任。

【答案】C

【解析】C 本题考查的知识点是支持对团队实行任务问责。解题关键在于团队成员不仅明白他们的任务，也了解他们的责任，并且知道他们的工作对整个项目的成功至关重要。本题的四个选项中,选项 C 包含了几个关键元素:设定明确的期望,提供持续的反馈,以及提供必要的资源和支持。这些都有助于团队成员明白他们的角色和责任,并有能力和信心完成任务。所以,正确答案是 C。

选项 A:不正确。虽然进度报告和检查是有效的管理工具,但只有这些并不能让团队成员对新任务负责。没有明确的反馈和支持,可能导致压力和不确定性,因此这不是最佳答案。

选项 B:不正确。虽然奖励和惩罚可以刺激行为,但这种方法可能导致团队成员只是为了奖励或避免惩罚而工作,不是因为他们对任务的理解和认同。此外,这种方法也可能造成不必要的压力和竞争,可能对团队的士气和协作产生负面影响。

选项 D:不正确。这种方法可能导致团队成员感到压力和恐惧,并可能抑制他们的创新和问题解决能力。而且,这种方法可能导致团队成员避免承担风险和责任,因为他们可能担心犯错。所以这不是最佳答案。

3. 评估任务问责的表现情况(考纲 1-4-3)

评估任务问责的表现情况是指,项目经理需要监控和评估团队成员如何承担责任并为之负责。这不仅包括观察团队成员是否完成他们的任务,还包括评估他们是否能负责任地处理问题,是否进行了适当的沟通并报告了进度,以及是否遵循项目管理流程和标准。

评估任务问责的表现情况是维护项目健康发展和达成目标的重要步骤。这不仅影响团队成员的工作效率和成果,还直接影响项目整体的进度和成果。因此,项目经理需要使用各种工具和技术(如进度追踪、绩效评估、反馈和指导等)来评估并提高团队成员的任务问责效果。

评估的结果可以用来给团队成员提供反馈,改善他们的工作方法,并确保他们了解任务并对任务负责。这不仅有助于提高团队效率和士气,还有利于增强他们的职业成就感。

【题目】为了有效评估团队成员对新任务负责的表现,你应该采取以下哪种策略?

A. 通过对个人表现的主观感受来进行评估

B. 通过检查产出的结果和达成的目标来评估

C. 仅通过检查是否完成了预定的任务来评估

D. 通过设定固定的 KPI 来评估

【答案】B

【解析】本题考查的知识点是评估任务问责的表现情况。解题关键在于根据实际结果来衡量团队成员的表现。本题的四个选项中，选项 B 着重目标和结果，而不是过程。项目经理能够直接观察和评估每位团队成员的产出与贡献，并根据实际的结果来衡量他们的表现。所以，正确答案是 B。

选项 A：不正确。通过对个人表现的主观感受来进行评估容易受到主观偏见的影响，可能无法公正地评估每位团队成员的贡献和效能。

选项 C：不正确。仅仅关注任务的完成，忽略了任务的质量和产出的效能。此外，这样也可能无法全面评估团队成员的其他贡献，例如，他们在团队合作和问题解决方面的表现。

选项 D：不正确。这个选项可能在某些情况下有效，但如果 KPI 设定得不恰当，或者过于僵化，也可能无法准确反映团队成员的全面表现。例如，如果一位团队成员在某个领域表现出色，但在另一个领域表现一般，那么他的 KPI 可能仍达不到预期，而其实际的贡献可能远超过 KPI 所反映的情况。

4. 决定和授予决策权的级别（考纲 1-4-4）

决定和授予决策权的级别是指项目经理需要根据团队成员的能力和项目需求来分配适当的决策权限。这有助于提高团队成员的积极性和工作效率，同时减轻项目经理的决策负担。在授权的过程中，项目经理应确保权责对等，以便团队成员能够自信地承担相应的责任。

【题目】在新的团队组织中，对于决定和授予决策权的级别，你认为下列哪项是正确的？

A. 给予所有团队成员相同的决策权。

B. 仅给予项目经理所有的决策权。

C. 根据团队成员的职位和资历来分配决策权。

D. 依据每位团队成员的专业知识、经验及其在团队中的角色来分配决策权。

【答案】D

【解析】本题考查的知识点是决定和授予决策权的级别。解题关键在于如何在所有团队成员之间共享决策权。在本题的四个选项中，选项 D 考虑了每位团队成员的专业知识、经验和他们的角色。这样可以确保决策权是根据成员的能力和专业知识来分配的，既能提高决策的质量，也能提升团队成员的参与度和责任感。所以，正确答案是 D。

选项 A：不正确。因为并非所有的团队成员都有相同的技能、经验或者对特定议题的深入了解。如果所有人都有同等的决策权，可能导致效率低下，并可能因为某些成员缺乏必要的知识或经验而做出错误的决策。

选项 B：不正确。过多地集中权力并不是解决问题的最佳方法，为了避免类似问题，应该更加关注团队成员的参与和沟通。让团队成员参与决策过程可以帮助发现潜在的问题，并使团队成员能够共同寻找解决方案。

选项 C：不正确。虽然这个选项考虑了团队成员的资历，但它并没有考虑每个人的具体技能和经验，以及他们在团队中的角色，仅仅根据职位和资历来分配决策权可能忽视了这些重要的因素。

4.3 解决和消除团队面临的障碍、妨碍和阻碍

解决和消除团队面临的障碍、妨碍和阻碍是指项目经理或负责人在项目管理过程中，积极识别并解决可能影响团队协作、沟通和执行的各种障碍。项目经理需要及时发现并消除这些障碍，确保项目团队能够高效地工作。

解决和消除团队面临的障碍、妨碍和阻碍的步骤包括：①确定团队面临的各种障碍；②确定团队面临的各种障碍的优先级；③使用网络实施解决方案，以消除团队面临的各种障碍；④持续进行重新评估，以确保团队面临的各种障碍正在

得到解决。这4个步骤就是PMP®考纲领域1："人员"的任务7的4个驱动因素，以下每个驱动因素的考题都使用下列情境案例。

> **情境案例**
>
> A集团内部的培训中心规模不断扩大，急需一个能满足需求的学习管理系统（Learning Managed system, LMS）。B公司系统部门经理小沈承诺，为培训中心开发一个基于云端的可扩展LMS解决方案（CLMS）。你被任命为项目经理，确保CLMS能满足企业培训需求。

1. 确定团队面临的各种障碍（考纲 1-7-1）

确定团队面临的各种障碍是指项目经理在项目执行过程中，需要识别和分析团队可能遇到的障碍。项目可能因为各种不同的原因而停滞，我们将这些原因称为项目障碍。项目障碍的类型因行业类别、干系人、业务环境和项目本身而有所不同，一般可分为无形障碍、有形障碍和阻断障碍。

（1）无形障碍（Impediments）：减缓或阻碍项目进展的情况、条件和行动，通常和干系人的态度、导致抵触与反对等低落状态有关。

（2）有形障碍（Obstacles）：可移除、可避免或能够通过一些努力或策略克服的障碍，通常和客观环境、企业环境有关。

（3）阻断障碍（Blockers）：导致工作停止或无法往下一步进展的事件或条件。无形障碍和有形障碍的负面影响上升到严重程度时会成为阻断障碍。

【题目】你的团队目前面临三个问题：

（1）B公司首席技术官刘总不想负责云端学员个人信息的安全，因此他拒绝经由部门服务器存储CLMS。

（2）CLMS开发团队工作的办公室离刘总办公室比较近，但狭窄、黑暗，而且与部门服务器不在同一栋大楼里。

（3）部门服务器的硬件不能满足运行CLMS对本地服务器软件的最低要求，在满足条件之前不可能配置软件。

第 4 章 项目领导力进度

你必须解决这些问题，请问对于优先解决问题的叙述，哪项是正确的？

A. 刘总是一个严重的无形障碍，必须先被消除，然后再解决办公室和服务器的问题，后面两个都是有形障碍。

B. 我想我能应付刘总，他不明白我们的工作有多重要。CLMS 团队的办公室问题是一个阻断障碍，因为团队士气可能受到工作条件的极大影响。服务器问题是主要的无形障碍，但如果我能解决这个问题，就不用麻烦刘总参与进来。

C. 刘总是一个严重的无形障碍，但可能不是一个阻断障碍，因为他也在为小沈工作。CLMS 团队的办公室问题是一个小的无形障碍，我可以消除这个障碍。然而，服务器问题是一个阻断障碍，这将是我的首要任务。

D. 刘总是小沈的问题，CLMS 团队的办公室问题是一个小的无形障碍，我可以通过提供更多的照明来消除这个障碍。服务器问题是一个阻断障碍，但我会先解决更简单的问题。

【答案】C

【解析】本题考查的知识点是确定团队面临的各种障碍。解题关键在于确定有形障碍、无形障碍和阻断障碍，阻断障碍会导致项目进展停滞，必须立即处理，如服务器问题。本题的四个选项中，只有选项 C 正确地分析了这些障碍。刘总可能不是一个阻断障碍，因为他也在为小沈工作。CLMS 团队的办公室问题是一个较小的无形障碍，应该可以解决。服务器问题是一个阻断障碍，应该优先处理。所以，正确答案是 C。

选项 A：不正确。将刘总视为严重的无形障碍可能让解决问题的过程变得更加复杂，先解决问题（2）和（3）可能更有利于找到解决方案。而且，在分析问题时应该保持客观，而不是直接将责任归咎于某个人。

选项 B：不正确。这个选项将刘总视为可以应对的问题，实际上刘总也在为小沈工作。另外，CLMS 团队的办公室和服务器问题都需要解决，而不应仅仅关注服务器问题，而且这不是阻断障碍，不是优先处理事项。

选项 D：不正确。将刘总视为小沈的问题可能导致问题无法得到解决，仅仅通过提供更多的照明可能无法解决狭窄和黑暗的办公问题。另外，应该优先消除阻断障碍，即服务器问题，而不是先解决较简单的问题。

2. 确定团队面临的各种障碍的优先级（考纲 1-7-2）

确定团队面临的各种障碍的优先级是指项目经理需要根据障碍对项目目标的影响程度，为这些障碍设定优先级。通过为障碍设定优先级，项目经理可以确保把有限的资源和精力集中于解决最紧迫的问题，从而最大限度地推动项目进展。

【题目】你的团队已经确定了项目的四个障碍，请问哪个障碍的优先级最高？
A. CLMS 经路由器到云端的服务器，目前带宽较小，网速较慢。
B. CLMS 经路由器到云端的服务器，有 300 个同时连接的限制。
C. 目前用于存储学员课程和评分数据的旧数据库与 CLMS 使用的基于云端的架构不兼容。
D. 你的团队缺少具有整合局域网和基于云端服务器经验的程序员。

【答案】D

【解析】本题考查的知识点是确定团队面临的各种障碍的优先级。解题关键在于确定彼此的逻辑依赖关系和评估问题阻碍项目进度的严重程度。本题的四个选项中，选项 D 表明团队缺乏关键技能，而项目的成功取决于团队具备完成任务所需的关键技能。旧数据库与 CLMS 使用的基于云端的架构不兼容是一个阻断障碍，原本应该是最优先处理的问题，但如果没有具有整合局域网和基于云端服务器经验的程序员，就无法解决此问题。所以，正确答案是 D。

选项 A：不正确。虽然带宽和网速问题可能会对项目产生一定影响，但它们不是优先级最高的问题。网速可以通过升级硬件或调整配置来解决，这并不是一个阻断障碍。

选项 B：不正确。尽管 300 个同时连接的限制可能会在某些情况下对项目造成一定影响，但这并非优先级最高的问题，可以通过升级硬件或更改服务器设置来解决此问题。

选项 C：不正确。旧数据库与 CLMS 使用的基于云端的架构不兼容是一个关键问题，这是一个阻断障碍，需要优先解决。因为如果不解决，CLMS 将无法正常运行。解决这个问题可能需要重新设计数据库架构，以便与新系统兼容。但如果没有具有整合局域网和基于云端服务器经验的程序员，就无法解决此问题，因此，选项 D 要比选项 C 的优先级更高。

3. 使用网络实施解决方案，以消除团队面临的各种障碍（考纲 1-7-3）

使用网络实施解决方案，以消除团队面临的各种障碍是指项目经理需要利用各种途径（如人际关系、内部资源、外部支持等）来消除识别出的障碍。项目经理应与团队成员、干系人及其他资源一起，协同解决问题，以确保项目顺利进行。

【题目】团队成员遇到了问题：培训中心的 IT 基础架构不符合在当前服务器上运行 CLMS 所需的最低规范，而升级 CLMS 的预算中不包括服务器升级。与财务部门核对后，你了解到服务器升级不在今年的预算中，但如果刘总批准变更，就可以加到明年的预算中。请问应对这种情况的最佳选择是什么？

A. 这是一个阻断障碍，但是我们可以等到其他有形障碍和无形障碍处理好之后再来解决它。

B. 我们必须消除这个障碍，直接让刘总请财务部门批准服务器升级的额外费用，以便我们继续前进。

C. 这是一个无形障碍，直接找财务部门，与他们的领导交谈，确保他们了解服务器升级的必要性，以便他们可以批准额外的费用。

D. 先付款升级服务器，并将付款单据提交给刘总，以报销支付的款项。每个有形障碍都有解决方法，有时必须这样做。

【答案】B

【解析】本题考查的知识点是使用网络实施解决方案，以消除团队面临的各种障碍。解题关键在于根据障碍的严重程度来确定实施解决方案的顺序和力度，通常必须马上处理阻断障碍，否则会耽误项目进度。本题的四个选项中，选项 B 提出了直接与刘总沟通的方法，以获得批准，支付服务器升级所需的额外费用。这样做可以解决问题，确保项目按时进行，同时保持透明度和责任感。在这种情况下，向刘总说明问题的紧迫性和重要性可能更加有效。所以，正确答案是 B。

选项 A：不正确。这个选项没有提供一个实际的解决方案，而是推迟了问题，可能导致项目延期和其他相关问题。

选项 C：不正确。与财务部门沟通可能不是最有效的方法，因为他们可能无法立即批准额外的费用。在这种情况下，直接与刘总沟通可能会更快地解决问题。

选项 D：不正确。在未经批准的情况下先付款升级服务器可能导致公司内部的不满和管理问题。此外，这种做法也忽略了正常的审批流程，可能导致不必要的矛盾。

4. 持续进行重新评估，以确保团队面临的各种障碍正在得到解决（考纲 1-7-4）

持续进行重新评估，以确保团队面临的各种障碍正在得到解决是指项目经理需要在消除障碍的过程中，不断地对团队面临的障碍进行评估，以确保所采取的解决方案有效。通过定期评估，项目经理可以发现新的问题或者调整已有的解决方案，以确保项目顺利进行。

有时问题会重复发生并导致进一步的问题，因此，应该积极主动地经常重新评估潜在的问题，以确保没有任何事情会减慢你和团队的速度。作为仆人式领导者的项目经理，有责任优化工作场所，打造一个没有障碍的环境，为项目团队清理出一条畅通无阻的道路，避免团队受无价值活动的影响，使团队可以做出贡献和交付成果。

【题目】在 CLMS 项目中，团队遇到一个重大的技术难题，导致进度大幅落后。作为项目经理，你应该采取以下哪种方式来维持团队前进道路畅通？

A. 要求团队加班，以快速解决技术问题并赶上进度。

B. 立即联络高管，要求增加人力以解决进度落后的问题。

C. 重新评估项目进度，与团队成员一起寻找可能的解决方案，并依照团队的专业技术和经验重新分配任务。

D. 项目还在进行中，不要干扰团队成员，使其专注在任务上，应忽略进度落后的问题，期待团队能在之后的阶段赶上进度。

【答案】C

【解析】本题考查的知识点是持续进行重新评估，以确保团队面临的各种障碍正在得到解决。解题关键在于要和团队一起解决问题。本题的四个选项中，选项 C 体现了要和团队一起面对问题，并与团队合作寻求解决方案。这种方法充分利用了团队成员的专业知识和经验，并鼓励他们积极参与解决问题。所以，正确答案是 C。

选项 A：不正确。要求团队加班不是一个可持续或长期有效的解决方案。频繁加班可能导致员工疲劳，影响他们的工作质量和效率，甚至导致更多的错误。

选项 B：不正确。这可能导致更多的问题。根据布鲁克斯定律，在一个已经进度落后的项目中增加人力可能使项目更加延迟，因为新的成员需要时间熟悉项目，并且新成员的加入也会增加沟通和协调的复杂性。

选项 D：不正确。忽略问题并希望问题自行解决并不是一种有效的管理策略。如果进度落后的问题在早期被识别，应该立即采取行动来解决，以避免后续进一步延迟。

4.4 执行需要紧急交付商业价值的项目

执行需要紧急交付商业价值的项目是指在项目管理过程中，项目经理或负责人需要快速响应和实施能够在短时间内产生显著商业价值的项目。这类项目通常具有紧迫性和重要性，对组织的竞争力、市场份额和盈利能力有显著影响。为确保项目的成功交付，项目经理需要采用高效、灵活的项目管理方法，以应对变化和挑战。当时间和成本已知且协作程度高时，敏捷型生命周期最能让团队快速、高效和有效地响应变化。

执行需要紧急交付商业价值的项目的步骤包括：①评估可循序渐进地交付价值的机会；②审视项目整个实施过程中的商业价值；③支持团队对项目任务进行细分，以便发现最小化可实行产品；④衡量工作进展；⑤做出数据驱动的决策。这 5 个步骤就是 PMP®考纲领域 2："过程"的任务 1 的 5 个驱动因素，其中 2 个不在考纲中，但在执行项目工作时也需要考虑，以下每个驱动因素的考题都使用下列情境案例。

> **情境案例**
>
> 随着 A 集团业绩的快速增长，原有的生产线已外包至印度，以满足订单需求。目前，位于意大利的第二家工厂即将投入运营。CEO 常总已聘请你协调印度现有生产线和意大利新生产线间的合作，确保顺利地将生产任务分配给新生产线。你需要评估人才与技能，核对资源数据，并决定各生产线将完成哪些订单。
>
> 常总期望这两条生产线能够实现协同进步而非相互竞争。考虑到订单数量不断攀升以及即将推出的令人振奋的新产品，我们实在没有时间可以浪费。

1. 评估可循序渐进地交付价值的机会（考纲 2-1-1）

评估可循序渐进地交付价值的机会是指项目经理在执行项目时，应识别并评估哪些项目活动能够分阶段、分步骤地为客户或组织带来价值。逐步交付产品不仅可以让你和企业逐步减少尚需交付的目标价值，还可以向项目团队提供反馈，让团队调整方向、优先级，以及提高产品的质量。要为项目找到合适的增量和校准方式，在每次迭代中要通过关注高优先级需求进行增量交付，以减少在非必要功能上花费时间和精力。

【题目】王总为你明确划分了印度和意大利两个制造中心，现在你必须弄清楚哪种生产方法是最好的。请问你将如何做决定？

A. 让印度制造中心先使用瀑布式生产方法，让意大利制造中心先使用敏捷生产方法；过一个月后更换生产方法来进行比较。

B. 使用敏捷生产方法迭代产品和流程，这将有助于确定每个制造中心的优势，并通过提供可根据所需最终状态进行评估的增量输出来降低风险。

C. 让每个制造中心决定使用哪种方法来提供流程和产品的定期迭代，然后将两者进行比较，为每个制造中心分配合适的产品系列。

D. 先通过使用瀑布式生产方法来了解每个制造中心的专业知识，然后为每个制造中心分配合适的产品系列，并立即开始全面生产。

【答案】B

【解析】本题考查的知识点是评估可循序渐进地交付价值的机会，使用敏捷生产方法迭代产品和流程，将有助于确定每个制造中心的优势，并降低风险。解题关键在于两个制造中心要用一致的敏捷生产方法迭代产品和流程，方便进行比较。本题的四个选项中，选项B使用敏捷方法，允许团队在整个生产过程中根据实际情况不断调整和优化。通过提供可根据所需最终状态进行评估的增量输出，敏捷方法可以更好地适应不断变化的市场需求。所以，正确答案是B。

选项A：不正确。让两个团队分别使用瀑布式生产方法和敏捷生产方法，然后在一个月后更换方法进行比较，可能导致生产过程中的混乱和低效。此外，一个月的时间可能不足以准确评估两种方法的优劣。

选项C：不正确。让每个制造中心自行决定所使用的方法，可能导致团队之间的不一致和难以进行比较。统一生产方法可以确保各团队之间有共同的基准和标准。

选项D：不正确。使用瀑布式生产方法可能导致生产过程的低效和缺乏灵活性。瀑布式生产方法在整个生产过程中较难进行调整，而敏捷生产方法可以更好地应对不断变化的需求和环境。

2. 审视项目整个实施过程中的商业价值（考纲2-1-2）

审视项目整个实施过程中的商业价值是指项目经理在项目执行过程中，需要关注项目为组织或客户创造的实际商业价值。项目经理应时刻关注项目的商业价值，并与干系人沟通，确保项目始终符合客户需求和组织战略目标。

虽然增量交付在项目生命周期的早期提供了商业价值，但优秀的项目经理会在项目的所有阶段都考虑商业价值。持续关注和评估商业价值，可确保交付的价值与业务目标保持高度一致。项目产生的商业价值可包含以下几项。

（1）提高收入：通过开发新产品或服务，或者优化现有产品或服务，吸引更多客户并提高销售额。

（2）降低成本：通过改进生产流程，提高资源利用效率或减少浪费，降低生产成本。

（3）扩大市场份额：通过对竞争对手的产品或服务进行竞争性分析，以及提升自身产品或服务的优势，扩大市场份额。

（4）提高客户满意度：通过提高产品或服务的质量和性能，满足客户需求和期望，从而提高客户满意度和忠诚度。

（5）提高创新能力：项目可以提高企业的创新能力，使企业能够快速应对市场变化和客户需求，保持竞争优势。

（6）提升品牌价值：通过项目的成功实施，提高企业的知名度和美誉度，从而提升品牌价值。

（7）提高运营效率：项目可以优化企业的内部运营流程，提高工作效率，降低运营成本。

（8）扩展业务领域：项目有助于企业拓展新的业务领域，实现多元化发展，提高企业的整体实力和竞争优势。

（9）提升社群影响力：影响更广泛的社群。

究竟什么对业务有价值、有多大的价值，必须在整个项目中进行审视、评估和确认。

【题目】王总表达想法的方式比较不同寻常，他喜欢使用很多形容词来描绘愿景。但是，你需要知道项目应交付什么样的价值，以便确定优先级。请问在王总告诉你他的愿景之后，你可以做些什么来更好地了解该项目的商业价值，并将其传达给团队？

A. 与两个制造中心的负责人开会，传达王总的愿景并请每个负责人据此做出价值声明，你来协调和统筹。

B. 改写王总的一些陈述，并请他确认改写后的内容，确保你清楚了解项目的预期商业价值。向团队传达愿景和价值，营造基于价值的环境，并根据既定的商业价值衡量结果。

C. 回到项目源头，根据公司使命和价值声明为项目创建使命和价值声明，强调从这次扩建中获得可靠投资回报率的必要性。

D. 与两个制造中心的负责人开会，让王总向他们解释该项目的商业价值，以及我们将如何为制造中心分配合适的产品系列。

【答案】B

【解析】本题考查的知识点是审视项目整个实施过程中的商业价值。解题关键在于高层提出愿景，你来将其转换成更具体的价值，但是必须交由高层确认。本题的四个选项中，选项 B 通过改写王总的一些陈述，并请他确认改写后的内容，你可以确保清楚了解项目的预期商业价值，然后向团队传达愿景和价值，营造基于价值的环境，并根据既定的商业价值衡量结果。这样可以确保项目与商业价值紧密相关，提高团队对项目的理解和投入。所以，正确答案是 B。

选项 A：不正确。让每个制造中心的负责人基于王总的愿景做出价值声明可能导致不一致和混乱。在这种情况下，项目经理需要确保愿景和商业价值在整个团队中保持一致。

选项 C：不正确。尽管根据公司使命和价值声明为项目创建使命和价值声明可能有一定的价值，但这并没有真正解决如何将王总的愿景转化为明确的商业价值的问题。你需要从王总那里获得更多具体的信息，以便为团队提供明确的指导。

选项 D：不正确。让王总直接介入两个制造中心负责人的会议中并解释项目的商业价值可能导致沟通不畅，因为王总的表达方式可能不易被理解。项目经理应承担确保团队明确理解项目目标和商业价值的责任。

3. 支持团队对项目任务进行细分，以便发现最小化可实行产品（考纲 2-1-3）

支持团队对项目任务进行细分，以便发现最小化可实行产品是指，项目经理鼓励团队将项目划分为更小的、独立的任务，以便更快地确定并交付最小化可行产品（Minimum Viable Products，MVP）。通过这种方式，项目团队可以尽快地验证产品假设，所有干系人都有机会看到和体验某种形式的项目成果，从而为客户创造价值并优化资源利用。

【题目】你如何支持项目团队努力创建他们的 MVP？

A. 让每个制造中心先按照 WBS 分解项目，然后利用敏捷迭代的方法帮助其改进和提高效率。

B. 在迭代开始时给每个制造中心分配一个项目，并告诉团队成员尽可能高效地复制它，向制造中心经理推荐应该得到奖励或指导的团队，以获得更好的结果。

C. 让团队成员自己组织成子团队来处理工作并参加站会，以检查他们的进度，同时提出改进建议。在每个迭代结束时，给他们一些关于产品及过程的反馈。

D. 一旦弄清楚哪些产品系列最适合哪条生产线，就要求每个制造中心确定迭代周期，以交付他们负责的产品样品。帮助他们组织团队，以提高工作效率。

【答案】D

【解析】本题考查的知识点是支持团队对项目任务进行细分，以便发现最小化可实行产品。解题关键在于 MVP 应该始终基于它可以为业务提供最快的价值；快速生产和高效率对于在快节奏、迭代的环境中取得成功至关重要，必要时建议团队领导者直接指导，而不是由团队探索。本题的四个选项中，选项 D 的方法有助于确保每条生产线的工作得到明确划分，同时关注团队组织和协作，以提高工作效率。所以，正确答案是 D。

选项 A：不正确。虽然提供了按照 WBS 分解项目的建议，并使用敏捷迭代的方法帮助制造中心改进和提高效率，但它没有强调为每个生产线分配最适合的产品系列，这在选项 D 中得到了关注。

选项 B：不正确。这个选项没有明确的分工和合作机制，可能导致资源浪费和效率低下，而且过于关注效率，忽略了团队之间的协作和沟通。此外，向制造中心经理推荐应该得到奖励或指导的团队并不能直接支持团队创建 MVP。

选项 C：不正确。让团队成员自己组织成子团队来处理工作虽有助于提高团队的协作和沟通，但可能导致工作重复和协同不足，无法达到快速生产和高效率的要求。

4. 衡量工作进展（无对应的考纲）

衡量工作进展是指项目经理在项目执行过程中，需要通过定期跟踪和评估项目的进度、质量和成果，来确保项目按计划进行。通过衡量工作进展，项目经理可以识别潜在问题，调整资源分配，确保项目顺利进行。

项目指标通常基于正在实施的项目管理方法。为了衡量工作进展，可以根据项目管理方法采用多种指标，或者混合采用不同方法的指标，收集和分析数据，对项目进度做出明智决策。关键步骤如下所示。

（1）确定项目指标：从客户、企业和用户的角度定义价值，根据项目管理方法和项目目标，确定合适的项目指标。这些指标可能包括质量、成本、进度、范围等方面。

（2）制订数据收集计划：为了系统地收集数据，需要制订详细的数据收集计划。计划应包括收集的数据类型、数据来源、收集频率、收集工具和负责人等内容。

（3）收集数据：按照数据收集计划，使用相应的工具和方法收集项目进度相关的数据。确保数据的准确性和完整性，避免偏差和错误。

（4）整理和清洗数据：将收集到的数据进行整理，以便于分析。清洗数据，消除异常值和错误数据，确保数据质量。

（5）分析数据：使用统计分析、趋势分析等方法，对收集到的数据进行深入分析，从中发现问题和瓶颈，评估项目进度、风险和变更的影响。

（6）汇报和展示数据：将分析结果以清晰易懂的形式进行汇报和展示，如图表、报告等，确保项目团队和干系人能够充分理解项目进度和状况。

（7）做出决策：根据分析结果制定应对策略，做出决策，如调整项目计划、分配资源、优化流程等。

（8）持续监控和改进：在项目实施过程中，持续监控项目指标和数据，对数据收集和分析过程进行优化和改进，确保项目决策始终基于准确、全面的数据。

遵循这些步骤，你可以更有效地收集和分析项目数据，为项目进度决策提供有力支持。

【题目】工作已经开始，每个制造中心都在生产指定的产品系列。请问你将选择哪种方法来衡量每个制造中心的工作进展？

A. 每月检查一次，确保已交付所需数量的产品，比较成本效益并跟踪此数据，将其作为提高效率的基础。

B. 衡量每个制造中心已交付的产品数量和质量验收率，并与每件产品的计划成本和进度进行比较，以确保它们符合公司根据客户满意度和成本效益所设定的标准。

C. 每周检查一次，确保已交付所需数量的产品，并且可以运输这些产品以供销售和交付给客户。跟踪生产数量的变化（增加还是减少），通知现场经理。

D. 建立系统，跟踪每个制造中心每周制造产品的总成本，并将其除以产品总数，大致了解它们的成本效益，跟踪此数据，将其作为提高效率的基础。

【答案】B

【解析】本题考查的知识点是衡量工作进展。解题关键在于权衡交付成果的质量和数量、成本和效率等指标，更全面地了解每个制造中心的工作进展。本题的四个选项中，选项 B 使用衡量数量、质量验收率并将成本和进度进行比较等方法，确保两个制造中心符合公司根据客户满意度和成本效益所设定的标准。所以，正确答案是 B。

选项 A：不正确。虽然每月检查一次可以确保跟进生产进度，但仅关注数量和成本效益，可能无法充分衡量每个制造中心的工作进展。需要考虑的其他重要指标包括质量和客户满意度。

选项 C：不正确。尽管每周检查一次可以确保跟进生产进度，但仅关注交付产品的数量，可能无法充分衡量每个制造中心的工作进展。需要考虑的其他重要指标包括质量、成本效益和客户满意度。

选项 D：不正确。虽然建立跟踪系统可以帮助了解成本效益，但这个选项并未充分考虑生产过程中的其他关键指标，如质量验收率和客户满意度。在衡量制造中心工作进展时，需要关注这些重要指标。

5. 做出数据驱动的决策（无对应的考纲）

做出数据驱动的决策是指项目经理在项目管理过程中，应基于收集和分析的数据来制定和执行决策，因为我们的偏见、经验和期望可能直接影响决策质量。通过使用标准化的指标和关键绩效指标（Key Performance Indicator，KPI），项目经理能确保决策的一致性和质量。数据驱动的决策有助于项目经理更精确地评估项目状态，预测潜在风险并优化资源分配，从而提高项目成功率。

【题目】生产线现在已经运行了几周，你收到了来自客户的反馈，并通过销售产品获得了一定的收入。请问你将使用哪些类型的数据来衡量制造中心和整个项目的成功与否？

A. 根据客户反馈和满意度来确定哪个产品系列对公司更有价值，仅根据销售收入太短视，不容易看到客户真正关注的价值。

B. 除了已收集的成本、进度和质量数据，还可以比较每个产品系列的总收入，看看哪个产品系列对公司最有价值，还要注意产品评论，看看价格是否太高或太低。

C. 将每个制造中心的总制造成本与该中心的总销售收入进行比较，获得每个制造中心的底线价值，与利润较低的制造中心合作以提高生产力，目标是赶上或超过其他中心。

D. 根据制造成本和每件产品的利润，对每个制造中心制造的所有产品进行分类，然后将其与每个产品系列的销售数据进行比较，以了解哪些产品系列能为企业带来更多收入。

【答案】B

【解析】本题考查的知识点是做出数据驱动的决策。解题关键在于比较每个产品系列的总收入和成本、质量等数据，看看哪个产品系列对公司最有价值。本题的四个选项中，选项B在已收集的成本、进度和质量数据基础上，比较每个产品系列的总收入，这有助于了解哪个产品系列对公司最有价值。同时注意产品评论和价格，以便更好地了解市场和客户需求，从而更全面地评估每个制造中心和整个项目的成功与否。所以，正确答案是B。

选项A：不正确。虽然客户反馈和满意度确实是衡量产品价值的重要指标，但仅依赖这些数据，可能无法全面了解每个制造中心和整个项目的成功与否。需要考虑的其他关键数据包括成本、进度和质量数据及销售收入。

选项 C：不正确。虽然将总制造成本与总销售收入进行比较可以提供有关每个制造中心底线价值的信息，但这种方法过于关注成本和收入，忽略了质量、客户满意度和其他关键指标。

选项 D：不正确。尽管分析制造成本和每件产品的利润以及销售数据可以提供关于哪些产品系列对公司最有价值的信息，但这种方法可能忽略了客户满意度、质量和其他重要指标。综合考虑这些因素将有助于更全面地评估每个制造中心和整个项目的成功与否。

4.5　评估和管理风险

评估和管理风险是项目管理过程中的关键环节，在该环节项目经理或负责人对可能对项目目标产生负面影响的不确定性因素进行识别、分析和制定应对策略。风险管理包括识别潜在风险、评估风险的可能性和影响程度、制定风险应对策略（如规避、转移、接受、减轻或上报），以及实施风险应对措施。有效的风险管理有助于降低项目风险，提高项目成功率。

评估和管理风险的步骤包括：①确定风险管理方案；②以迭代方式评估风险并确定其优先级；③制定风险应对策略；④实施风险应对措施。这 4 个步骤就是 PMP® 考纲领域 2："过程"的任务 3 的 4 个驱动因素，其中 2 个不在考纲中，但在执行项目工作时也需要考虑，以下每个驱动因素的考题都使用下列情境案例。

> **情境案例**
>
> A 集团的云平台国际异地备份硬件项目委托给 B 公司的供应商罗技物流公司，其负责将关键组件（包括大型、重型且昂贵的设备）从北京运至拉萨，距离超过 3 500 公里，然后再从拉萨运送至印度新德里。项目要求在三周内完成运输，合同中规定全额付款取决于按时交付，若有延迟则需承担罚款。
>
> 罗技物流公司的物流专家小林已经开始执行此项目，尽管他是一位值得信赖的员工，但此项目仍面临巨大的进度、财务和运营风险。你需要提供项目管

理支持，协助小林应对这个高风险项目。

1. 确定风险管理方案（考纲 2-3-1）

确定风险管理方案是指项目经理在项目初期制订一份关于如何识别、分析、评估、优先处理和监控项目风险的计划。风险管理方案包括风险管理方法、工具、资源分配及各个干系人的角色和责任。通过确定风险管理方案，项目经理可以确保项目团队在整个项目周期内系统地识别和应对风险。

在整个项目过程中，需要积极、持续地进行风险管理，以降低对项目产生负面影响和潜在威胁的可能性。在大型组织或同时进行多个项目的组织中，可能会有专门的风险管理团队来负责识别、处理、控制和监测项目生命周期中的风险。

【题目】尽管该项目看起来很简单，但小林已经注意到了一些风险因素，如天气寒冷、日期短、组件重要性高。请问下列哪项是管理风险的最佳方法？

A. 由于天气寒冷对项目而言是高风险，为了准时交付，应该先解决该风险。

B. 通过识别风险、确定风险优先级、确定可能的缓解措施和风险应对来管理风险，然后监控项目，查看是否发生任何风险。

C. 由于对项目影响最大的风险是延迟交付，因此应主要关注那些可能阻碍项目实际交付的风险。

D. 该项目看起来很简单，因此请保持对风险的管控，并在整个交付过程中保持知情和灵活。

【答案】B

【解析】本题考查的知识点是确定风险管理方案。解题关键在于了解风险管理的有效方法：识别风险、确定风险优先级、确定可能的缓解措施和风险应对，然后在整个项目期间监控项目，查看是否发生任何风险。本题的四个选项中，选项 B 的方法可以确保项目团队关注所有潜在风险，以便在出现问题时采取适当的行动。所以，正确答案是 B。

选项 A：不正确。尽管天气寒冷确实可能对项目产生影响，但仅关注这一风险可能会忽略其他重要风险。风险管理应该涵盖所有潜在风险。

选项 C：不正确。虽然延迟交付是一个重要的风险，但只关注这一风险可能会忽略其他重要风险。风险管理应该涵盖所有潜在风险。

选项 D：不正确。尽管项目看似简单，但风险管理不应被忽视。在整个交付过程中保持知情和灵活是很重要的，但这不能取代系统性的风险管理过程，以确保团队可以有效地应对可能的风险。

2. 以迭代方式评估风险并确定其优先级（考纲 2-3-2）

项目经理在项目执行过程中需要以迭代方式评估风险并确定其优先级。根据风险的可能性和影响程度确定其优先级，确保项目团队始终关注当前风险，这有助于项目团队集中资源处理关键风险，提高项目成功率。

识别风险是风险管理过程中的关键步骤，以下是一些建议的做法。

（1）头脑风暴：组织团队成员和干系人一起进行头脑风暴，让他们提出潜在的风险，这有助于发现不同领域的专业知识和经验中可能存在的风险。

（2）历史数据和经验：回顾以往类似项目的经验和数据，学习过去出现的风险及其应对措施，这可以帮助避免在新项目中重复相同的错误。

（3）检查清单：使用风险检查清单，确保已经考虑了所有可能的风险类型，这些清单通常根据行业、项目类型或组织经验来制定。

（4）SWOT 分析：通过评估项目的优势、劣势、机会和威胁，可以识别与项目内外部环境相关的潜在风险。

（5）专家访谈：邀请具有专业知识和经验的专家参与访谈，以发掘可能的风险，专家可以提供不同的视角和深入的见解。

（6）因果图和风险分解结构：通过创建因果图或风险分解结构，可以直观地展示风险与其他因素之间的关系，帮助团队更好地理解和识别风险。

（7）模拟和计算分析：运用模拟和计算分析方法（如蒙特卡罗模拟）预测项目中可能出现的风险，并分析它们对项目目标的潜在影响。

在识别风险时，请务必考虑所有可能的风险类型，包括技术风险、财务风险、市场风险、法律风险等。对于识别出的风险，应记录在风险登记册中，并持续跟踪和更新。

第4章 项目领导力进度

【题目】小林已经确定将关键组件交付给 A 集团的几个选项，在团队选择之前，需要识别、评估每个选项的风险并确定其优先级。请问你将如何做？

A. 采用风险移转策略，确保签订专门责任险，这样即使在运输的过程中由于天气或其他因素造成货损，A 集团和罗技物流公司也不会承担损失。

B. 查阅 A 集团在上一个项目中使用的风险登记册，但这次优先考虑人为因素，因为经验告诉你，这是任何交付中风险最大的部分，查看每个选项的保险成本。选择包含用于监控目的地自动运输反馈的运输方法。

C. 确保与 A 集团签订的合同中包含货损情况下的专门责任险，这样无论选择哪种运输方式，A 集团都会在发生货损时获得赔偿，罗技物流公司将不对货损负责。

D. 将交付风险分为三类：①运输延迟；②包裹丢失和破损率；③通信问题。然后按每个选项的风险的可能性和严重程度排序。查阅 A 集团在上一个项目中使用的风险登记册，并根据可能性和严重程度进行评估，查看上次的处理方式，更新现在的风险登记册。

【答案】D

【解析】本题考查的知识点是以迭代方式评估风险并确定其优先级。解题关键在于了解风险管理中进行风险评估的方法（如考虑概率影响的定性风险分析），而不是选择具体的风险应对措施（如通过保险条款转移风险）。本题的四个选项中，选项 D 全面考虑了潜在风险，有助于做出更明智的决策。所以，正确答案是 D。

选项 A：不正确。虽然购买专门责任险可以减轻某些风险，但这并不足以全面评估和确定交付选项的风险的优先级。风险管理应更全面地考虑不同的风险因素。

选项 B：不正确。仅根据上一个项目的风险登记册来评估风险会忽略这次交付过程中可能出现的新风险。此外，只关注人为因素并不足以全面评估所有可能的风险。

选项 C：不正确。虽然确保合同中包含货损情况下的专门责任险可以减轻某些风险，但这并不足以全面评估和确定交付选项的优先级。风险管理应更全面地考虑不同的风险因素。

3. 制定风险应对策略（无对应的考纲）

制定风险应对策略是指项目经理在识别和评估风险后，需要制定针对每个风险的应对策略。风险应对策略包括转移、规避、接受、减轻或上报。项目经理应根据项目目标、资源和组织风险承受能力来选择合适的风险应对策略。应根据应对策略制定风险应对措施，按优先级处理，并将活动和资源（包含风险负责人）添加到预算、进度和项目管理计划中。风险应对计划中包括以下要素。

（1）风险识别：明确已识别的风险，包括风险名称、描述和类别（如技术、财务、市场、法律等）。

（2）风险评估：对每个风险进行定性或定量分析评估，包括可能性、影响程度和紧迫性。基于这些因素为每个风险分配一个优先级。

（3）风险应对策略：为每个风险制定应对策略。常见的策略包括规避（消除风险源）、减轻（降低风险影响或可能性）、接受（认可风险并准备应对）和转移（将风险责任转移给第三方，如保险）。

（4）风险应对措施：具体描述如何实施风险应对策略的措施，包括具体的任务、资源分配和进度，以及实施风险应对措施后预计剩余风险的水平。

（5）负责人：为每个风险分配一个责任人，确保有人负责监督和实施相应的应对措施。

（6）风险监控和报告：确定风险监控和报告的方法、频率和指标，以便持续跟踪风险并及时调整应对计划。

（7）风险应急计划：为可能造成严重影响的风险制订应急计划，以便在风险发生时迅速采取行动。

（8）风险沟通计划：明确如何与团队成员和干系人沟通风险信息，包括沟通渠道、频率和内容。

风险应对计划是一个动态文档，应根据项目进展和风险状况的变化进行调整和更新。确保团队和干系人了解并参与风险管理过程，以提高计划的有效性和项目的成功率。

【题目】你和团队已决定通过专业的卡车运输服务运送关键组件，小林编制了

第 4 章 项目领导力进度

一份风险列表，包括由于运输故障、事故和恶劣天气造成的延误。请问你如何积极应对潜在的延误，保持警惕并为风险做好准备？

A. 在各检查点设置打卡钟，掌握所有司机的进度，使罗技物流公司和 A 集团保持对车队最新状态的掌控。

B. 要求卡车司机在因任何原因停车时打电话给运营团队，提供他的位置，并提供当前的天气状况。我们会将这些信息通过电子邮件发送给 A 集团，以便其知道卡车在哪里以及是否会延误。

C. 在运输过程中每天检查天气，以确保卡车可以准时抵达拉萨。如果天气看起来很糟糕，运营部门会通过电子邮件通知 A 集团，让其知道卡车可能会晚点到达。

D. 通过提前发车和/或配备额外司机的方式来减少延误和潜在的天气影响。用 GPS+BDS 系统同时进行跟踪，与 A 集团共享跟踪数据，以便其也能准确知道卡车何时到达。

【答案】D

【解析】本题考查的知识点是制定风险应对策略。解题关键在于了解积极风险应对策略中的具体做法，以及主动风险应对和被动风险应对的区别。本题的四个选项中，选项 D 的做法既积极应对了各种潜在风险，又保证了数据实时共享，有助于及时解决延误问题。所以，正确答案是 D。

选项 A：不正确。在各检查点设置打卡钟，可以帮助掌握司机的进度，但这并不是应对潜在延误的有效方法。同时，这种方法无法实时共享数据，不利于与 A 集团保持紧密联系。

选项 B：不正确。要求司机在停车时报告位置和天气状况有一定作用，但这种方法在实时性和准确性上可能存在问题。此外，仅凭司机的报告也无法全面评估潜在延误的风险。

选项 C：不正确。虽然每天检查天气有助于了解可能的延误情况，但这种方法忽略了其他可能导致延误的因素，如机械故障等。

4. 实施风险应对措施（无对应的考纲）

实施风险应对措施是指项目经理在制定风险应对策略后，需要确保项目团队采取相应行动来处理风险。这包括分配资源、分配责任，以及监控风险应对行动的执行情况。通过实施风险应对措施，项目经理可以确保项目团队能够及时处理潜在风险，降低风险对项目目标的影响。实施风险应对措施时，项目经理应关注以下几个重点。

（1）遵循策略：实施风险应对措施时，应遵循应对策略，如避免、转移、减轻、接受或上报，确保与所选策略、项目目标、资源和制约因素一致。

（2）有效沟通：与项目团队和干系人保持密切沟通，确保他们了解并支持风险应对措施，这有助于确保计划的顺利执行和风险的及时解决。

（3）明确责任：为每个风险应对措施指定责任人，确保他们明确职责并具备执行所需的资源和权限。

（4）及时执行：在风险出现的早期阶段迅速采取行动，以降低潜在影响。延迟可能导致风险恶化或应对成本上升。

（5）监控与调整：持续监控应对措施的执行情况，评估其有效性并根据需要进行调整，确保风险管理计划保持更新并适应项目变化。

遵循这些重点有助于项目经理在项目执行过程中有效实施风险应对措施，降低风险的可能性和影响，提高项目成功率。

【题目】罗技物流公司按计划配备了一名备用的专业卡车司机并提前三天发车离开北京。尽管针对恶劣天气制订了计划，但暴风雪来袭，阻塞了道路，使卡车延误了两天。在后续运输途中，卡车发动机出现故障，司机们很安全，正在等待救援，A 集团被告知延迟。请问下一步你要怎么做？

A. 联系 A 集团，让其知道这个问题，并告知已尽快协助修理卡车，明天是否能重新上路无法估算，但会尽力修复，请其也做好明天有可能无法修复的准备。

B. 天气和卡车发动机都不受罗技物流公司的控制，因此除了让每个人都了解情况并向他们保证组件最终会到达，别无他法。如果没有准时到达，保险公司将支付赔偿。
- C. 引导司机到达最近的卡车和重型设备租赁公司，并指示他们将组件转移到新卡车上，一名司机可以继续执行按时交货任务，另一名司机则留下来处理罗技物流公司卡车故障问题。
- D. 联系 A 集团，让其知道这个问题，首要任务是修好卡车并在明天之前重新上路。

【答案】C

【解析】本题考查的知识点是实施风险应对措施。解题关键在于采取合适的风险应对措施来满足优先级最高的项目交付任务，同时最有效地降低风险造成的后果和影响。本题的四个选项中，选项 C 满足了最高优先级事项，按时交付组件，也降低了卡车故障可能无法及时修复，组件无法及时交付的风险。所以，正确答案是 C。

选项 A：不正确。虽然及时与 A 集团沟通，告知问题和正在采取的措施是非常重要的，但明天是否能重新上路仍然不确定，无法满足客户的期待。

选项 B：不正确。虽然天气和卡车发动机故障确实不受罗技物流公司的控制，但只是通知 A 集团延误并依赖保险公司支付赔偿是不足够的。积极应对和沟通在这种情况下是更好的做法。

选项 D：不正确。仅仅告知 A 集团问题和修复卡车的目标时间并不足以应对这种突发状况。

4.6 规划并管理预算和资源

规划并管理预算和资源是指项目经理或负责人为项目制订合理的成本预算和资源分配计划，以确保项目按计划高效地实施。这包括评估项目所需的人力、物力、财力和时间资源，制订预算和资源分配方案，监控项目成本和资源使用情况，以及根据项目进展调整预算和资源分配。有效的预算和资源管理可以确保项目在有限的资源下取得最佳效果。

规划并管理预算和资源的步骤包括：①根据项目范围和过往项目的经验教训估算预算需要；②规划和管理资源；③监督预算差异，并使用治理过程做出必要的调整；④预测未来会遇到的预算挑战。这4个步骤就是PMP®考纲领域2："过程"的任务5的4个驱动因素，执行顺序应该是2-5-1，2-5-4，2-5-3，2-5-2。以下每个驱动因素的考题都使用下列情境案例。

> **情境案例**
>
> 培训中心的CLMS已为A集团员工和管理层带来诸多益处。然而，项目在实施过程中出现了一些超出预算的费用。尽管你的努力工作使CLMS已成功运行了约6个月，但仍需在项目进入第二阶段时更加明智地使用资金。作为项目经理，你的职责是确保项目预算保持在控制范围内。B公司是A集团CLMS的合作伙伴，项目发起人是B公司云系统部门经理小沈。

1. 根据项目范围和过往项目的经验教训估算预算需要（考纲2-5-1）

根据项目范围和过往项目的经验教训估算预算需要是指项目经理需要根据项目的工作范围、时间表、资源需求及过往项目的经验教训来估算项目的预算。这包括对人力、物力、财力等资源的合理分配和预估。通过对预算需要的估算，项目经理可以确保项目有足够的资源来实现项目目标。

即使项目经理以前参与过类似的项目，也要从现在负责此特定项目工作的人员那里获得估算预算需要的信息。通常，在项目执行过程中，如果立项时的假设条件现在不成立的话，可能造成现在或未来的风险。因此，估算预算需要时，必须增加应对风险的筹备估算。

【题目】在对工作范围进行任何修改或就预算分配做出决定之前，你需要查看已花费的费用、完成第二阶段所涉及的工作，以及所需费用的详细估算。请问：估算预算时需要考虑哪些标准？

A. 由于项目已进入第二阶段，根据以往的经验，只要将第一阶段的资源成本乘以第二阶段的工作时间，即可估算预算。

B. 首先检查 CLMS 的类似工作以供参考,根据 WBS 估算项目中每个功能或子组件的总成本,然后与团队小组长见面讨论,由下而上地完成估算,同时注意可能使估算不准确的缓冲和未说明的假设条件。

C. 将整个团队的资金成本乘以完成项目所需的时间,看看最高估算是多少,然后根据当前改变的范围向下估算。

D. 确定当前的预算和项目进度,根据可用资金,尽可能多地增加人员。只要有预算,就可以不断增加人员。

【答案】B

【解析】本题考查的知识点是根据项目范围和过往项目的经验教训估算预算需要。解题关键在于,根据过去的经验并注意可能影响估算准确性的缓冲和未说明的假设条件,可以帮助你更准确地估算预算。本题的 4 个选项中,选项 B 首先检查已知工作,并使用当前的 WBS 来估算项目中每个功能或子组件的总成本,然后与小组长讨论,由下而上完成估算,并考虑缓冲和未说明的假设条件,使预算估算更加准确。所以,正确答案是 B。

选项 A:不正确。仅仅将第一阶段的资源成本乘以第二阶段的工作时间并不能准确估算预算,因为每个阶段可能涉及不同的任务和资源。

选项 C:不正确。可能导致不准确的估算结果,因为它没有考虑项目的实际情况和不同任务之间的差异。

选项 D:不正确。在预算和项目进度的基础上,仅仅增加人员并不能确保项目的成功,这种做法可能导致资源浪费和项目管理困难。更好的方法是进行详细的估算,确保资源的合理分配和项目的有效管理。

2. 规划和管理资源(考纲 2-5-4)

规划和管理资源是指项目经理需要在项目执行过程中,对项目所需的各种资源(包括人力、物力、财力等)进行合理分配、调整和监控。这涉及资源需求分析、资源分配、资源利用率监控及资源调整等活动。通过有效的资源规划和管理,项目经理可以优化资源使用,平衡资源需求,减少冲突,提高团队士气和改进项目绩效,确保项目在预算范围内顺利进行。

【题目】应仔细规划并明智地管理资源，以确保在预算范围内达成项目目标。培训中心的 CLMS 服务器明年需要升级，尽管你提醒过小沈今年预算紧张，但他还是提出了购买新服务器的要求。请问你该怎么办？

A. 如果小沈现在想要新服务器的话，就想办法追加预算，无论如何要满足小沈的需求，以便让今年与明年的项目工作顺利进行。

B. 由于新服务器是小沈要求的，因此你决定采购新服务器并将新服务器成本加到项目成本中。如果项目结束后出现成本超支，说明这是小沈要求采购的，以便管理人员知道因为小沈采购服务器导致了额外成本，不是你的管理问题。

C. 与小沈合作，从项目中减少最不需要的功能，这样可以在不增加今年预算的情况下采购新服务器。

D. 在任何情况下都拒绝将购买新服务器的费用添加到项目预算中，今年的预算已经太紧张了。如果小沈想在需要之前购买新服务器，他可以要求管理部门提供单独购买新服务器的预算。

【答案】C

【解析】本题考查的知识点是规划和管理资源。解题关键在于根据项目急迫性和现有预算资源进行权衡。本题的 4 个选项中，选项 C 从项目的其他部分削减预算，在不增加今年预算的情况下采购新服务器。所以，正确答案是 C。

选项 A：不正确。仅仅因为小沈现在想要新服务器，并不意味着应该无视预算限制。这种做法可能导致项目资源浪费和预算超支。

选项 B：不正确。将新服务器成本加到项目成本中，然后在项目结束时推卸责任，并不是一种负责任的项目管理方法。这种做法可能导致信任破裂和管理层对项目经理的质疑。

选项 D：不正确。一味拒绝将新服务器添加到项目预算中，并不是一个有效的解决方案。与小沈合作，找出可行的解决方案，可能更有益于项目的成功。

3. 监督预算差异，并使用治理过程做出必要的调整（考纲 2-5-3）

监督预算差异，并使用治理过程做出必要的调整是指项目经理需要在项目执行过程中，持续监控实际支出与预算之间的差异。当发现预算差异时，项目经理应采用相应的治理过程，如重新分配资源、调整工作范围或时间表等，以确保项目预算得到控制。

差异是不可避免的，项目经理如何进行项目治理及如何处理差异将最终决定项目的成败，挣值管理（Earned Value Management，EVM）等工具可用来管理和监控差异。

【题目】你需要使用成本绩效指数（Cost Performance Index，CPI）向陈总展示项目运行的效率。请问如何计算CPI？

A. CPI（t）＝PV（t）/ AC（t），其中，PV 是计划值，AC 是实际成本，t 是时间。

B. CPI（t）＝AC（t）/ EV（t），其中，EV 是挣值，AC 是实际成本，t 是时间。

C. CV（t）＝EV（t）－ AC（t），其中，EV 是挣值，AC 是实际成本，t 是时间。

D. CPI＝EV/AC，其中，EV 是挣值，AC 是实际成本。

【答案】D

【解析】本题考查的知识点是监督预算差异，并使用治理过程做出必要的调整。解题关键在于掌握挣值管理的常见计算公式。本题的4个选项中，选项D是计算CPI 的公式，CPI 衡量了项目的成本效率，即每花费的一元钱实际产生了多少价值。所以，正确答案是D。

选项A：不正确。CPI 的计算公式如选项D。

选项B：不正确。CPI 的计算公式如选项D。

选项C：不正确。CV 是成本偏差，不是成本绩效指数。

4. 预测未来会遇到的预算挑战（考纲 2-5-2）

预测未来会遇到的预算挑战是指项目经理需要提前识别可能影响项目预算的因素，如市场变化、资源价格波动、技术更新等。通过提前预测未来会遇到预算挑战，项目经理可以采取相应的措施，如调整资源分配、优化项目范围或制定应对策略等，以确保项目按计划进行并提高项目成功率。

【题目】你做出了一些艰难决定，并密切关注项目范围和许多干系人的要求。你已经注意到推出 CLMS 后预算超支的影响，因此你对预算进行严格控制。CLMS 的安装正在按计划进行，但预算执行要严格得多，而且你知道，安装的最后阶段是成本会上升的地方。请问你可以使用哪些成本控制方法来确保项目按计划进行且不会超出预算？

  A. 增加预算、购买更便宜的硬件、取消会议点心和庆功宴都是可用的选项。

  B. 减少浪费、评估资源需求、与分包商重新协商合同内容、购买更便宜的硬件以及取消奖金都是可用的选项。

  C. 分析成本、有效预测、整合分包商进度和成本、自动化报告、控制资源及控制变更都将帮助你保持在正轨上。

  D. 了解预算已经花了多少，还有多少，以及项目目标执行情况，以便为最后阶段可能发生的成本超支做好准备。

【答案】C

【解析】本题考查的知识点是预测未来会遇到的预算挑战。解题关键在于了解成本控制的基本步骤（分析、预测、整合资源、控制资源和控制变更），以在项目中实现成本控制，从而确保项目按计划进行且不会超出预算。本题的 4 个选项中，选项 C 的方法可以帮助你在项目中实现成本控制，从而确保项目按计划进行且不会超出预算。所以，正确答案是 C。

  选项 A：不正确。尽管购买更便宜的硬件和取消会议点心与庆功宴可以节省成本，但这些措施并不全面。此外，随意增加预算可能导致项目超支。

  选项 B：不正确。虽然减少浪费、评估资源需求、与分包商重新协商合同内容和购买更便宜的硬件可以节省成本，但取消奖金可能影响员工士气。此外，这些措施并不足以确保项目按计划进行且不会超出预算。

  选项 D：不正确。仅了解已经花费的预算、剩余预算以及项目目标执行情况，并不足以确保项目按计划进行且不会超出预算。你需要采取更全面的措施来进行成本控制。

第 4 章 项目领导力进度

4.7 规划和管理进度计划

规划和管理进度计划是项目管理过程中的关键环节，是指项目经理或负责人为项目制定详细的时间表，以确保项目按照预定的进度顺利完成。这包括确定项目的关键里程碑、任务和依赖关系，分配合适的时间和资源，制订项目进度计划，并在项目执行过程中监控和调整进度。有效的进度计划管理可以确保项目按时交付，提高项目成功率。

规划和管理进度计划的步骤包括：①估算项目任务；②使用基准和历史数据；③基于相关方法论编制进度计划；④基于相关方法论衡量进度情况；⑤基于相关方法论对进度计划做出必要的修改；⑥与其他项目和其他业务进行协调。这 6 个步骤就是 PMP® 考纲领域 2："过程"的任务 6 的 6 个驱动因素，以下每个驱动因素的考题都使用下列情境案例。

> **情境案例**
>
> 为保持竞争力，A 集团在意大利的第二家生产工厂启动了一个项目，旨在实现工厂自动化和网络系统的整合。该项目计划在 30 天后全面投入运营，届时系统测试将全部完成。你已确保团队成员，包括工程主管拉菲尔，都接受了必要的系统培训。在培训结束后，拉菲尔对项目充满热情并希望积极参与。现在，你将采用敏捷项目管理方法来规划和控制项目进度。

1. 估算项目任务（考纲 2-6-1）

估算项目任务是指项目经理需要对项目中的任务进行拆分和估算，确定关键里程碑、任务之间的依赖关系以及故事点。这有助于项目经理更好地了解项目进度、资源需求和风险，并有助于制订更有效的项目进度计划。

估算项目任务可以应用于项目的各个阶段，包括立项、规划、执行、监控和收尾阶段。估算项目任务主要包括以下几个方面。

（1）估算活动持续时间：预测完成项目活动所需的工作时间，这有助于项目经理制订项目进度计划，并确保项目按照预期的进度完成。

（2）估算活动成本：预测完成项目活动所需的成本，这有助于项目经理制定项目预算，并确保项目按照预定的成本范围实现目标。

（3）估算活动资源：预测项目活动所需的人力资源、物料、设备和财务资源，这有助于项目经理分配和管理项目资源，确保资源的有效利用。

（4）估算不确定性：由于项目估算基于假设和不确定性，项目经理需要考虑这些不确定性对项目估算的影响，并采取适当的风险管理措施来应对潜在的变更和风险。

为了进行有效的项目估算工作，项目经理和团队可以使用各种估算技术，如类比估算（基于历史数据的估算）、参数估算（基于统计关系的估算）、专家判断（基于专家意见的估算）和三点估算（考虑最优、最差和最可能的情况的估算）等。

【题目】拉菲尔担心项目的工作量，他可能在短时间内有很多事情要做，而且还有很多未知情况需要考虑。过去，拉菲尔制定了待办事项列表，并将人员分配到类似的工作类型中，A集团多年来一直使用这种方法，但拉菲尔认为这个项目需要更全面的方法。请问你有什么建议？

A. 团队应该自上而下，根据交付成果创建WBS。

B. 团队应该自下而上创建WBS。

C. 团队应该使用规划扑克、T-Shirt尺码或点投票等方法。

D. 团队应该使用专家判断平均分配工作或依工作性质分组。

【答案】C

【解析】本题考查的知识点是估算项目任务（里程碑、依赖关系、故事点）。解题关键在于了解常见的敏捷估算技术（因为题目中指出在短时间内有很多事情要做，而且还有很多未知情况需要考虑）。本题的4个选项中，选项C使用敏捷项目管理方法，在敏捷项目管理中，团队可以使用规划扑克、T-Shirt尺码或点投票等方法来估算任务的工作量，从而确定项目的优先级和进度。这些方法有助于保持团队的灵活性，并更好地应对项目中的变化和不确定性。所以，正确答案是C。

选项 A：不正确。在敏捷项目管理中，根据交付成果创建 WBS 的方法可能过于烦琐和僵化，不适合应对项目中的变化和不确定性。

选项 B：不正确。自下而上创建 WBS 的方法同样不适合敏捷项目管理，因为它无法充分应对项目中的变化和不确定性。

选项 D：不正确。虽然专家判断在项目管理中有一定价值，但仅依靠专家判断平均分配工作或依工作性质分组，可能导致遗漏。在敏捷项目管理中，更适合使用规划扑克、T-Shirt 尺码或点投票等方法来估算任务的工作量。

2. 使用基准和历史数据（考纲 2-6-2）

使用基准和历史数据是指项目经理在制订进度计划时，参考以往类似项目的实际执行情况和数据，作为项目进度估算和计划的基础。这有助于提高进度计划的准确性，从而确保项目能够按计划完成。

【题目】在与拉菲尔的会面中，他询问你计划使用什么来进行项目成本和工期估算。你使用软件供应商提供的经过验证的项目进度模板，而且咨询了 A 集团三年前的设备升级项目，他想知道你为什么需要不同项目的数据来对该项目进行估算。请问你应该怎样跟他解释呢？

A. 可使用历史数据揭示这家公司的文化，团队应该借鉴过往的经验教训，遵循公司文化去执行项目，以便赢得公司领导的支持。

B. 过去项目的数据可以为估算类似项目的成本和工期提供有价值的见解。例如，A 集团可以将有关预算或进度的数据及内部基准作为该项目预期绩效的指南。

C. 告诉拉菲尔，虽然过去的表现不能保证现在的成功，但我们应该注意发生了什么问题，这样才能做好准备。另外，从 A 集团设备升级项目中学到的经验也可以帮助我们了解公司的优势。

D. 告诉拉菲尔，使用过去项目的数据有助于我们了解公司的团队是否有能力完成大型项目，项目是否错过了截止日期，团队主管是否会提供支持。

【答案】B

【解析】本题考查的知识点是使用基准和历史数据。解题关键在于了解使用基准和历史数据的作用和价值。本题的 4 个选项中，选项 B 解释了使用过去项目的数据可以帮助我们更准确地估算类似项目的成本和工期。这是因为类似项目可能会有相似的挑战和资源需求，通过了解过去项目的预算和进度，我们可以更好地制定合适的预期绩效基准。所以，正确答案是 B。

选项 A：不正确。这个选项没有直接回答拉菲尔的问题。虽然公司文化和经验教训很重要，但这里没有提到为什么过去项目的数据对于成本和工期估算有帮助。

选项 C：不正确。尽管这个选项提到了利用过去的经验和了解公司的优势，但它没有明确说明如何使用过去项目的数据来对当前项目进行估算。

选项 D：不正确。这个选项强调了评估团队能力的重要性，但没有解释为什么过去项目的数据对于成本和工期估算有帮助。

3. 基于相关方法论编制进度计划（考纲 2-6-3）

基于相关方法论编制进度计划是指项目经理在制订项目进度计划时，运用适当的项目管理方法和技巧，如关键路径法、甘特图等，来安排和调整项目任务的执行顺序和时间。这有助于更有效地控制项目进度，并确保项目能够按时完成。

【题目】使用敏捷方法意味着你需要在资源估算的整体框架内安排迭代。拉菲尔认为你应该把里程碑日期直接写在日程上。你告诉他一些制订项目进度计划的最佳实践。请问下列哪项是最佳实践？

A. 先与客户讨论，了解详细规格需求，再以终为始，从收尾所需交付的成果及日期从后往前规划，并与客户建立项目检查点，然后组建项目团队，依项目检查点交付成果。

B. 根据交付日期从后往前规划，确定项目里程碑日期，然后组建项目团队，处理每个项目周期的交付成果。

C. 创建 WBS，定义工作包、活动、逻辑、资源、任务和工期，并分析项目日期。

D. 确定交付日期，明确哪个团队将在何时交付什么，细化每个阶段，并据以分解工作及分配资源，具备灵活性和适应性，以便更好地应对需求的变化。

【答案】D

【解析】本题考查的知识点是基于相关方法论编制进度计划。解题关键在于掌握敏捷项目管理中进度计划编制的特点和方法。本题的 4 个选项中，选项 D 在描述敏捷项目管理中编制进度计划的方法，这个答案更符合敏捷方法的精神，它强调项目过程中的适应性和灵活性。敏捷方法主张在资源估算的框架内安排迭代进度，以便更好地应对需求的变化。所以，正确答案是 D。

选项 A：不正确。这个选项着重于与客户讨论和建立项目检查点，但对项目内部结构的关注不足。敏捷方法强调灵活性和适应性，而选项 D 更好地体现了这一点。

选项 B：不正确。根据交付日期从后往前规划虽然有助于确定项目里程碑，但这个选项没有涉及与客户沟通及根据客户需求进行调整，而且没有强调灵活性和适应性。

选项 C：不正确。创建 WBS 是项目管理的一部分，但它更接近传统的项目管理方法，而不是敏捷方法。在敏捷方法中，更强调与客户紧密合作，适应变化，这个选项没有体现敏捷方法的核心理念。

4. 基于相关方法论衡量进展情况（考纲 2-6-4）

基于相关方法论衡量进展情况是指项目经理在项目执行过程中，运用适当的项目管理方法和技巧，如进度偏差分析、挣值管理等，来跟踪和评估项目的实际进度。这有助于项目经理及时发现进度问题，并采取相应的措施进行调整。

【题目】你希望可以用重复且一致的方式跟踪项目，但是，执行方面比当初规划的更加复杂。拉菲尔一直在为项目的后半部分工作包重新排序，请问怎样才能更好地跟踪项目的进展，实时了解拉菲尔对工作包优先级的变更？

A. 通过设定灵活的 Excel 窗体列出用户故事，说明拉菲尔对工作包优先级的变更，并定期将其发送给拉菲尔。

B. 通过收集和更新数据、跟踪项目基准、沟通指标来更新项目管理计划，使用信息发布站来展示里程碑和排序。

C. 通过设定灵活的 Excel 窗体，创建 WBS，说明拉菲尔对工作包优先级的变更，并定期将其发送给拉菲尔。

D. 让拉菲尔使用专用的衡量和跟踪系统，如软件系统，这样就可以跟踪产品待办事项列表和工作包。

【答案】D

【解析】本题考查的知识点是基于相关方法论衡量进展情况。解题关键在于理解只有使用专用的衡量和跟踪系统才更有效率。本题的 4 个选项中，选项 D 提供了一种更加结构化和自动化的方式来跟踪项目进展，使用专用的衡量和跟踪系统，有助于确保项目中的所有成员都能看到相同的信息，并实时了解拉菲尔对工作包优先级的变更。所以，正确答案是 D。

选项 A：不正确。尽管通过设定灵活的 Excel 窗体可以列出用户故事并说明拉菲尔对工作包优先级的变更，但这种方式相对烦琐且需要定期手动发送给拉菲尔。

选项 B：不正确。更新项目管理计划虽然有助于跟踪项目基准和沟通指标，但这种方法可能无法快速响应拉菲尔对工作包优先级的实时变更。

选项 C：不正确。通过设定灵活的 Excel 窗体列出 WBS 的方法同样烦琐且需要定期手动发送给拉菲尔，相比专用的衡量和跟踪系统效率较低。

选项 A 和选项 C 是使用 Excel 窗体，团队成员无法实时看到最新信息，在敏捷方法中，这被称为"信息冷冻库"，对敏捷团队而言，透明度和实时性都不够。

5. 基于相关方法论对进度计划做出必要的修改（考纲 2-6-5）

基于相关方法论对进度计划做出必要的修改是指项目经理在项目执行过程中，根据项目进度的实际情况和变化，运用适当的项目管理方法和技巧，对进度计划进行调整。这有助于项目经理更灵活地应对项目中出现的问题和变化，确保项目能够按时完成。

在迭代过程中，使用待办事项列表，通过渐进明细（滚动式）技术细化用户故事中定义的要求，在指定的时间盒内根据用户故事最高优先级顺序开发，允许团队尽早并增量地交付商业价值。

【题目】拉菲尔已经从主管那里听到了关于新想法和项目变更的提示，他想了解在这个项目中发生什么才会导致变更。请问你可以告诉他什么？

A. 告诉拉菲尔，许多不同类型的变更都可能影响项目，不可进行变更。

B. 告诉拉菲尔，许多不同类型的变更都可能影响项目，你将制订变更管理计划并进行风险评估。

C. 告诉拉菲尔，这个议题涉及初始估算不准确、规格变更、新法规和遗漏要求的问题，这些都可能导致项目范围或交付成果的变更。

D. 告诉拉菲尔，有三种可能的项目变更：预期的变更、意外的变更及曾考虑并拒绝的变更。

【答案】C

【解析】本题考查的知识点是基于相关方法论对进度计划做出必要的修改。解题关键在于了解造成变更的 4 个常见主要原因：初始估算不准确、规格变更、新法规和遗漏要求。本题的 4 个选项中，选项 C 提供了一个较为全面的解释，包括了可能导致项目变更的各种原因。它们都可能影响项目的范围和交付成果。所以，正确答案是 C。

选项 A：不正确。陈述不完整，没有提供关于可能影响项目的不同类型的变更的详细信息，同时错误地表示不可进行变更。

选项 B：不正确。虽然制订变更管理计划和进行风险评估是一个好主意，但没有提供关于可能导致项目变更的具体情况的详细信息。

选项 D：不正确。提供了三种项目变更类型（预期的变更、意外的变更及曾考虑并拒绝的变更），但没有给出可能导致项目变更的具体情况，因此不够全面。

6. 与其他项目和其他业务进行协调（考纲 2-6-6）

与其他项目和其他业务进行协调是指在规划和管理进度计划时，项目经理需要考虑组织内其他项目和业务活动的影响。这可能涉及共享资源的调度、项目之间的依赖关系及潜在的优先级冲突。项目经理需要与其他项目经理和业务部门合作，确保资源分配合理、优先级明确，从而使各个项目能够在协调一致的环境中顺利进行。有效协调能降低项目风险，提高项目执行效率，进而实现组织的整体目标。

【题目】A 集团必须确保这个项目与公司下个月的其他重要项目保持一致，包括主管的软件培训、新机器硬件的交付及公司成立 50 周年庆典。请问让 A 集团的每个人都可以根据需要查看和跟踪项目日期的最好方法是什么？

   A. 确定一个主要的交付成果项目日期，请其他项目务必根据本项目日期进行调整，更新所有交付成果的日期。
   B. 确定一个主要的交付成果项目日期，以显示应该一起规划和协调的所有项目之间的相互依赖关系，并根据实际状况和依赖关系，更新所有交付成果的日期。
   C. 把所有项目日期放在同一个 Excel 表格中，这个 Excel 表格显示项目的所有组件、子组件（硬件和其他交付成果）何时执行与完成。将项目日期设为固定，以便让公司所有人朝共同的目标努力。
   D. 绘制甘特图，因为它显示了依赖关系和风险。将所有项目的进度整合到项目管理计划中，以便每个人都了解公司整体日期安排。

【答案】B

【解析】本题考查的知识点是与其他项目和其他业务进行协调。解题关键在于了解查看和跟踪这些相互影响的日期的最好方法。本题的 4 个选项中，选项 B 的方法有助于确保各项目能够协同工作，并在需要时进行调整。这种方法强调了项目之间的相互依赖关系和灵活性，有助于应对实际工作中的不确定性和变化。所以，正确答案是 B。

选项 A：不正确。强调了确定一个主要的交付成果项目日期，并要求其他项目根据本项目日期进行调整，这种方法可能导致混乱和低效，因为它没有考虑不同项目之间的依赖关系。

选项 C：不正确。提议使用 Excel 表格来管理项目日期，无法让所有成员实时查看最新信息。此外，将项目日期设为固定可能会限制项目的灵活性，难以应对实际情况的变化。

选项 D：不正确。虽然甘特图是一个常用的项目管理工具，它展示了项目的各个阶段、任务及其相互之间的依赖关系和风险，但将所有项目的进度整合到甘特图中，信息过多，而且没有确定一个主要的交付成果项目日期，所有项目没有校准的基础。

4.8 规划和管理产品/可交付成果的质量

规划和管理产品/可交付成果的质量是指项目经理或负责人为项目制订质量管理计划，以确保项目交付的产品或成果满足客户和干系人的要求与期望。这包括确定质量标准、制订质量管理计划、实施质量保证和质量控制活动，以及在项目执行过程中监控和调整质量管理计划。有效的质量管理可以确保项目交付高质量的产品或成果，提高客户满意度和项目成功率。

规划和管理产品/可交付成果的质量的步骤包括：①确定项目可交付成果必须达到的质量标准；②根据质量差距提出改进方案方面的建议；③持续调查项目可交付成果的质量。这 3 个步骤就是 PMP® 考纲领域 2："过程"的任务 7 的 3 个驱动因素，以下每个驱动因素的考题都使用下列情境案例。

> **情境案例**
>
> A 集团子公司领先科技研发了一套电表自动抄表系统，可通过无线网络实现远程抄表。在上个季度，国内已成功部署了 200 000 台设备。然而，抄表系统的功能未达到预期水平，你被邀请领导团队解决抄表系统的质量问题。
>
> 项目发起人为首席运营官包总，他调动公司所有资源为你提供支持，因为功能问题已成为运营的首要任务。开发总监黄总及其团队正专注于解决第二阶段电表自动抄表系统的无线网络延迟问题，以便将领先科技的技术推广至国内其他地区。你需要缓解开发团队与运营团队之间的紧张关系，确保大家集中精力解决抄表系统的质量问题。

1. 确定项目可交付成果必须达到的质量标准（考纲 2-7-1）

确定项目可交付成果必须达到的质量标准是指项目经理需在项目开始阶段就明确项目可交付成果所需满足的质量要求。这些要求可以包括性能、可靠性、安全性等方面。确定清晰的质量标准有助于团队在整个项目过程中保持对质量的关注，并确保项目可交付成果满足客户和干系人的期望。

【题目】领先科技在项目开始阶段为项目可交付成果确定了质量标准，但目前版本不符合这些标准。你决定让黄总和开发团队来调查这个问题，但你预计黄总会拒绝。请问如何让黄总优先考虑目前版本的质量，而不是第二阶段的无线网络延迟问题？

A. 尊重黄总的专业性，为了让客户体验和支持公司的最新科技，应该优先开发和发布第二阶段功能，已部署设备的质量问题待第二阶段完成后再一并处理。

B. 与黄总会面，了解第二阶段功能的发布。说服他你的计划是正确的，并警告他除非首先解决质量问题，否则继续发布会有风险。

C. 将批准的质量管理计划中有关质量标准的详细信息发送给黄总并提醒他，无论他如何看待，达到质量标准都优先于新功能的发布。他的团队必须在新功能发布之前交付改进质量后的成果，即使这意味着发布必须延迟。

D. 提醒黄总，所有团队（包括他的团队）都同意质量标准，这代表了产品成功的最低要求。与将公司技术推广至国内其他地区相比，公司可能因质量问题而遭受更大的损失。

【答案】D

【解析】本题考查的知识点是确定项目可交付成果必须达到的质量标准。解题关键在于，在质量不符标准导致的问题扩大前，应致力于优先使质量合规，将损失控制在最小范围。本题的 4 个选项中，选项 D 通过提醒黄总所有团队都同意质量标准，并强调公司可能因质量问题而遭受的损失，从而让黄总优先考虑现有版本的质量。这种方法将黄总的注意力引向了解决质量问题，有助于确保项目成功。所以，正确答案是 D。

选项 A：不正确。这种方法实际上在支持黄总的立场，即先开发和发布第二阶段功能，而非解决现有版本的质量问题。这与问题的要求相悖，因此不是正确答案。

选项 B：不正确。这种方法采用了对抗性的策略，试图说服黄总并警告他继续推出产品的风险。这种方法可能导致黄总的抵触，不利于协作和项目成功。

选项 C：不正确。虽然强调了质量标准的重要性，但表述过于强硬，可能导致黄总的反感。此外，它没有明确解释为什么解决质量问题对公司更加重要。

2. 根据质量差距提出改进方案方面的建议（考纲 2-7-2）

根据质量差距提出改进方案方面的建议是指项目经理在项目执行过程中，需要不断监控项目可交付成果物的质量，及时发现与质量标准之间的差距并分析原因，基于分析结果，项目经理需要提出针对性的改进方案，以消除质量差距，确保项目可交付成果达到预期的质量标准。

【题目】你与黄总的沟通很困难，但他很快意识到重新关注抄表系统质量问题的紧迫性。运营团队和开发团队现在正忙于修复错误、改善用户体验和提升系统速度。后来，领先科技的老板和技术发明者从硅谷回来，谈论无线网络的最新技术发展。请问你应该采取什么行动？

A. 分享给内部团队，请团队暂时停下手边的工作，研究采用新技术解决质量问题的可行性，起草一份关于新技术应用于本项目的报告，再提交给包总和黄总做决定。

B. 将对新技术的研究委托给更适合技术创新且擅长搜索引擎的助手，请他们起草一份关于最新技术的报告，与团队分享，以便我可以专注于管理项目。

C. 向黄总和包总提出聘请技术顾问来提供帮助，确定最新技术可以应用于现有系统中。这是一个了解竞争对手正在做什么，以及帮助我们解决质量问题的机会。

D. 研究市场领域的现有技术，尽可能地了解可能正在开发的新系统、过程和方法。起草一份关于我们技术落后的报告,并将其提交给包总和黄总,看看他们是否同意。

【答案】C

【解析】本题考查的知识点是根据质量差距提出改进方案方面的建议。解题关键在于了解如何根据质量差距提出具体的改进方案。本题的4个选项中,选项C提出了现有质量问题如何改进的具体建议,通过聘请技术顾问,团队可以更好地了解新技术,同时项目经理可以继续关注项目管理。这有助于项目保持在正确的轨道上,并了解竞争对手的动态。所以,正确答案是C。

选项A:不正确。暂停手头的工作以研究新技术,可能导致项目进度受到影响,而且并不能确保新技术会对解决质量问题有实质性帮助。

选项B:不正确。将新技术研究委托给助手,这样可能无法充分了解新技术的实际价值和适用性,同时可能分散项目经理的注意力,导致项目管理效率降低。

选项D:不正确。这种方法可能导致团队士气低落,而且没有提到如何将新技术应用到当前项目中。

3. 持续调查项目可交付成果的质量(考纲 2-7-3)

持续调查项目可交付成果的质量是指项目经理在整个项目过程中,需要对项目可交付成果的质量进行持续关注和跟踪,通过定期的质量审查、检查和测试,项目经理推荐提高质量的选项,确保项目可交付成果不断满足质量标准,提高项目成功的可能性。提高质量的选项包括以下几个。

(1)优化流程:审查现有的生产和交付流程,识别低效和浪费环节,采用持续改进的方法优化流程,以提高质量和效率。

(2)培训与技能提升:针对团队成员的技能差距,提供必要的培训和支持,以提高他们的技能水平,从而提高产品质量。

(3)引入质量控制工具:采用适当的质量控制工具和技术,如统计过程控制、因果分析和根本原因分析,以便更好地监控质量,并预防或纠正质量问题。

(4)加强沟通与协作:促进项目团队和干系人之间的有效沟通与协作,以确保质量标准得到充分理解和支持,共同努力实现高质量的可交付成果。

（5）定期审查和调整：持续关注项目质量状况，定期审查质量计划和控制措施，根据实际情况进行调整，以确保项目质量始终符合预期标准。

通过实施这些选项，项目经理可以提高产品或可交付成果的质量，确保项目成功地满足相关质量要求和标准。

【题目】通过质量差距分析，你发现了一些可以提高产品质量的问题，黄总已要求你优先考虑并规划解决这些问题的资源，你的团队需要优先考虑三种质量问题：错误（功能缺陷）、用户体验（界面和信息）和系统速度（网络延迟问题）。请问你将如何解决这些问题？

A. 让开发团队评估每个质量项目与当前功能的优先级，以便我们可以将要改进的项目和功能开发一起放入待办事项列表中。团队的专业意见对于正确评估这些问题与解决质量问题至关重要。

B. 与包总和黄总会面，让他们评估每个质量项目与当前功能的优先级，以便我们可以将要改进的项目和功能开发一起放入待办事项列表中。他们的专业意见对于正确评估这些问题与解决质量问题至关重要。

C. 优先考虑错误，因为它们具有最大的影响。接下来，致力于用户体验，因为这是用户看到的所有内容。最后解决系统速度，因为速度对功能开发并不重要。向团队负责人询问有关如何实施这些改变的资源规划。

D. 将优先级列表和改变的待办事项列表放在一起，呈现给包总和黄总看，以便他们分配。建议他们首先解决用户体验，其次是错误，最后是系统速度。

【答案】B

【解析】本题考查的知识点是持续调查项目可交付成果的质量。解题关键在于了解如何解决持续调查中发现的问题。本题的4个选项中，选项B的方法是让领导者评估每个质量项目与当前功能的优先级，以便团队可以将要改进的项目和开发功能一起放入待办事项列表中。领导者最了解问题和要求，而且负责为工作分配资源。所以，正确答案是B。

选项A：不正确。在敏捷项目中，优先级比较是PO的责任，不是团队的责任，团队可以提供优先级比较的相关信息，但最终由PO做决定，而PO在做决定前必须与发起人做校准，确保排序结果与公司及项目愿景一致。

选项 C：不正确。预先确定了错误、用户体验和系统速度的优先级，而没有与发起人做校准，也没有充分利用开发团队的专业知识和对项目的了解。

选项 D：不正确。虽然提出了优先级列表，但建议的优先级可能并不是最佳方案。

4.9 规划和管理范围

规划和管理范围是项目管理过程中的关键环节，是指项目经理或负责人明确项目的边界，确定项目的目标、任务和可交付成果。这包括收集和分析项目需求、定义项目范围、制订范围管理计划，以及在项目执行过程中监控和控制范围变更。有效的范围管理可以确保项目在预定的范围内实施，降低项目风险，提高项目成功率。

规划和管理范围的步骤包括：①确定各项需求及其优先级，②细化范围；③创建和执行工作包；④监督和确认范围。这4个步骤就是PMP®考纲领域2："过程"的任务8的4个驱动因素，其中1个不在考纲中，但在执行项目工作时也需要考虑，以下每个驱动因素的考题都使用下列情境案例。

> **情境案例**
>
> 在过去的一年里，你的团队成功完成了许多具有挑战性的项目，尤其是第一季度运送A集团关键组件的项目。在项目结束后的经验教训会议中，罗技物流公司的物流专家小葛建议使用App来改进交付流程。主管们认为这是一个好主意，并决定开发App以促进公司IT的发展。
>
> 罗技物流公司委托实时行动科技公司作为软件开发合作伙伴来开发和部署这项技术。项目团队计划为车队配备250台智能扫描仪，并对所有司机进行培训。同时，项目团队需要确保与现有运营和维护进度保持协调，以避免不必要的业务中断。在这个项目中，你担任项目经理。

第 4 章　项目领导力进度

1. 确定各项需求及其优先级（考纲 2-8-1）

在项目管理中，确定各项需求及其优先级是指在项目开始时，项目经理需要收集和分析来自客户、干系人和团队成员的需求。明确这些需求有助于定义项目的目标和范围。项目经理需要对这些需求进行优先级排序，确保关键需求得到优先解决，以支持项目的成功交付。

【题目】罗技物流公司非常重视这个项目，因为数据的可存取性将使公司获得更高的利润。在与一家名为实时行动科技公司的供应商进行了积极的初步会谈后，领导层对于继续推进该项目充满信心。你现在需要确定需求，以确保所有干系人和新合作伙伴之间达成共识。请问你如何使干系人对项目有更清晰的共同理解？

A. 编写项目说明书，包括项目目标、项目章程、项目 WBS、项目进度规划、项目成本规划、项目质量规划及项目成果交付里程碑。

B. 构建反映公司使命、愿景和价值观的项目使命、愿景和声明，并张贴在每个人都能看到的地方，使所有人都知道我们正在努力实现的目标。

C. 编写项目范围说明书，包括公司和项目目标、项目范围、项目需求、项目内外环境、可交付成果、项目限制、关键成功因素和项目假设。

D. 创建文档，列出项目中每个可交付成果、包含的内容及到期时间。这将确保每个人都了解范围、项目进度和可交付成果。

【答案】C

【解析】本题考查的知识点是确定各项需求及其优先级。解题关键在于理解愿景、项目章程、范围说明书和 WBS 等项目重要文档的区别。本题的 4 个选项中，选项 C 包含了范围说明书的大部分内容，让所有人都了解项目目标、环境、成功因素、风险和限制对项目成功是最重要的。所以，正确答案是 C。

选项 A：不正确。这个选项涉及的内容比项目范围说明书更广泛，包括项目目标、项目章程、项目 WBS 等。虽然这些内容在项目管理中非常重要，但它们超出了项目范围说明书的核心目的。

选项 B：不正确。这个选项关注项目使命、愿景和声明，并将其与公司使命、愿景和价值观联系起来。虽然这对激励团队和确保项目与公司目标保持一致很重要,但它不直接涉及项目范围说明书。

选项 D:不正确。这个选项只包括项目范围说明书的一部分内容,不完整。

2. 细化范围(考纲 2-8-2)

细化范围是指将项目范围分解为更小、更具体的任务,以便于管理和控制。WBS 是一种常用的方法,它将项目范围分解为层次化结构的任务。待办事项列表是另一种细化范围的方法,它以列表的形式组织任务。这些方法有助于项目经理更好地理解项目范围,并制订相应的计划和进行资源分配。

项目范围说明书包含对项目范围、主要可交付成果、假设和限制条件的描述。当在项目过程中需要根据范围基准来验证范围开发、更新或更改时,干系人和其他项目团队成员可以参考项目范围说明书。

项目章程和项目范围说明书相似,但两者包含不同级别的详细信息。项目章程包括更高级的项目目标和目的,而项目范围说明书是一个详细的列表,重点是项目的实际结果。

【题目】主管提醒你,在项目期间,业务不中断至关重要,继续现有的车队运营和维护计划是必不可少的,公司在系统升级过程中不能让收入减少。小葛和他的团队需要能够在安装过程中调整产品,以满足需求。实时行动科技公司在你与他们的初次会面时说这是可能的。请问下列哪项最符合项目的范围和验收标准?

A. 按司机年龄分三阶段完成安装:第一阶段是年轻司机,第二阶段是壮年司机,第三阶段是年长司机。在每个里程碑之后进行反馈会议,年轻司机对新系统的接受度较高,反馈也较多,实时行动科技公司将接受这些反馈并进行修改。

B. 安装和培训最好在三到四个开发周期内进行,具体取决于车辆的使用年限和驾驶的可用性。罗技物流公司在整个项目过程中向实时行动科技公司提供反馈,并根据反馈确定所有改变的优先级。

C. 安装分三个阶段进行,如果错过了三个开发里程碑中的任何一个,实时行动科技公司将被罚款。实时行动科技公司将在开发过程中接受对系统的反馈。

D. 按类别分三个阶段完成安装：第一阶段是 Alpha 车队，第二阶段是轻型卡车车队，第三阶段是冷藏卡车车队，在每个里程碑之后进行质量保证检查。反馈将每天输出给项目团队，并与实时行动科技公司会面，每周进行优先级调整。

【答案】C

【解析】本题考查的知识点是细化范围。解题关键在于使用简单、清晰、直接、不会产生误解的表达方式。本题的 4 个选项中，选项 C 将安装分为三个阶段，并设置了三个开发里程碑，以确保项目按时完成。实时行动科技公司将在开发过程中接受对系统的反馈，以便根据罗技物流公司的需求调整产品。这种方法将项目划分为阶段，有利于确保业务不中断，并在整个过程中与实时行动科技公司保持有效的沟通和反馈。所以，正确答案是 C。

选项 A：不正确。这种分类并没有明确解释如何确保业务连续性和收入不减少。此外，它没有提供一个更广泛的项目范围和验收标准。

选项 B：不正确。虽然考虑了车辆的年龄和驾驶的可用性，但没有明确将项目划分为阶段，这可能会影响项目的管理和监控。

选项 D：不正确。按类别进行安装和培训，虽然将项目分为多个阶段，但每天的反馈和每周的优先级调整可能过于频繁，导致信息过载，不利于项目的稳定推进，影响项目团队和实时行动科技公司的沟通效率。

3. 创建和执行工作包（无对应的考纲）

创建和执行工作包是在项目范围细化的基础上，将每个任务分配给相应的团队成员或部门。这样可以确保项目的各个组成部分得到合理分配，并有利于监控和跟踪项目进度。

WBS 是实现项目目标和确定可交付成果所需范围的工作分解，分解是一种根据项目范围和可交付成果，规划和细分为小且可管理的工作的技术。

WBS 定义了完成项目所需的总工作范围，分解的层级基于特定的项目需求和有效管理项目所需的详细程度。WBS 最底层的工作被称为工作包，工作包必须描述可分配给个人或小组的可交付成果、待办活动、工期和成本。将每个工作包汇总到 WBS 的更高层级，可获得项目的总体进度和总成本。

【题目】实时行动科技公司要求你为三个商定的开发阶段中的每个阶段提供工作包列表。请问你将如何创建所有工作包？

A. 采用开放式管理，团队自己分工，不需要创建工作包，以每个阶段里程碑作为管控依据，让团队更具创新性和自主性。

B. 将项目工作分解为具有明确可交付成果的较小工作包，也就是创建 WBS，然后使用工作包对规划、执行、监控等过程进行管理。

C. 创建一个包含三组功能的可交付成果（每个主要里程碑一组）列表，并根据需要和难度对它们进行优先级排序，确保最重要和最困难的功能可尽早交付。

D. 创建文档，对项目过程中要完成的所有工作进行规划，然后将工作分解为三部分，并附有交付进度。

【答案】B

【解析】本题考查的知识点是创建和执行工作包。解题关键在于将项目工作分解为具有明确可交付成果的较小工作包，也就是创建包含所有工作包的 WBS。本题的 4 个选项中，选项 B 描述了创建工作包的标准方法，即通过将项目分解为具有明确可交付成果的较小工作包，然后使用工作包对规划、执行和监控等过程进行管理，这有助于确保项目的可控性和有效管理。所以，正确答案是 B。

选项 A：不正确。这个选项提倡开放式管理和团队创新，但忽略了创建工作包的重要性。虽然团队具有自主性和创新性很重要，但没有明确的工作包，项目管理可能会变得混乱和无法控制。

选项 C：不正确。这个选项关注将可交付成果分为三组功能并进行优先级排序。虽然优先级排序对于管理项目进度很有帮助，但这个选项没有涉及如何创建工作包，也没有提及创建 WBS。

选项 D：不正确。这个选项提出了创建文档来规划所有工作，但它没有提到创建 WBS。此外，它仅关注将工作分解为三部分，而没有关注如何确保这些部分的有效管理。

4. 监督和确认范围（考纲 2-8-3）

监督和确认范围是指在项目执行过程中，项目经理需要不断监测项目范围的实际情况，以确保其符合预期。这包括跟踪需求的满足情况、检查任务的进度和质量等。通过监督和确认范围，项目经理可以在出现偏差时及时采取措施，确保项目按照预定的目标和范围顺利进行。

范围蔓延（Scope Creep）指的是项目开始后发生的额外变化或不受控制的范围扩大。随着未知情况的澄清和流程的具体化，你应该根据需要监控和变更范围以满足质量期望。

需求跟踪矩阵（Requirements Traceability Matrix）将产品需求从其来源链接到满足它们的可交付成果。该矩阵的目的是证明每个需求的合理性，并将其直接链接到业务和项目目标，可用于在整个项目生命周期中跟踪需求的进度，并在项目结束后验证它们是否已得到满足，还可以帮助管理项目的范围和任何提议的范围变更。

【题目】炎热的天气给安装工作带来了困难，近35%的车队存在维护问题，开发没有按照项目工期进行。小葛一方面请求对驱动代码进行修改，另一方面直接与供应商分享有价值的信息。此外，你现在正在处理仓库经理的投诉，炎热的天气使罗技物流公司货车容易遭到破坏和盗窃。他们因货物遗失和损坏而受到指责，需要你协助控制此状况。请问下列哪项陈述反映了项目的范围发生了变化？

A. 该项目缺乏风险意识，没做好风险管理，导致缺乏对项目的控制。
B. 这是预算和资源不足及风险评估不完整的直接结果，项目范围从一开始就没有被正确定义。
C. 该项目因需求管理不当、需求收集过程不一致、干系人参与不足而造成范围蔓延。
D. 未能监控范围和陈述完整的需求，导致缺乏对项目的控制。

【答案】C

【解析】本题考查的知识点是监督和确认范围。解题关键在于对范围的变化有清晰的认识。本题的4个选项中，选项C描述了范围蔓延的问题，如需求管理不当、需求收集过程不一致和干系人参与不足。所以，正确答案是C。

选项A：不正确。炎热的天气、维护问题、仓库经理的投诉等看似风险问题，实是需求管理不当、需求收集过程不一致和干系人参与不足造成的。

选项B：不正确。这个选项涉及预算和资源不足及风险评估不完整，但这些问题并非范围发生变化的直接原因。实际原因是需求管理不当、需求收集过程不一致和干系人参与不足。

选项D：不正确。这个选项提到未能监控范围和陈述完整的需求，这可能导致项目控制问题。

4.10 整合项目规划活动

整合项目规划活动是项目管理中的一个重要环节，是指将各个项目管理子领域（如范围、时间、成本、质量、资源、沟通、风险等）的规划活动协调和整合为一个完整的项目管理计划。整合项目规划活动的目标是确保各个项目管理子领域的计划相互协调、一致和有序，以便项目团队能够更有效地实现项目目标。

整合项目规划活动的步骤包括：①整合项目/阶段的计划；②评估经整合的项目计划，了解依赖关系、差距和持续的商业价值方面的情况；③对所收集的数据进行分析；④收集并分析数据，以做出明智的项目决定；⑤处理违反基本规则的行为；⑥确定至关重要的信息需求。这6个步骤就是PMP®考纲领域2："过程"的任务9的6个驱动因素，其中1个不在考纲中，但在执行项目工作时也需要考虑，以下每个驱动因素的考题都使用下列情境案例。

> **情境案例**
>
> A集团的能源智能公司因采用最新技术提高了空气质量而成为商业新闻的焦点。荷兰的一家造船公司已经与能源智能公司取得联系，希望进一步探讨这项技术的合作可能性。能源智能公司的CEO梅总再次邀请你加入项目，期待利用你在项目管理方面的专业技能。

第4章 项目领导力进度

> 造船公司的顾问小艾已经为技术合作做好了全面的准备。他所代表的船坞运营商希望改造船舱的空间,从而提高空气质量。荷兰的船舶监管部门规定,必须在船舱中预留一定的空间用于机械维修。在这个项目中,这些空间也可以用来安置能源智能公司的新系统以净化空气。在梅总与小艾签署合同之后,你将赴荷兰进行初步的实地考查。
>
> 你的任务是,确保能源智能公司的项目能够与造船公司的作业进度和目标保持同步,还需要保证所有的活动都符合政府的法规要求。

1. 整合项目/阶段的计划(考纲 2-9-1)

整合项目/阶段的计划是指项目经理需要将项目各个方面的计划(如范围、时间、成本、质量等)汇总到一个统一的项目计划中。这有助于项目团队和干系人全面了解项目的目标、任务和资源分配,并确保项目各个方面协调一致。

项目管理计划是一个详细的整合文档,描述如何执行、监督、控制和结束项目,它有助于确保团队成员对项目的期望和项目目标保持一致,为项目顺利进行提供明确的指导和支持。通常,项目的许多关键计划构成了项目管理计划,如范围、进度、预算、质量、沟通、采购、资源、风险和干系人管理等计划。项目管理计划的内容将因每个项目的不同而有所不同,并且针对特定项目的需求而定。

项目管理计划始终在变化,并根据项目需求的变化而变化。传统生命周期的项目通过执行集成变更控制过程进行变更和管理;敏捷生命周期的项目通过发布规划会议与迭代规划会议进行变更,通过信息发布站的各项可视化工具和每日站会,以自组织的方式进行自我管理。

【题目】能源智能公司在船舱中安装空气质量提升系统的计划取决于空间,设计人员需要在船舱预留的维修空间中安全地安置系统。造船公司的干系人控制着运营,而船舶监管部门则负责这些空间安全性的审批。请问你如何将安装项目与造船公司的进度安排和目标相结合,以提高两个团队的效率?

A. 首先,向他们解释与我们的项目工期保持一致的紧迫性;其次,提供对他们的项目管理计划的评估并建立依赖关系;最后,将他们的过程与我们的过程整合起来,从而使我们能尽可能高效地安装系统。

B. 首先，向他们展示我们的项目如何帮助他们实现目标；其次，与他们合作，让我们的项目成为他们过程的一部分；最后，将我们的项目进度与他们的进度同步，以便我们可以在正确的时间交付，从而取得成功。

C. 首先，与他们会面并讨论项目工期和可交付成果；其次，提供对他们的项目管理计划的评估并建立依赖关系；最后，通过频繁沟通降低风险。

D. 首先，向他们解释与我们的项目工期保持一致的紧迫性；其次，与他们会面以解释我们的目标；最后，将他们的过程与我们的过程整合起来，从而使我们尽可能高效地安装系统。

【答案】B

【解析】本题考查的知识点是整合项目/阶段的计划。解题关键在于如何让其他项目的干系人知道，整合项目/阶段的计划会对他们实现自己的目标有帮助，从而乐于参与和协作。本题的4个选项中，选项B侧重于与干系人合作，展示了我们的项目如何帮助他们实现目标。这有助于建立合作关系，确保我们的项目与他们的进度和目标保持一致。在这种情况下，双方都可以提高效率，最有利于项目计划整合，最能够调动对方参与。所以，正确答案是B。

选项A：不正确。这个选项强调了与我们的项目工期保持一致的紧迫性，但未能突显我们的项目如何帮助他们实现目标。此外，它强调将他们的过程与我们的过程整合，但并未详细说明如何实现这一目标。

选项C：不正确。这个选项集中在与他们会面、讨论项目工期和可交付成果上，但没有强调如何使我们的项目与他们的进度和目标保持一致。此外，频繁沟通可以帮助降低风险，但不一定有助于提高效率。

D：不正确。这个选项与选项A类似，强调了与我们的项目工期保持一致的紧迫性，但未能突显我们的项目如何帮助他们实现目标。虽然该选项提到将他们的过程与我们的过程整合，但并未详细说明如何实现这一目标。

2. 评估经整合的项目计划，了解依赖关系、差距和持续的商业价值方面的情况（考纲 2-9-2）

评估经整合的项目计划，了解依赖关系、差距和持续的商业价值方面的情况，是指项目经理需要对整合后的项目计划进行全面评估，以确保项目的有效实施和成功完成。这包括以下几个方面内容。

（1）依赖关系：项目经理需要识别并分析项目各个活动之间的依赖关系，以确保计划的合理性和可行性。

（2）差距：项目经理需检查项目计划中可能存在的漏洞或不足之处，并采取相应措施弥补这些差距，以提高项目执行效率和结果的质量。

（3）持续商业价值：项目经理应关注项目在整个生命周期中所创造的商业价值，并确保项目始终与组织战略目标保持一致，从而最大化投资回报。

通过对经整合的项目计划进行全面评估，项目经理可以确保项目在整个执行过程中具有高效、协调和持续的商业价值，从而提高项目成功率。

【题目】在项目计划整合过程中，你会定期与小艾一起审查计划。在查看安装过程文档时，你注意到从船舱空间改造结束到机械维修设施安装之间的间隔将近4个星期。请问你如何利用这个时间间隔？

A. 协助小艾优化他们的流程，从而构建更有效的项目流程。

B. 告诉小艾尽早开始机械维修设施安装，以缩短此时间间隔并同时安装能源智能公司的新系统。

C. 询问小艾，他们是否需要一些流程方面的帮助，以便更好地优化流程，从而确定项目工期。

D. 建议利用这个时间间隔来安装能源智能公司的新系统，这样就不会在工作空间有限的环境中同时尝试机械维修设施安装。

【答案】D

【解析】本题考查的知识点是评估经整合的项目计划，了解依赖关系、差距和持续的商业价值方面的情况。解题关键在于如何根据最新收集到的项目活动信息，优化整合项目计划，更好、更多地创造价值。本题的4个选项中，选项D面对这一难得的额外空档，在不影响他人计划的前提下，通过主动进行有价值的计划活动来创造更大的价值。所以，正确答案是D。

选项A：不正确。这个选项的问题在于直接协助小艾优化他们的流程，而没有事先询问其是否需要这方面的帮助。这可能被视为干涉，让小艾觉得你对他们的能力有所怀疑，导致合作关系受损。

选项 B：不正确。要求小艾尽早开始机械维修设施安装可能导致进度和资源分配问题，因为这并没有解决潜在的流程问题，可能引起双方关系紧张。

选项 C：不正确。虽然这种方法尊重了他们的专业知识并表明你愿意提供支持以改进项目流程，但它没有充分利用时间间隔来实现项目目标。

3. 对所收集的数据进行分析（考纲 2-9-3）

项目经理需要对项目过程中收集到的数据进行分析，以便识别项目中的问题、机会和趋势。通过对所收集的数据进行分析，项目经理可以更好地了解项目的实际进展情况，并根据需要调整项目计划和策略。

【题目】你注意到，如果与荷兰造船公司合作的这个原型获得成功，能源智能公司将可以与其他国家进行接洽。但要做到这一点，能源智能公司需要用确凿的事实来佐证。干系人要求你在工作开始时收集整个项目系统安装的数据。请问哪些指标最有用？

A. 范围、成本、质量、进度、CPI、SPI。
B. 性能、稳定性、合规性、功能和改进。
C. 人力资源不足、成本超支、范围蔓延、进度延迟。
D. 效率、效能、成本、进度、质量和范围。

【答案】B

【解析】本题考查的知识点是对所收集的数据进行分析。解题关键在于了解跟踪项目性能最有用的指标是哪些。本题的 4 个选项中，选项 B 的这些指标更直接地关注原型的关键属性，以确保在国际范围内推广和采用。性能和稳定性指标关注原型的实际表现；合规性指标确保项目符合国际法规和标准；功能指标关注原型是否满足需求；改进指标强调项目的持续改进过程。所以，正确答案是 B。

选项 A：不正确。这些指标主要关注项目管理的基本方面，如预算、进度和质量。虽然这些指标对于项目管理非常重要，但在评估原型是否能满足国际标准和推广到其他国家时，它们可能不足以全面反映项目的成功。

选项 C：不正确。这些指标主要关注项目执行过程中可能遇到的问题，如人力资源不足、成本超支和进度延迟。虽然对于监控项目进度和风险有一定作用，但在评估原型是否能满足国际标准和推广到其他国家时，它们可能不够全面。

选项 D：不正确。这些指标在很大程度上涵盖了项目管理的基本方面，但在评估原型是否能满足国际标准和推广到其他国家时，它们可能不够全面。虽然效率、效能、质量等指标具有一定的价值，但它们与答案 B 相比可能不足以全面反映项目的成功。

4. 收集并分析数据，以做出明智的项目决定（考纲 2-9-4）

收集并分析数据，以做出明智的项目决定，意味着项目经理在做出项目决定时需要依据实际数据和分析结果。这有助于项目经理做出客观、理性的决定，从而提高项目成功的可能性。

传统项目生命周期中收集并分析数据的方法包括以下几种。

（1）制订项目计划：在项目启动阶段，制订详细的项目计划，包括进度、成本预算、质量标准等，以便在项目过程中收集相应的数据。

（2）监控项目进度：通过定期的项目进度报告，收集关于项目实际完成的工作量、成本、进度等方面的数据。

（3）质量管理：通过质量检查、审计和评估，收集关于项目质量的数据。

（4）风险管理：识别并分析项目潜在风险，收集关于风险发生概率和影响程度的数据。

（5）利用项目管理软件：使用专业的项目管理软件，以自动化的方式收集和整理项目数据。

敏捷项目生命周期中收集并分析数据的方法包括以下几种。

（1）短周期迭代：敏捷项目采用短周期迭代的方式进行，每个迭代阶段都会产生可衡量的成果，以便收集数据。

（2）每日站会：通过每日站会，收集团队成员关于项目进度、遇到的问题和解决方案等方面的数据。

（3）客户反馈：敏捷项目强调客户参与，通过与客户的定期沟通，收集关于产品功能、性能和用户体验等方面的数据。

（4）敏捷衡量指标：使用敏捷衡量指标，如工作量完成情况、故事点完成情况等，收集并分析项目数据。

（5）回顾会议：在每个迭代结束后进行回顾会议，收集关于团队协作、沟通和技术实践等方面的数据，以便不断改进项目管理流程。

【题目】你会定期审查项目数据，并与来自船舶监管部门的数据进行对比。你注意到某些数据显示造船公司的运营效率较低。请问你应该如何处理这些信息？

A. 项目经理应该为没有做好项目规划负责，我应该立刻提出自我惩罚，并构建新的工作流程，指导两支团队以最快的速度完成任务。

B. 使用此信息来显示目前是如何管理项目的，并确保干系人了解情况，保证我不会因为其他人的决定而受到指责。

C. 保留此信息，不与其他人分享，因为这是造船公司效率低的问题。如果无法解决这个问题，造船公司和能源智能公司将陷入困境。

D. 与造船公司和船舶监管部门分享这些信息，看看是否可以帮助提高安装流程的效率并加快合并管理的速度。

【答案】D

【解析】本题考查的知识点是收集并分析数据，以做出明智的项目决定。解题关键在于发现差距时，如何调动干系人一起解决问题。本题的 4 个选项中，选项 D 公开透明地和干系人分享信息，并致力于帮助他们解决面临的问题。所以，正确答案是 D。

选项 A：不正确。自我担责并不能解决问题，还可能导致问题最终得不到解决，因为原因并不完全和项目经理有关。

选项 B：不正确。这个选项以自我保护为中心，而不是寻求解决问题。这不利于项目成功和团队协作。告知信息的目的如果只是为了避免担责，那么显示状态为恐惧，根据热度模型，低于项目成功要求的及格线。

选项 C：不正确。这个选项没有考虑与干系人分享信息的重要性，没有调动干系人的积极性，不利于计划整合。

5. 处理违反基本规则的行为（无对应的考纲）

处理违反基本规则的行为是指项目经理对于那些未遵守项目规定、组织原则或团队基本准则的行为进行及时、有效的管理和纠正。项目经理应确保在项目初期制定明确的基本规则，并在整个项目过程中加强对这些规则的监督和执行。当发现违反基本规则的行为时，项目经理需要采取相应的措施，如进行沟通、提醒、教育或实施纪律处分等，以纠正不当行为并防止类似问题的再次出现。同时，项目经理应鼓励团队成员积极参与，共同维护项目规则，以保证项目的顺利进行。

【题目】由于你的干预，造船公司与船舶监管部门一起审查了安全措施，并改进了工作流程，船舱改装和机械维修设施安装现在都可以高效地进行。在最近的事件和你所需的改变发生之后，你之前确定的安装能源智能公司系统的时间与船舱改装交付的时间发生冲突。请问你怎样才能改变基本规则，让所有各方都满意？

A. 完全配合他们的时间，我们需要灵活调整，利用空档来安装我们的系统。

B. 要求造船公司在船坞采用轮班制，让他们的团队工作半天，我们的团队工作半天，避免在密闭空间发生拥挤。

C. 坚持按照原定的工期，因为他们原先已经同意了，我们需要用这段时间来安装我们的系统。

D. 与造船公司密切合作，确定适合所有人的项目工期，无论这意味着我们的安装先完成还是他们的安装先完成。

【答案】D

【解析】本题考查的知识点是处理违反基本规则的行为。解题关键在于违反项目基本规则（本题中指项目最后完工日期）时，如何调动干系人一起解决问题。本题的4个选项中，选项D确定适合所有人的项目工期，这个选项有助于确保项目顺利进行，同时满足各方的需求和期望。所以，正确答案是D。

选项A：不正确。虽然灵活性是很重要的，但没有考虑到与造船公司沟通以寻求共同解决方案的重要性。

选项B：不正确。这个选项可能导致安排上的混乱，而且可能并不符合项目的实际需求。最好的方法是与造船公司合作，找到适合双方的解决方案。

选项 C：不正确。这个选项缺乏灵活性，没有考虑到与其他团队沟通和合作的重要性。这可能导致项目进度受到影响，以及与其他团队之间的关系紧张。

6. 确定至关重要的信息需求（考纲 2-9-5）

确定至关重要的信息需求是指在项目管理中，识别并明确项目团队和干系人所需的关键信息，以便为项目决策提供依据，对于项目的顺利进行和成功至关重要。至关重要的信息需求包括诸如项目进度、成本、质量、风险和资源等方面的信息，项目经理需要确保这些信息的准确性、及时性和可用性。

为了实现这一点，项目经理需要做到以下几项。

（1）识别至关重要的信息需求：在项目启动阶段，与项目团队和干系人沟通，了解他们在项目过程中所需的关键信息。

（2）建立信息收集和管理机制：制定并实施项目信息收集、管理和传递的流程与方法，确保关键信息的准确性和可用性。

（3）监控和更新关键信息：在项目过程中定期监控和更新关键信息，确保信息的及时性和有效性。

（4）与干系人沟通：根据干系人的需求，通过适当的沟通渠道，及时向他们传递关键信息。

（5）调整至关重要的信息需求：根据项目的实际进展和变化情况，调整至关重要的信息需求，以更好地满足项目团队和干系人的需求。

通过确定至关重要的信息需求，项目经理可以更好地满足项目团队和干系人的信息需求，提高项目管理的效率和效果，降低项目风险，并提高客户满意度和团队成员的工作满意度。

【题目】与船舶改装及能源智能系统安装相关的项目涉及许多具有专业知识的人员和群组。在项目执行过程中，文档和程序将出现多次变更，团队成员使用正确版本的文档和程序非常关键，在不正确的版本下操作会产生重大影响。请问以下哪个计划最能解决这个问题？

A. 质量管理计划

B. 项目章程

C. 范围管理计划

D. 配置管理计划

【答案】D

【解析】本题考查的知识点是确定至关重要的信息需求。解题关键在于了解不同项目管理文档所涉及的重要信息。本题的 4 个选项中,选项 D 配置管理计划是专门描述项目文档和程序的变更管理的。所以,正确答案是 D。

选项 A:不正确。虽然质量管理计划确保项目的质量标准得到满足,但它不涉及项目文档和程序的变更管理。

选项 B:不正确。项目章程描述了项目的目的、目标和关键干系人。尽管它是项目的关键文件,但它并未涉及项目文档和程序的变更管理。

选项 C:不正确。范围管理计划阐述了如何定义、监控和控制项目范围。尽管它是一个重要的计划,但它没有涉及项目文档和程序的变更管理。

4.11 规划和管理采购

规划和管理采购涉及确定项目所需的商品、服务和资源,以及确保按照项目需求、预算和时间表进行购买。这包括识别采购需求、选择合适的供应商、签订采购合同、监控采购过程及验收交付成果。有效的采购管理有助于确保项目按照计划和预算实施,并提高项目成功率。

规划和管理采购的步骤包括:①定义资源需求和需要;②规划和管理采购策略;③传达资源需求;④制订交付解决方案;⑤管理供应商/合同。这 5 个步骤就是 PMP®考纲领域 2:"过程"的任务 11 的 5 个驱动因素,执行顺序应该是 2-11-1、2-11-4、2-11-2、2-11-5、2-11-3。以下每个驱动因素的考题都使用下列情境案例。

> 情境案例
>
> 在 2023 年第一季度,位于意大利的第二家生产工厂全面投入运营。然而,意大利生产工厂的材料成本显著高于印度生产工厂。产线总监凯总要求你寻求

降低意大利生产工厂的材料成本。她曾建议从印度采购原材料或寻找其他便宜的替代材料。当然，在考虑成本的同时，还要确保产品质量不受影响。

1. 定义资源需求和需要（考纲 2-11-1）

在项目管理中，定义资源需求和需要是评估项目所需物料、设备、人力及其他必要资源的过程。项目经理需评估项目的目标和范围，以确定所需资源的类型和数量，并为采购活动提供基础。

很少有组织可以仅使用内部资源来完成项目，业务或项目团队需要决定从外部采购哪些资源，然后确定如何进行采购。自制或外购分析是收集和组织有关产品需求的数据，并将其与可用的替代方案（包括项目的采购、内部制造、租用）进行比较的过程，这些决策会显著影响项目进度、成本和质量。

【题目】意大利生产工厂的材料成本高于印度生产工厂。请问你将如何定义资源需求，以满足凯总降低意大利生产工厂的材料成本而不使质量受损的要求？

A. 用印度当地供应商的价格来要求意大利的供应商降低价格到成本线以下，并要求意大利供应商签署不降低质量的补充合同条款。

B. 获取两个地点所有商品的成本估算。如果意大利供应商给出更高的价格，请与他们协商，利用潜在的长期关系作为杠杆。

C. 了解印度生产工厂材料的类型和成本，包括丝线、布、纽扣、染料及这些材料的重量和体积，以确定运往意大利的运费。核实意大利供应材料的成本，以及当地可用的类似或质量稍低的可能更便宜的材料，并进行成本比较。

D. 比较不同地区生产产品的成本和质量，以确定混合使用不同地区的供应商是否更好。

【答案】C

【解析】本题考查的知识点是定义资源需求和需要。解题关键在于了解所有与资源需求和供给有关的细节并进行比较。本题的 4 个选项中，选项 C 通过了解印度生产工厂的材料类型和成本以及意大利当地可用的类似材料的成本，你可以进行比较并找出降低成本的方法,而不使质量受损。所以,正确答案是 C。

选项 A:不正确。要求意大利供应商降低价格,可能导致产品质量受损,这与要求保持质量相矛盾。

选项 B:不正确。没有充分考虑产品质量和成本之间的平衡,仅依靠长期关系来降低价格,可能导致质量问题。

选项 D:不正确。虽然涉及成本和质量的比较,但混合使用不同地区的供应商可能导致产品质量不一致,给项目带来风险。

2. 规划和管理采购策略(考纲 2-11-4)

规划和管理采购策略是指在项目管理中制定和执行适当的采购策略以满足项目需求,这对于项目的顺利进行和成功至关重要。这包括选择适当的采购方式(如租赁、购买或外包)、确定合适的供应商,以及管理合同和供应商关系。

通过制定合适的采购策略,项目经理可以:有效降低项目成本,提高项目的投资回报率;确保项目在关键阶段能够获得所需的资源,从而减少因缺乏资源导致的项目延误;选择优质的供应商,有助于提高项目的质量和性能;有助于识别和应对与供应商及合同相关的风险,降低项目风险;优化资源利用,提高项目的竞争力。

规划和管理采购策略的结果通常包括以下几个方面。

(1)采购需求文档:明确项目的采购需求,包括所需物品或服务的详细描述、数量、交付时间等。

(2)采购 WBS:将项目采购活动细分为更小的可管理单元,以便更好地监控采购过程。

(3)采购策略:根据项目需求和市场条件,选择合适的采购策略。

(4)供应商选择标准:明确供应商选择标准,包括质量、成本、交付时间、信誉等方面,以便从潜在供应商中选择最佳的合作伙伴。

(5)合同类型:根据项目需求和风险水平,选择合适的合同类型,如固定价格合同、成本补偿合同、工料计价合同等。

（6）采购管理计划：制订采购管理计划，包括采购流程、沟通渠道、监控方法等。

（7）风险管理：识别与采购相关的风险，制定相应的应对措施和风险缓解策略。

规划和管理采购策略的结果为项目团队和干系人提供了明确的指导，有助于确保采购活动的顺利进行，降低项目风险，提高项目管理的效率，项目经理可以更好地满足项目需求，保证项目的成功。

【题目】生产工厂的两位厂长提供了上季度的材料价格表供你研究，凯总规划下个季度设计和使用的地球永续材料系列。请问在制定采购策略时还需要考虑哪些信息？

A. 法律管辖权、付款货币、历史数据和经验教训。
B. 供应商、原产地、进口限制、匹配能力、交付方式。
C. 将替代材料运送到意大利生产工厂的额外成本。
D. 供应商的可靠性、货币波动的影响、关税、最小订单量、最小运输量，以及接收和处理材料所需的任何更改。

【答案】D

【解析】本题考查的知识点是规划和管理采购策略。解题关键在于了解所有与采购策略的规划和管理有关的信息。本题的4个选项中，选项D在制定采购策略时考虑了供应商的可靠性、货币波动的影响、关税、最小订单量和最小运输量，还考虑了接收和处理材料所需的任何更改。这些都有助于更好地规划和管理采购策略。所以，正确答案是D。

选项A：不正确。这个选项考虑了法律管辖权、付款货币、历史数据和经验教训，但它们并没有涵盖选项D中提到的关键因素，如供应商可靠性、货币波动的影响、关税和最小订单量等。

选项B：不正确。这个选项考虑了供应商、原产地、进口限制、匹配能力、交付方式，虽然这些信息可能对采购策略有帮助，但它们没有涵盖选项D中提到的一些关键因素，如货币波动的影响、关税和最小订单量等。

选项C：不正确。这个选项考虑了将替代材料运送到意大利生产工厂的额外成本，虽然这是一个需要考虑的因素，但它仅涵盖了运输成本，没有考虑选项 D 中提到的其他关键因素，如供应商的可靠性、货币波动的影响和关税等。

3. 传达资源需求（考纲 2-11-2）

传达资源需求是指项目经理需要与干系人（如供应商、团队成员和其他干系人）明确沟通项目采购过程中所需的资源。

（1）资源类型：明确项目所需的物料、设备、服务或其他资源类型，便于供应商或其他干系人准确理解项目需求。

（2）数量和规格：详细说明资源的数量、规格和质量要求，确保采购活动满足项目需求并符合预期标准。

（3）交付时间：与干系人协商并明确资源交付的时间表，确保项目进度不受采购活动的影响。

（4）预算约束：在资源需求沟通中，项目经理还需与干系人讨论和明确预算约束，确保采购活动在组织的财务计划范围内进行。

通过传达资源需求，项目经理可以确保采购活动顺利进行，资源得到及时、准确地交付，从而支持项目的成功实施。

【题目】请问你如何与印度和意大利的供应商沟通，以确保他们了解你在材料供应方式、首选合同类型、材料选择标准方面的要求？

A. 要求所有供应商来公司单独面谈，就凯总的期望和相关合同信息进行当面沟通，以确保不遗漏所有细节。

B. 制定涵盖所需材料类型和数量的邀标书，明确交货的频率和地点，以及包装、处理和验收标准，并将其发送给每个供应商，以获得最优惠的价格。

C. 了解每个供应商的能力并收集他们的建议，同时投标他们的服务，使其生产、交付符合我们标准的材料。

D. 给所有供应商写一封电子邮件，概述凯总的期望，包括如何交付材料，然后要求他们发送想要交付到意大利的材料的成本。

【答案】B

【解析】本题考查的知识点是传达资源需求。解题关键在于，将明确、没有歧义的采购需求发送给潜在供应商。本题的 4 个选项中，选项 B 通过制定邀标书并涵盖所需的所有详细信息，你能确保供应商了解项目的需求和期望。这个选项使你能够比较各供应商的报价，以便为你的项目选择最佳合作伙伴。所以，正确答案是 B。

选项 A：不正确。虽然面对面沟通可能在某些情况下是有效的，但在项目初期可能过于烦琐和耗时。选项 B 制定邀标书会更加高效，因为它让所有供应商在同一份文件中了解你的要求。

选项 C：不正确。这个选项只关注供应商的能力和建议，而没有提供明确的需求和期望，这可能导致不符合项目要求的建议和报价。

选项 D：不正确。这个选项可能会传达一些基本信息，但不如制定邀标书（选项 B）那样详细和全面，电子邮件可能无法提供足够的信息来确保供应商能够准确地满足项目要求。

4. 制订交付解决方案（考纲 2-11-5）

制订交付解决方案是指项目经理需要为项目采购活动设计一套合适的交付策略，以确保所需资源能够按照项目要求及时、高质量地交付。制订交付解决方案涉及以下几个关键方面。

（1）交付模式：选择合适的交付模式，如单一来源采购、多来源采购或按需采购等，以满足项目需求和风险管理策略。

（2）供应商选择：基于资源需求、预算和交付时间表，识别和评估潜在供应商，选择合适的供应商，以确保项目质量和进度。

（3）合同类型：确定与供应商签订的合同类型，如固定价格合同、成本补偿合同或时间与材料合同等，确保合同在风险、成本和项目目标方面达到平衡。

（4）交付过程管理：制订详细的交付进度计划、验收标准和质量控制流程，确保所采购资源符合项目要求和质量预期。

通过制订有效的交付解决方案，项目经理可以确保采购活动得以顺利进行，满足项目要求，从而支持项目的成功实施。

【题目】意大利和印度的供应商已经进行了投标并做出了承诺，因此可以使用实际数据来代替最佳估算。请问哪种策略是确保交付解决方案可靠的最佳方法？

A. 将成本低和能激发个人工作欲望的最佳组合作为本公司选择供应商的标准，然后，请把与排名第二的供应商合作作为预备方案。

B. 选择最能激发个人工作欲望的供应商。

C. 选择总成本最低的供应商，将节省的成本转化为利润，获得最佳投资回报。

D. 将成本低、风险低、可靠性高的最佳组合作为本公司选择供应商的标准。然后，请把与排名第二的供应商合作作为预备方案。

【答案】D

【解析】本题考查的知识点是制订交付解决方案。解题关键在于确定供应商选择标准，并且一定要有预备方案。本题的4个选项中，选项D考虑了成本、风险和可靠性，选择成本低、风险低且可靠性高的供应商将为公司提供最佳的交付解决方案。把与排名第二的供应商合作作为预备方案进一步降低了风险，确保了项目的顺利进行。所以，正确答案是D。

选项A：不正确。这个选项强调了成本和激发个人工作欲望的重要性，但没有考虑风险和可靠性。因此，这个选项可能导致项目的风险较高。

选项B：不正确。这个选项完全忽略了成本、风险和可靠性，只关注激发个人工作欲望，可能导致项目成本过高或风险增加。

选项C：不正确。虽然成本是一个重要因素，但这个选项没有考虑风险和可靠性。选择只基于成本的供应商可能导致项目的风险增加。

5. 管理供应商/合同（考纲 2-11-3）

管理供应商/合同是指项目经理需要在整个项目生命周期中监督和管理与供应商之间的关系及相关合同。这包括以下几个关键环节。

（1）合同执行：确保供应商按照合同规定的条款、条件和标准履行职责，按时交付所需资源。

（2）绩效评估：定期评估供应商的绩效，包括交付质量、时间表和成本方面的表现，确保符合项目要求和预期。

（3）变更管理：在项目过程中，如有必要，与供应商协商合同变更事项，确保项目能适应新的要求或条件。

（4）风险管理：密切关注与供应商和合同相关的风险，采取适当的风险应对措施，以保护项目的利益。

（5）关系维护：保持与供应商的良好沟通和协作关系，以实现双方利益最大化并支持项目的成功实施。

通过对供应商和合同的有效管理，项目经理可以确保采购活动得以顺利进行，有助于实现项目目标并降低潜在风险。

【题目】印度供应商在你的帮助下终于找到了解决方法，并在延迟六周后恢复工作，在此期间，你从另一家供应商获得新材料。尽管前几周运行顺利，但印度供应商通知你，你的订单已耗尽材料库存，导致成本上升，他们将提高价格。请问确保良好的供应商管理和合同管理的最佳方法是什么？

A. 让律师与供应商沟通，以打官司并要求赔偿所有损失为借口，使主供应商屈服，并放弃提价的行为。

B. 当主供应商面临库存不足的问题时，可与次供应商联系，让其提供所需材料。如果次供应商在原始价格水平上也无法提供所需材料，则可以考虑向客户提供替代方案。

C. 请供应商遵守合同，不允许变更价格。他们必须把成本变动作为做生意的风险因素。

D. 如果订货量少或者可以选择其他替代材料，请与客户一起寻找替代方案。

【答案】B

【解析】本题考查的知识点是管理供应商/合同。解题关键在于项目执行过程中出现意外时如何应对和处理。本题的4个选项中，选项B考虑了商业现实和合同义务之间的平衡。当主供应商面临库存不足的问题时，可与次供应商联系，让其提供所需材料。如果次供应商在原始价格水平上也无法提供所需材料，则可以考虑向客户提供替代方案。所以，正确答案是 B。

选项 A：不正确。因为法律威胁通常不是有效的商业解决方案，这可能会破坏与供应商的关系，并且可能导致时间和金钱的损失。

选项 C：不正确。因为在商业交易中，价格经常会因为供需或其他因素而变化。因此，项目经理应与供应商共同努力应对这些变化，而不是将其视为违约行为。

选项 D：不正确。这个选项没有考虑合同要求，可能导致客户满意度降低和项目延期。寻找替代方案并不能解决当前的库存问题，并且可能导致更高的成本。

4.12 管理项目工件

管理项目工件是对项目中生成和使用的各种文件、数据和资料进行规划、组织、存储和维护的一种方法。项目工件可能包括需求文档、设计图纸、测试计划、进度表、风险清单等。有效地管理项目工件可以确保项目团队在整个项目周期内都能找到和使用所需的资料，从而提高项目的执行效率。

管理项目工件的步骤包括：①确定管理项目工件的需求；②确认项目信息的更新都是最新内容并且所有干系人均可获得；③持续评估项目工件管理的有效性。这 3 个步骤就是 PMP®考纲领域 2："过程"的任务 12 的 3 个驱动因素，以下每个驱动因素的考题都使用下列情境案例。

> **情境案例**
>
> 你曾与 A 集团合作，开发一款会员服务软件，该项目已成为集团业务的核心组成部分。软件开发团队负责设计和构建该软件，为公司创造收入。注册人数迅速增加并超过预期，软件开发成本很快就得到了回收。
>
> 然而，A 集团需要制订相关计划，以防止项目产品受到黑客攻击而导致数据泄露。软件开发团队还发现了一个额外风险：与软件相关的文档未能与其他项目产品一起归档。你需要与软件开发团队合作，将开发过程中的所有产品进行归档，并创建恢复程序。

1. 确定管理项目工件的需求（考纲 2-12-1）

项目工件是指在项目管理过程中产生的各种文档、计划、报告、图表等，项目工件应依正式流程更新，以反映项目需求和范围的变化。根据项目的实际需求和规模，具体工件会有所不同。

确定管理项目工件的需求是指，项目经理需要明确项目工件管理过程中的各项需求，以确保工件的有效创建、存储、维护和使用，具体包括以下几个方面。

（1）工件类型（何事）：识别项目过程中需创建和管理的工件类型，如需求文档、设计图纸、计划等。

（2）时间安排（何时）：确定各类工件的创建、更新和审批时间表，以确保项目进度不受工件管理活动的影响。

（3）存储位置（何地）：选择合适的工件存储和管理系统，如项目管理软件或云存储服务，便于团队成员访问和使用。

（4）责任分配（何人）：明确团队成员在工件管理过程中的角色和职责，如创建、审批、更新或归档工件等。

（5）管理策略：制定关于工件版本控制、访问权限、审批流程等管理策略，以确保工件的完整性、安全性和一致性。

通过确定管理项目工件的各项需求，项目经理可以确保项目过程中的关键信息得到有效组织和维护，从而支持项目的顺利实施和成功完成。

【题目】项目的电子记录系统正在创建中，因此你需要尽快与 IT 人员坐下来讨论需要存档的内容。请问应复原归档和备份的内容有哪些？

A. 优先考虑信息安全要求，除了本地备份，还应该进行异地备份。

B. 请团队负责人收集所有相关的项目文档、会议记录和质量保证测试范例，并将它们存储在移动硬盘上，以便可以进行异地备份。

C. 包含所有项目文档：项目提案、项目章程、项目规划、项目进度表、项目 WBS、高阶需求、风险日志、问题日志、设计文档、移转计划以及所有软件代码的备份软件。

D. 优先考虑技术要求、设计规范和软件本身，并备份到至少两个安全位置。

【答案】C

【解析】本题考查的知识点是确定管理项目工件的需求。解题关键在于了解项目工件的主要内容有哪些。本题的4个选项中，选项C完整列出了应复原归档和备份的项目工件内容。所以，正确答案是C。

选项A：不正确。虽然这个选项强调了信息安全和异地备份的重要性，但它没有明确指出需要备份哪些内容。

选项B：不正确。这个选项忽略了备份的技术要求、设计规范和软件本身，可能导致关键信息丢失。

选项D：不正确。因为它虽然强调了优先考虑技术要求、设计规范和软件本身，并确保数据在至少两个安全位置备份，但它没有明确指出需要备份哪些内容。

2. 确认项目信息的更新都是最新内容并且所有干系人均可获得（考纲2-12-2）

确认项目信息的更新都是最新内容并且所有干系人均可获得，是指项目经理需要确保项目过程中的关键信息得到及时更新和维护，同时向所有干系人提供适当的访问权限，具体包括以下几个方面。

（1）版本控制：实施有效的版本控制策略，确保工件在不同阶段的修改得到追踪和记录，以便团队成员能够访问最新版本的信息。

（2）更新频率：确保项目工件根据项目进度和变更情况定期更新，以保持信息的准确性和时效性。

（3）访问权限：根据干系人的角色和职责，为他们分配适当的工件访问权限，确保他们可以获取所需信息，同时保护项目信息的安全性和保密性。

（4）信息共享：通过项目沟通渠道（如会议、报告或共享平台）及时向干系人分享项目工件的更新情况，以确保他们了解项目的最新进展和状态。

通过验证项目信息的及时更新和干系人的可访问性，项目经理可以确保项目过程中的关键信息得到有效利用和共享，从而支持项目的顺利实施和成功完成。

【题目】周总及时将版本1推向市场，以启动会员计划，检查项目产品并进行备份，同时提醒软件开发团队需要进行安全更新。请问你将如何确保所有项目文档都是最新版本？

A. 优先考虑技术要求、设计规范和软件本身，并备份到至少两个安全位置。

B. 继续收集项目文档的任何更新版本，包括新功能设计文档、更新的软件代码库和开发中使用的数据，并将它们备份到云端，由专人统一发布。

C. 要求所有团队负责人将每周所做的更新备份到云端，以恢复旧版本或创建新版本。

D. 将最新的项目规划和技术开发文档的完整副本储存在安全的外部硬盘上，以防发生问题时必须重做工作。

【答案】B

【解析】本题考查的知识点是确认项目信息的更新都是最新内容并且所有干系人均可获得。解题关键在于备份信息要在干系人可访问的云端，并且由专人统一发布。本题的4个选项中，选项B符合了专人发布且存储在云端的考点，这样可以确保在进行软件更新和实际操作时，项目文档始终是最新版本，防止数据丢失。所以，正确答案是B。

选项A：不正确。虽然这个选项强调了需要备份的关键内容，但它没有涉及确保项目文档始终是最新版本。

选项C：不正确。这个选项没有提到收集项目文档的更新版本，包括新功能设计文档、更新的软件代码库和开发中使用的数据。

选项D：不正确。虽然这个选项提到了备份最新的项目规划和技术开发文档，但它没有涉及收集项目文档的其他更新版本，如新功能设计文档、更新的软件代码库和开发中使用的数据。

3. 持续评估项目工件管理的有效性（考纲 2-12-3）

持续评估项目工件管理的有效性是指在项目执行过程中不断审查和评估项目工件管理策略和实践的有效性，以确保项目目标和期望得到满足。这包括对工件的创建、更新、存储、版本控制、访问权限等方面的管理。处理原则包括以下几项。

（1）定期审查：定期对项目工件管理策略和实践进行审查，确保其符合项目当前阶段的需求。

（2）监控指标：设定关键性能指标以衡量工件管理的有效性，如文档更新频率、团队成员对文档的使用情况等。

（3）反馈循环：鼓励项目团队成员提供关于工件管理的反馈，以便及时发现并解决潜在问题。

（4）调整策略：根据项目进展和团队反馈，适时调整工件管理策略以满足项目的实际需求。

（5）保持透明度：确保项目团队成员和其他干系人了解工件管理策略和实践，以便在工作过程中遵循这些原则。

（6）强调沟通与协作：鼓励团队成员在创建、更新和使用工件时保持良好的沟通与协作，以确保工件管理的有效性。

通过遵循这些处理原则，项目团队可以确保项目工件管理的有效性，从而提高项目的整体质量和成功率。

【题目】你已经完成了项目产品列表，存储至硬盘且经过测试并就位。几个月来，周总的团队一直在处理软件和文档的备份储存库。请问你如何检查自己的计划是否仍然有效？

A. 要求所有团队负责人将每周所做的更新备份到异地云储存位置，以恢复旧版本或创建新版本。

B. 请审计员验证档案和文档，以确保是最新版本；请工程师检查异地储存位置的安全性。

C. 检查是否有任何文档被遗漏，以及异地储存的文档是否已损坏。验证文档是否最新版本、备份位置是否安全，不受所有威胁和风险的影响。

D. 检查所有已保存文档的日期以确保它们是最新版本，将备份硬盘安全地存放在上锁的办公桌抽屉的防火盒中。

【答案】C

【解析】本题考查的知识点是持续评估项目工件管理的有效性。解题关键在于明确文档有没有遗漏、是否最新版本及储存位置是否安全。本题的4个选项中，选项 C 涉及检查文档的完整性、是否最新版本，以及备份位置的安全性，这些方面有助于检查现有计划的有效性。所以，正确答案是 C。

选项 A：不正确。这个选项只关注备份过程，而没有涉及验证现有计划有效性的方面。

选项 B：不正确。这个选项侧重于审计和安全性检查，但没有完全涵盖计划有效性的各个方面。

选项 D：不正确。此选项仅关注文档的日期和备份硬盘的物理存储，而没有涉及计划有效性的全面核查。

4.13 确定适当的项目方法论/方法和实践

确定适当的项目方法论/方法和实践是指，在项目管理中根据项目特性、需求、目标和资源等因素，选择和应用最适合项目的管理框架和实践方法。这包括从众多项目管理方法论（如传统的瀑布方法、敏捷方法、混合方法等）中选择适当的方法，以便在整个项目周期中更有效地实现项目目标。

确定适当的项目方法论/方法和实践的步骤包括：①评估项目的需要、复杂性和重要性；②提出项目执行策略方面的建议；③提出项目方法论/方法有关的建议；④在整个项目生命周期中采用迭代和循序渐进的实践。这 4 个步骤就是 PMP®考纲领域 2："过程"的任务 13 的 4 个驱动因素，以下每个驱动因素的考题都使用下列情境案例。

> **情境案例**
>
> B 公司接手了 A 集团的 P 项目，涉及通信设备的研发。意大利团队由查尔斯领导，负责设计；中国团队由小杨领导，负责制造；合规团队位于美国加州；德国团队则承担整个研究任务。
>
> 初步设计尚未敲定，因此与意大利团队的紧密合作至关重要，他们在几年前曾设计过类似产品。制造成本受到 66 个产品市场的设计和合规要求影响。A

> 集团计划在项目结束时申请该模块的专利和许可。
> 　　作为项目经理,你需要持续领导这个跨国虚拟团队,运用恰当的方法和实践,以确保项目的成功。

1. 评估项目的需要、复杂性和重要性(考纲 2-13-1)

　　评估项目的需要、复杂性和重要性是指项目经理在选择合适的项目管理方法和实践之前,需要对项目的需要、复杂性和重要性进行全面评估。具体包括以下几个方面。

　　(1)项目需要:分析项目的目标、范围和预期交付成果,了解项目的具体要求和期望,以便选择能满足这些需要的管理方法。

　　(2)项目复杂性:评估项目涉及的技术难度、资源限制、干系人关系等因素,了解项目在各个方面的复杂程度,以便确定适当的管理策略和工具。

　　(3)项目重要性:根据项目的预算、团队规模、工期等指标,评估项目的重要性,以便合理分配资源和确定管理方法的适用范围。

　　通过对项目的需要、复杂性和重要性的全面评估,项目经理可以根据项目特点和实际情况,选择最适合项目的方法论、方法和实践,从而提高项目管理的效率和成功率。

　　【题目】A 集团受益于虚拟团队的远程协作,但这也带来了重大挑战。通信设备模块的原型几乎准备就绪,但德国团队在测试标准方面缺乏经验。为了帮助团队实现项目目标,需要对项目的需要、复杂性和重要性进行全面评估。请问团队花宝贵的时间对项目的需要、复杂性和重要性进行全面评估的目的是什么?

　　A. 目的是帮助项目经理确定工资和职位级别。
　　B. 目的是确定可能需要的资源,以及项目的难度、规模和范围有多大。
　　C. 目的是帮助项目经理确定项目失败或成功的可能性。
　　D. 目的是确定用于管理项目的方法。

　　【答案】D
　　【解析】本题考查的知识点是评估项目的需要、复杂性和重要性。解题关键在于了解进行全面评估的目的。本题的 4 个选项中，选项 D 表示项目全面评估的主要目的是帮助团队了解项目的需要、复杂性和重要性，从而确定合适的项目管理方法。通过选择合适的项目管理方法，项目团队可以更有效地实现项目目标。所以，正确答案是 D。

选项 A：不正确。对项目的需要、复杂性和重要性进行全面评估的目的并非确定工资和职位级别，而是确定合适的项目管理方法。

选项 B：不正确。虽然对项目的需要、复杂性和重要性进行全面评估有助于了解所需资源，以及项目的难度、规模和范围有多大，但它的主要目的是确定用于管理项目的方法。

选项 C：不正确。虽然对项目的需要、复杂性和重要性进行全面评估可以为项目经理提供有关项目可能面临的挑战的信息，但它不能直接确定项目的成功或失败。

2. 提出项目执行策略方面的建议（考纲 2-13-2）

提出项目执行策略方面的建议是指项目经理在全面评估项目需要、复杂性和重要性的基础上，为项目提出合适的执行策略，以确保项目的顺利进行和成功完成。项目执行策略包括以下几类。

（1）合同策略：根据项目的特点和需求，为项目采购和外包活动确定合适的合同类型和条款，以降低合同风险，保障项目利益。

（2）财务策略：评估项目的预算和资金需求，制订合理的财务计划和筹资方案，以确保项目具备足够的资金支持，避免因财务问题影响项目进展。

（3）资源策略：根据项目的规模和复杂性，为项目分配合适的人力、物资和设备资源，以保障项目各项任务的顺利实施。

（4）风险策略：识别项目可能面临的风险和挑战，制订相应的风险应对措施和备份计划，以降低项目风险对项目成功的影响。

通过提出合适的项目执行策略方面的建议，项目经理可以确保项目在合同、财务等关键领域得到有效管理和支持，从而提高项目的成功率。

第 4 章 项目领导力进度

【题目】在与团队举行视频会议时，关于项目工期的讨论发生了意想不到的转变。查尔斯提出疑问："我们为什么需要开发新的模块？几年前我们开发过一个类似的模块并已经售出。这样做不是在浪费钱吗？"小杨则提出中国农历新年恰好在项目开发周期中，她需要为员工制定一个排班表。请问执行策略中有哪些常见的错误？团队成员的态度对项目构成了什么危险？

A. 听从团队成员的意见，重新考虑是否需要开发新模块，并且同意小杨为员工安排春节假期。

B. 各团队并不明白为什么这个项目很重要。查尔斯和他的团队几年前开发过一个类似的通信设备模块并已经售出，他对现在还要开发一个与之前模块类似的模块感到困惑。小杨似乎更关注管理事务而不是项目。你需要领导这个团队并使他们与 A 集团的目标保持一致。

C. 查尔斯的态度是消极的，小杨的态度则是不在乎。你没有有效地领导团队，让会议偏离了正轨。如果你不正确地领导他们，他们就不会尽其所能。

D. 多年来 A 集团领导层沟通和管理不善导致了目前的状况。查尔斯没有弄明白上一个模块售出的原因，小杨将假期安排优先于项目工作。项目经理应发挥指令型领导力，向组织所有人传达项目目标。

【答案】B

【解析】本题考查的知识点是提出项目执行策略方面的建议。解题关键在于构建对项目重要性的共同认识，以便提出与战略目标一致的项目执行策略。本题的 4 个选项中，选项 B 突出了在执行策略中的常见错误，即团队成员不了解项目的重要性和背后的原因。为了解决这个问题，项目经理需要明确地向团队传达项目的目标和意义，确保所有团队成员都能理解并关注项目本身。所以，正确答案是 B。

选项 A：不正确。领导者没有战略主见，只能人云亦云，且这个选项没有解决问题的根本，即团队成员对项目的理解和态度问题。

选项 C：不正确。这个选项过于关注个人问题，而没有关注团队对项目的理解和共识问题。

选项 D：不正确。这个选项过于关注领导层和管理方式，而没有关注团队对项目的理解和共识问题。

3. 提出项目方法论/方法有关的建议（考纲 2-13-3）

提出项目方法论/方法有关的建议是指项目经理在分析项目需要、复杂性和重要性的基础上，为项目选择最合适的方法论/方法，以确保项目的有效管理和成功完成。项目方法包括以下几种。

（1）预测型方法：也称传统方法或瀑布方法，适用于需求稳定、技术成熟且项目进度容易预测的项目。预测型方法按照固定的阶段和顺序进行项目管理，强调计划的完整性和严谨性。

（2）敏捷方法：适用于需求不断变化、环境不确定性较高且项目需要快速适应市场变化的项目。敏捷方法强调灵活性、迭代性和客户参与，通过快速交付小规模成果来实现项目目标。

（3）混合方法：结合预测型方法和敏捷方法的优点，适用于部分需求稳定、部分需求变化的项目。混合方法在不同项目阶段和模块中采用不同的方法论，以实现最佳项目管理效果。

项目经理需要根据项目的具体情况和特点，为项目推荐最适合的方法论/方法，以确保项目管理的效率和成功率。

【题目】请问：在 4.13 情境案例中，最适合 P 项目通信设备研发的方法是哪种？

A. 螺旋式方法

B. 敏捷方法

C. 预测型方法

D. 混合方法

【答案】B

【解析】本题考查的知识点是提出项目方法论/方法有关的建议。解题关键在于清晰了解预测型、敏捷和混合 3 种不同项目管理方法的特点。本题的 4 个选项中，选项 B 采用敏捷方法更加灵活，能够快速适应需求和市场变化。这对于 P 项目来说很重要，因为最初的设计构想尚未确定，需要与意大利团队紧密合作。此外，项目涉及多个国家和团队，敏捷方法有助于实现更高效的沟通和协作。所以，正确答案是 B。

选项 A：不正确。因为螺旋式方法主要关注风险管理，虽然 P 项目可能面临一定风险，但更关键的是适应变化和灵活性。

选项 C：不正确。预测型项目管理方法在项目范围和目标方面有优势，但可能无法适应快速变化的设计需求。

选项 D：不正确。虽然混合方法结合了敏捷方法和预测型方法的优势，但在这种情况下，敏捷方法更能满足项目需求，以便快速适应不断变化的环境。

4. 在整个项目生命周期采用迭代式和循序渐进的实践（考纲 2-13-4）

在整个项目生命周期采用迭代式和循序渐进的实践，是指项目经理在项目管理过程中应用迭代和增量的方法来不断优化和改进项目实践，具体包括以下几个方面。

（1）经验教训：在项目各阶段收集和分析项目经验教训，通过反馈和改进来提高项目管理效果。

（2）干系人参与：与项目干系人保持紧密沟通和协作，持续获取他们的需求和期望，确保项目成果符合预期。

（3）风险管理：在项目生命周期中持续识别、分析和应对风险，降低项目风险对项目成功的影响。

通过在整个项目生命周期中使用迭代式和循序渐进的实践，项目经理可以在不断学习和改进的过程中提高项目管理效率，更好地满足干系人需求，降低项目风险，从而提高项目的成功率。

【题目】你已确定使用敏捷方法迭代开发新技术，并决定采用"Team of Teams"方式，这是以前没有使用的方式。领队查尔斯头部受伤严重，目前仍在医院接受治疗。意大利团队选择了比尔作为他们的临时领队，他们已经对模块的功能进行建模。小杨已经采购了材料并构建工作流程，准备建立原型。请问你将如何向小组描述项目方法？

A. 采用和大型瀑布项目中不断完成里程碑的相同实践就可以实现敏捷迭代和增量开发相同的效果。

B. "含泪的敏捷性"是你对变化的反应方式。意大利团队已发布设计，我们需要一个新的原型。这将成为工作中的日常，使我们能在整个项目中保持较高的开发速度。

C. 增量开发，着重于价值，工作分阶段进行。每次迭代都会产生增量成果。在迭代结束后，我们会重新评估需求，以规划下一次迭代。

D. 使用迭代来管理开发周期，并在每个迭代周期交付新功能。

【答案】C

【解析】本题考查的知识点是在整个项目生命周期中采用迭代式和循序渐进的实践。解题关键在于清晰了解使用迭代和增量的良好项目实践。本题的4个选项中，选项C正确表述了敏捷迭代和增量开发的良好实践，在每个阶段，团队会开发出可用的产品功能。随着项目进展，需求可能会发生变化，因此在每次迭代结束时，团队需要重新评估项目需求，以便在下一个阶段制订适当的计划。这有助于确保项目始终保持与需求和市场环境的一致性。所以，正确答案是C。

选项A：不正确。敏捷方法与瀑布方法在项目管理实践上有很大差异，不能通过简单地完成瀑布项目的里程碑来实现敏捷方法的效果。

选项B：不正确。"含泪的敏捷性"没有反映敏捷方法的核心原则，敏捷方法重视团队协作、灵活适应和快速迭代，而不是在变化中苦苦挣扎。

选项D：不正确。尽管迭代是敏捷方法（特别是Scrum框架）的一个关键组成部分，但仅仅提到，迭代并没有完整地描述整个敏捷方法。

4.14 管理项目问题

管理项目问题是在项目执行过程中，对可能影响项目目标和成功的问题进行识别、追踪、解决和预防的一系列活动。项目问题可能包括需求变更、资源不足、沟通不畅、技术难题等。有效的项目问题管理可以帮助项目团队应对挑战，确保项目按计划顺利推进。

管理项目问题的步骤包括：①识别风险何时会演变为问题；②与有关的干系人就解决问题的方法开展协作；③采取最优行动解决问题，以使项目取得成功。这3个步骤就是PMP®考纲领域2："过程"的任务15的3个驱动因素，执行顺序应该是2-15-1、2-15-3、2-15-2。以下每个驱动因素的考题都使用下列情境案例。

> **情境案例**
>
> A集团子公司领先科技一直在努力解决电表抄表系统的故障问题。在之前的合同中，首席运营官包总要求你在初始部署阶段协助解决质量和性能问题。当你离开项目时，将项目扩展到舟山群岛所有市场的计划暂时被搁置，正在等待质量保证过程的结果。
>
> 包总最近邀请你回到总部，因为黄总的团队设法解决了性能问题并继续推进扩展项目。然而，已经部署到其他三个岛屿的电表抄表系统的性能却受到了影响。扩张导致质量受损并加剧了之前存在的问题。现在，性能问题以指数级速度增长，领先科技回到了原点。作为项目经理，你需要有效管理这些问题，并挽救领先科技的业务。

1. 识别风险何时会演变为问题（考纲2-15-1）

识别风险（Risk）何时会演变为问题（Issue）是指项目经理在项目管理过程中需要具备敏锐的观察能力，以便在风险演变为实际问题之前及时发现并采取适当的应对措施。具体包括以下几个方面。

（1）风险识别：项目经理需要持续关注项目中可能出现的风险，识别可能影响项目进度、成本、质量和资源的潜在问题。

（2）风险分析：对已识别的风险进行定量和定性分析，以确定其可能对项目产生的影响程度及发生的概率。

（3）风险监控：通过对项目环境的持续观察和分析，密切关注风险状态的变化，判断风险是否已经演变为实际问题。

（4）风险应对：一旦发现风险已经演变为实际问题，项目经理需要迅速采取适当的应对措施，以减轻或消除问题对项目的负面影响。

通过识别风险何时会演变为问题，项目经理可以确保项目在面临潜在风险时能够及时做出反应，从而降低项目风险并提高项目成功率。

风险和问题是两个密切相关但有明显区别的概念。下面简要概括它们之间的关系和差别。

（1）定义：风险是指项目中存在的一种不确定性，可能对项目进度、成本、质量或资源产生负面或正面的影响。问题则是在项目执行过程中已经出现或正在发生的障碍或困难，对项目产生实际影响。

（2）时机：风险通常在项目执行之前或过程中被识别，它们尚未发生，但存在可能性。问题则在项目执行过程中出现，表现为实际遇到的困难或挑战。

（3）管理方式：风险管理包括风险识别、分析、评估、应对和监控等阶段，旨在降低风险对项目的潜在影响。问题管理则关注解决已经出现的问题，采取纠正措施，以消除或减轻问题对项目的负面影响。

（4）应对策略：风险应对策略通常包括规避、转移、减轻和接受等，针对未发生的潜在风险制定预防和应急措施。问题应对策略则着重于解决问题、消除障碍，以保持项目进度和质量。

总之，风险和问题在项目管理中是相互关联的概念，风险关注未发生的潜在影响，而问题关注已经发生的实际影响。通过有效地管理风险和问题，项目经理可以确保项目的顺利推进，降低潜在风险和实际问题对项目成功的影响。

【题目】你需要了解离开领先科技这段时间发生的事情。经过研究，你计划与包总和黄总会面，讨论在未完成舟山群岛试点测试的情况下，在第二阶段发布技术可能产生的潜在风险。在完成试点测试之前，开发团队确定将技术推广到其他岛屿的风险。在团队看来，利大于弊，他们决定共同部署第二阶段。请问他们应该怎么做才能避免当前的风险演变为问题？

A. 在结束最后一个项目之后，你应该与包总和黄总会面，讨论在第二阶段发布技术可能产生的潜在风险，并进行定性风险分析、定量风险分析及风险应对规划。

B. 黄总做了一个错误的决定。他太渴望进入第二阶段。尽管他知道有质量问题，但他还是冒险推进扩展项目，他应该被取消参与这个项目。

C. 在结束最后一个项目之前，你应该与包总和黄总会面，讨论在未完成舟山群岛试点测试的情况下，在第二阶段发布技术可能产生的潜在风险。

D. 黄总的团队应该在每个迭代期间进行风险评估，在每次项目状态会议期间讨论风险，为每个确定的风险分配一个所有者，最后在承诺扩展项目之前进行风险分析。

【答案】D

【解析】本题考查的知识点是识别风险并在演变为问题之前进行处理。解题关键在于清晰了解风险演变为问题之前怎样有效处理。本题的四个选项中，选项 D 正确表述了有效处理的做法。在项目过程中，定期进行风险评估、讨论和分析风险是很重要的。这有助于识别并解决可能对项目产生负面影响的问题。分配风险所有者确保有人负责监控和管理每个风险，有助于团队在扩展项目之前做出明智的决策。所以，正确答案是 D。

选项 A：不正确。在结束最后一个项目之后进行风险分析可能为时已晚，因为已经进入第二阶段。在项目过程中，应该持续进行风险管理。

选项 B：不正确。单纯将黄总从项目中移除并不一定能解决问题，要解决问题，需要团队在项目过程中进行有效的风险管理。

选项 C：不正确。在结束最后一个项目之前与包总和黄总会面讨论风险固然重要，但仅进行一次讨论不足以应对项目过程中可能出现的风险，持续的风险管理是关键。

2. 与有关的干系人就解决问题的方法开展协作（考纲 2-15-3）

当项目中出现问题时，项目经理需要与干系人（如团队成员、客户、供应商等）进行协作，共同讨论和确定解决问题的方法。这涉及开展有效沟通、澄清问题的根本原因、讨论可能的解决方案和制订行动计划等，以确保问题得到及时和有效的解决。

出现问题时，请确保将问题立即添加到问题日志中。为每个问题分配一个所有者，负责跟踪解决问题的进度并向项目经理报告。确保截止日期是实际可达成的，并且应该尽一切合理的努力来满足所需。每次状态会议都应将问题列入主题，目标是维持可控数量的未决问题。如果问题已开始对项目产生重大影响，应毫不犹豫地将问题上报给项目发起人。

【题目】你正在与黄总密切合作，以使项目重回正轨。作为项目中最有影响力的两个干系人，你们需要就解决问题的方法开展协作。请问你将如何与黄总协作解决领先科技的许多问题？

A. 因为你负责使项目重回正轨，所以安排每周与黄总会面，直到问题得到解决，并由你来领导来自两个部门的团队。

B. 重新审视领先科技的技术和黄总的计划，就成功路线图应该是什么样子的达成共识。尽可能支持黄总的方法，但如果你发现他的方法存在风险，请提醒他注意这些风险，提出解决方案并进行讨论。

C. 安排每周与黄总会面，直到问题得到解决，并共同领导来自两个部门的团队。

D. 应该做的第一件事是确定谁是"老大"，这样黄总肯定会服从你的领导，按照你的项目计划来解决问题。

【答案】B

【解析】本题考查的知识点是与有关的干系人就解决问题的方法开展协作。解题关键在于如何与干系人建立信任并让其更好地参与进来。本题的4个选项中，选项B正确表述了与干系人就解决问题的方法开展协作的做法，更容易使双方建立信任，强调了与黄总的协作和沟通，通过共同审视技术和计划，构建共同的成功路线图。这样可以确保双方的观点得到充分理解和尊重。同时，在必要时提醒黄总潜在的风险并提出解决方案，这有助于建立互信，使项目更容易重回正轨。所以，正确答案是B。

选项A：不正确。尽管定期会面是一个好主意，但这个选项没有强调与黄总的合作，而是将解决问题的主导权完全交给你，这可能导致黄总缺乏参与感和投入。

选项 C：不正确。虽然这个选项提到了与黄总的定期会面和共同领导团队，但它没有强调如何解决问题，以及如何确定成功的路线图，缺乏具体的解决方案可能导致项目继续陷入困境。

选项 D：不正确。这个选项过于强调权威和地位，而不是以合作和沟通为基础来解决问题。这种方法可能导致黄总的抵触，进而影响项目的成功。

3. 采取最优行动解决问题，以使项目取得成功（考纲 2-15-2）

项目经理在面对项目问题时，需要采取最优行动解决问题，并确保项目能够成功实现目标。这包括对各种可能的解决方案进行评估，选择最有效且可行的方案，制订并实施相应的行动计划，以及持续监控和调整，确保问题得到妥善解决。

【题目】你和黄总已经制订了解决领先科技问题的计划，黄总的团队确定了两个最优行动：①与工程团队合作优化网络效率；②减少导致服务器速度变慢和软件低效的数据负载。请问你应该如何适当地实施这些行动以确保项目成功？

A. 保持更新 QA 登录表，记录并检查，确保我们的交付成果按时完成，以解决此问题。
B. 使用迭代方法获取所有工作的日常反馈并进行监控，直到达到目标。这样，你就不必依赖黄总进行 QA 检测。
C. 考虑风险，确定风险所有者，共同努力在明确的日期前快速解决问题，以便我们知道随着时间的推移会产生多大的影响。
D. 保持更新风险登记册并检查，确保交付成果按时完成，以解决此问题。

【答案】C

【解析】本题考查的知识点是采取最优行动解决问题，以使项目取得成功。解题关键在于解决问题的做法。本题的 4 个选项中，选项 C 正确表述了采取最优行动解决问题的做法：识别风险和问题，界定责任人和完成时间，并随着时间推移不断评估影响，这有助于更好地管理项目风险，确保团队协同努力以达到预期目标。所以，正确答案是 C。

选项 A：不正确。虽然更新 QA 登录表并检查可以帮助确保按时交付成果，但这个选项没有强调解决领先科技问题的具体行动和进行风险管理。

选项 B：不正确。虽然使用迭代方法获取日常反馈并进行监控是一个有效的项目管理方法，但这个选项没有涉及风险管理和与黄总的团队合作。

选项 D：不正确。虽然更新风险登记册并检查可以帮助确保按时交付成果，但这个选项没有强调解决领先科技问题的具体行动和与黄总的团队合作。

4.15 规划和管理项目/阶段的收尾或过渡工作

规划和管理项目/阶段的收尾或过渡工作是在项目或某个阶段结束时，对所完成的工作进行审查、总结、交付和关闭的一系列活动。这包括确保项目或阶段成果满足预定的质量标准、收集和存档项目文档、评估团队绩效、总结经验教训，以及向干系人交付项目成果。收尾或过渡工作有助于确保项目或阶段的成果得到充分的认可和利用。

规划和管理项目/阶段的收尾或过渡工作的步骤包括：①为成功结束项目或阶段确定相关标准；②开发移交产出；③确认已为过渡准备就绪；④完成各项活动，以结束项目或阶段。这 4 个步骤就是 PMP®考纲领域 2："过程"的任务 17 的 4 个驱动因素，其中 1 个不在考纲中，但在执行项目工作时也需要考虑，以下每个驱动因素的考题都使用下列情境案例。

> **情境案例**
>
> 由于你的卓越项目管理能力，国际娱乐公司成功举办了一场精彩的岁末音乐盛典。在活动前期，你妥善处理了乐队成员的违规行为，以及艺人社交媒体上的负面新闻，确保了演出的顺利进行。活动获得了博客版主的五星好评，国际娱乐公司的社交媒体关注度翻倍增长，制片人贝蒂对此非常满意。现在，你需要为这个项目画上圆满的句号，并为明年设定更高的目标和标准。

第 4 章 项目领导力进度

1. 为成功结束项目或阶段确定相关标准（考纲 2-17-1）

为成功结束项目或阶段确定相关标准是指项目经理需要确定相关的成功标准，以确保项目或阶段顺利结束。这些标准包括已交付的成果符合预期的质量、时间和预算要求，以及项目目标和干系人的需求得到满足。确定成功标准有助于项目团队在项目或阶段收尾时对成果进行有效的评估和总结。

【题目】贝蒂发了一封电子邮件给你，感谢你的出色工作，她对团队的表现非常满意，但强调明年将不能容忍有任何负面新闻。公司有一个顶级赞助商，其非常注重品牌形象，特别是在对儿童友善这方面，所以公司需要提高标准。贝蒂会尽快与你联系。请问你将采取哪些措施来成功结束项目并确保国际娱乐公司获得明年项目投标所需的最佳信息？

A. 组建一个提案团队，根据今年的状况与明年的可能改变完成一版提案，待业主做出提高标准的要求之后再做局部修改，这样可以确保以最快的速度完成明年项目投标的数据准备。

B. 组建一个收尾团队，定义所需的行动和资源，使干系人参与，分析风险，然后准备收尾流程所需的计划和预算，确保我们拥有明年项目投标所需的所有信息。

C. 创建用于结束项目的列表，并将其提交给干系人以供批准。然后与团队讨论谁需要留下来帮助完成项目，然后公布团队成员名单。

D. 召集团队负责人并查看选项，一起构建项目收尾流程，其中包括项目工期和成本，并提交给干系人以供批准。

【答案】B

【解析】本题考查的知识点是为成功结束项目或阶段确定相关标准。解题关键在于了解成功收尾的具体步骤和流程。本题的 4 个选项中，选项 B 正确表述了成功收尾的具体步骤和流程，提到了组建收尾团队、定义所需行动和资源、使干系人参与、分析风险以及准备计划和预算。这些步骤有助于确保项目成功结束，并为明年的项目投标收集所需的最佳信息。所以，正确答案是 B。

选项 A：不正确。虽然编写提案并根据需要做出修改是一个好主意，但这个选项没有涉及风险分析、干系人参与和资源需求的评估，这些都是确保项目投标成功所必需的。

选项 C：不正确。这个选项仅关注结束项目和团队成员的解散，并未考虑到确保明年项目投标所需的最佳信息。

选项 D：不正确。虽然这个选项提到了召集团队负责人并一起构建项目收尾流程，但它没有涉及风险分析、干系人参与和资源需求的评估，这些都是确保项目成功结束所必需的。

2. 开发移交产出（无对应的考纲）

在项目或阶段结束时，需要将项目产出移交给相应的接收方。开发移交产出涉及将项目成果整理、归档和编制相关文档，以确保接收方能够有效理解、使用和维护这些成果。此外，开发移交产出还包括与接收方协商确定移交流程、时间表和责任分配等事宜。

以最恰当的方式发布和部署项目交付成果，确保终端用户的认知，提高产出的正确使用率和采纳率。为了优化接受度和可用性，需要准备相关工件，如培训资料、文档、沟通及支持。

【题目】在今天早上的团队会议议程上包括做移交规划，以便为明年的音乐节做好准备。请问你应该移交哪些交付成果？

A. 票房收入、项目管理计划、项目成本效益分析表、所有出席的乐队的名单及配合状况表。

B. 票房收入、项目预算、原始项目计划、实际达到的里程碑以及所有出席的乐队的名单，以及成本和发生的任何问题的详细列表。

C. 建立一份文档，包括项目过程、最佳实践、组织结构图及所有费用和预算变更。

D. 收尾管理计划、WBS、对整个项目的评估、在整个项目中吸取的经验教训，以及所有规划、执行、变更和维护文档的完整档案。

【答案】D

【解析】本题考查的知识点是开发移交产出。解题关键在于了解移交产出的具体内容。本题的 4 个选项中，选项 D 正确列出了移交产出的完整内容，这些信息有助于确保为明年的音乐节做好充分准备。所以，正确答案是 D。

选项 A：不正确。虽然这个选项包括了票房收入、项目管理计划、项目成本效益分析表以及乐队的名单和配合状况表，但它没有涉及项目的评估、吸取的经验教训和文档的完整档案，这些信息对于为明年的音乐节做准备至关重要。

选项 B：不正确。尽管这个选项包括了票房收入、项目预算、原始项目计划、实际达到的里程碑，以及乐队的名单和相关成本及问题，但它同样没有涉及项目的评估、吸取的经验教训和文档的完整档案。

选项 C：不正确。虽然建立一份包括项目过程、最佳实践、组织结构图和费用预算变更的文档是一个好主意，但这个选项没有涉及项目的评估、吸取的经验教训和文档的完整档案。

3．确认已为过渡准备就绪（考纲 2-17-2）

确认已为过渡准备就绪是指项目经理需要确保在项目或阶段结束时，各方面的条件已经具备，以便顺利地将项目成果移交给相应的团队或进入下一阶段，以下是相关要点。

（1）完成交付成果：项目经理需要确保所有预定的交付成果已按照项目要求和质量标准完成，以便顺利移交或进入下一阶段。

（2）满足验收标准：在过渡之前，项目经理需要核实项目成果是否满足预先设定的验收标准，以确保客户和干系人的需求得到满足。

（3）整理项目文档：项目经理需要确保所有项目相关文档完整、准确且得到妥善归档，以便于后续的维护和管理。

（4）评估团队和资源状况：在过渡前，项目经理需要评估团队成员的技能、知识及资源配置，以确保顺利进行下一阶段的工作。

（5）沟通与协调：项目经理要与各干系人保持沟通，确保他们充分了解过渡的相关事宜，并协调各方资源，以确保过渡顺利进行。

（6）风险和问题处理：项目经理需要在过渡前处理潜在风险和遗留问题，以确保过渡过程中不会出现意外情况。

通过确认已为过渡准备就绪，项目经理可以确保项目或阶段的成功结束，并顺利地将项目成果移交给运营团队或进入下一阶段，以实现项目目标和满足客户需求。

【题目】每个人都因项目而筋疲力尽，贝蒂准备飞往中国三亚度假，但你的工作还没有完成。请问你如何确定团队是否准备好项目收尾？

A. 团队只需按照项目管理计划完成工作，在项目工作结束时，根据规定的标准流程进行收尾程序即可，不需要与干系人沟通。

B. 发送项目收尾的交付成果并与干系人合作，确保他们参与并理解收尾文档的目的。

C. 应用收尾标准并确保组织在变更管理周期中取得了足够的进展，以使干系人接受项目的交付成果。如果没有接受，则决定下一步要做什么，其中可能包括举办让更多干系人参与和支持的活动。

D. 让每个团队成员回答一组关于他们在项目中的角色以及项目是否成功的非正式问题。

【答案】C

【解析】本题考查的知识点是确认已为过渡准备就绪。解题关键在于确认接收方或接收环境是否已经具备。本题的4个选项中，选项C正确表述了验证收尾准备情况的具体做法，这将有助于确保团队准备好项目收尾。所以，正确答案是C。

选项A：不正确。这个选项没有涉及与干系人的沟通和合作，这在项目收尾阶段非常重要，仅依赖于项目管理计划和标准流程可能不足以确保项目的成功收尾。

选项B：不正确。虽然与干系人合作确保他们参与并理解收尾文档的目的是一个好主意，但这个选项没有提到评估组织在变更管理周期中的进展，以确定是否准备好接受项目的交付成果。

选项D：不正确。虽然让团队成员回答关于他们在项目中的角色和项目是否成功的非正式问题可能会提供一些见解，但这种做法并不全面，也没有提到评估组织在变更管理周期中的进展和与干系人的合作。

4. 完成各项活动，以结束项目或阶段（考纲 2-17-3）

项目或阶段结束时，项目经理需要确保完成各项收尾活动。这包括进行经验教训总结和项目回顾，评估项目成果和过程，解决遗留的采购和财务事宜，以及妥善处理项目资源（如人力、设备等）。这些收尾活动有助于确保项目或阶段的有序结束，为未来的项目提供宝贵经验，以下是相关要点。

（1）经验教训总结：项目经理需要组织团队总结项目或阶段的经验教训，以便为后续项目或阶段提供参考。

（2）项目回顾：项目经理应组织项目回顾会议，评估项目的整体表现，识别成功和失败的因素，以便在未来的项目中应用。

（3）采购关闭：项目经理需要确保与供应商的合同得到妥善处理，包括合同履行、付款结算和合同终止等事宜。

（4）财务结算：项目经理需要确保项目的财务事务得到妥善处理，包括预算支出、收益评估和财务报告等。

（5）资源释放：项目经理需要评估项目团队和其他资源的状况，妥善安排资源在后续项目或工作中的使用。

通过完成这些收尾活动，项目经理可以确保项目或阶段的成功结束，同时为组织积累宝贵的经验和知识，提高未来项目的成功率。

【题目】你已完成项目工作，你的团队准备收尾并好好休息一下。请问接下来你首先该做什么？

A. 办理庆功宴，慰劳辛苦工作的团队成员。

B. 向干系人展示产品并正式收尾。

C. 让所有员工在截止文档上签字并通知团队项目已经正式结束。

D. 储存项目产品，发感谢邮件给贝蒂。

【答案】B

【解析】本题考查的知识点是完成各项活动，以结束项目或阶段。解题关键在于确认结束项目或阶段的各项活动是否已经完成。本题的 4 个选项中，选项 B 的内容属于必须在结束项目或阶段时完成的活动。在项目结束时，向干系人展示产品并正式收尾是首要任务。这说明项目目标已经实现，所有干系人都对项目结果感到满意。所以，正确答案是 B。

选项 A：不正确。因为在项目正式收尾之前，举办庆功宴可能不太适当。首先需要确保项目已经成功完成，并得到干系人的认可。

选项 C：不正确。因为仅让所有员工在截止文档上签字并通知团队项目已经正式结束，并不能确保项目已经成功完成，首先需要向干系人展示产品并取得他们的认可。

选项 D：不正确。因为在项目正式收尾之前，储存项目产品和发感谢邮件给贝蒂都是次要的任务，首先需要向干系人展示产品并确保他们对项目结果感到满意。

第 5 章

项目领导力深度

5.1 深度——安心专注力简介

项目领导力深度涵盖两个关键方面：①挡掉干扰，安心专注；②放下私欲，乐于奉献。这一维度的核心原则在于，项目经理应该排除干扰，引导整个团队实现项目目标。同时，项目经理要能够让团队抛开个人利益，关注团队共同的目标，具备以客户利益为先的奉献精神，乐于主动相互协助，不断为客户创造最大价值。与项目领导力深度相关的考纲如表 5-1 所示，具体说明将在下述各小节中展开。

表 5-1　与项目领导力深度相关的考纲

维度	PMP®考纲
深度	领域 1 "人员"
	任务 1：管理冲突
	任务 2：领导团队（1-2-5 激发、激励和影响团队成员/干系人、1-2-7 区分领导各类团队成员和干系人的不同选项）
	任务 3：支持团队绩效
	任务 13：指导有关的干系人
	任务 14：运用情商提升团队绩效
	领域 2 "过程"
	任务 16：确保进行知识交流，使项目得以持续开展

5.2 管理冲突

管理冲突是指在项目执行过程中，对于因不同观点、利益、资源分配或工作方式等导致的紧张关系和矛盾进行识别、分析和解决的一系列过程。有效的冲突管理旨在通过沟通、协商、调解等手段，降低冲突对项目进度、质量和团队协作的负面影响，同时促进团队成员之间的理解和合作。

管理冲突应该多一点领导，少一点管理。干系人可以放心地与项目经理交谈，他们需要相信，无论项目经理做出何种选择，都将符合他们的最佳利益。

管理冲突的步骤包括：①解释冲突的来源和所处阶段；②分析冲突发生的背景；③确定根本原因；④评估/建议/协调适当的冲突解决方案。这 4 个步骤就是 PMP®考纲领域 1："人员"的任务 1 的 4 个驱动因素，其中 1 个不在考纲中，但在执行项目工作时也需要考虑，以下每个驱动因素的考题都使用下列情境案例。

> **情境案例**
>
> A 集团旗下的国际运输公司在深圳拥有一支 800 辆卡车组成的车队，负责将工业废物运送至安全处理场所，过程中需经过危险道路。三年前，公司启动了名为"千里眼"的项目，旨在为车队提供实时追踪和路线信息解决方案。然而，如今项目已延期一年并超支 600 万美元，但"千里眼"尚未投入运行，整个项目面临严重失败的风险。
>
> 你被聘请来帮助国际运输公司决定"千里眼"项目的命运，涉及的关键人物有财务总监李总和项目发起人宋总。作为项目指导委员会成员的李总主张终止项目，因为它已超支且进度延误。而宋总则相信，团队能找到解决方案，并在六个月内成功投入"千里眼"的运营。

1. 解释冲突的来源和所处阶段（考纲 1-1-1）

在项目管理中，解释冲突的来源和所处阶段是解决冲突的第一步。冲突可能

第 5 章 项目领导力深度

源于资源分配、沟通、利益等方面，冲突的阶段包括潜在冲突阶段、表面化冲突阶段、公开冲突阶段等。解释冲突的来源和所处阶段有助于项目经理制定针对性的解决策略。

在决策过程中，应在时间允许的范围内尽可能收集全面的观点。主动聆听各方的意见，分析事实并在调查冲突时保持公正。同时，注意考虑第三方的观点。协助团队识别问题中存在的偏差，分析可能引发冲突的干系人的性格或其他复杂因素，以及关注可能面临风险的项目成果。这样的做法有助于做出更明智、全面的决策，从而提高项目管理的效果。

【题目】请问你应该使用哪种方法来收集有关项目意见分歧和可能的解决方案的更多信息？

A. 查看所有项目文档，找出项目中任何表明它更有可能成功或失败的问题。随后，询问李总和宋总的下属员工对这些问题的看法。

B. 与宋总和李总一起见面，让他们阐述各自的立场，利用这个机会尝试找到解决冲突的最好方法，并达成共识。

C. 查看所有项目文档，找出项目中任何表明它更有可能成功或失败的问题。然后，询问项目内其他领导对这些问题的看法。

D. 分别与李总和宋总会面，讨论他们的担忧，并向他们的上级和团队负责人询问，在该项目中他们是否有任何冲突或他们过往是否有任何冲突。

【答案】D

【解析】本题考查的知识点是解释冲突的来源和所处阶段。解题关键在于和冲突双方建立信任，并且找到冲突的来源。本题的 4 个选项中，选项 D 是调查冲突的最佳描述，与李总和宋总的面对面直接沟通，可以更好地理解他们的立场和担忧，更全面地收集冲突的信息，以判定冲突的来源和所处阶段。所以，正确答案是 D。

选项 A：不正确。这个方法仅仅依赖于下属员工的看法，而没有直接询问李总和宋总本人。这可能导致信息的偏差和误解，无法真实反映双方的立场和关切。

选项 B：不正确。一开始还没了解状况，就直接和冲突双方一起见面，很难营造融洽的氛围。如果要同时与双方见面，应该在分别见面后再找合适的时机安排同时见面。

选项C：不正确。这个方法同样未直接与李总和宋总沟通，虽然其他领导的意见可能有价值，但与直接向涉及冲突的双方了解情况相比，这种方法可能无法准确把握问题的实质。

2. 分析冲突发生的背景（考纲1-1-2）

为了更好地解决冲突，项目经理需要分析冲突发生的背景。这包括评估项目环境、团队文化、干系人关系等因素。通过深入了解背景，项目经理可以识别潜在的风险和问题，从而制定有效的应对措施。

冲突在项目管理中是无法避免的现象。积极的冲突有助于探讨替代方案，而公开的信息和意见交流可以减少团队冲突。在解决冲突之前，需要了解冲突的各个阶段，确定冲突的来源及持续时间。冲突可能由多种原因引发，包括但不限于竞争、价值观差异、角色分工的分歧、个人习惯差异以及沟通障碍等。通过深入了解冲突背后的原因，项目经理可以更好地解决问题，提高项目的成功率。

【题目】你决定访问一些第三方，以获得对于冲突双方的反馈。请问哪些问题可以帮助你更好地了解冲突的原因，以及冲突开始的时间？

A. 李总和宋总谁离开公司对项目团队成员影响更大、让干系人满意度更低？

B. 李总和宋总在国际运输公司工作了多久？哪个人对项目更有价值？你更喜欢和李总还是宋总一起工作？

C. 李总和宋总各自的工作方式是怎样的？他们在一起工作多久了？他们之间的关系如何？他们相处的方式如何？他们是否感觉受到对方的威胁？

D. 其他干系人如何看待"千里眼"项目？宋总和李总在此项目中的个人优势是什么？

【答案】C

【解析】本题考查的知识点是分析冲突发生的背景。解题关键在于如何从第三方获得对于冲突双方有效的反馈。本题的4个选项中，选项C关注了李总和宋总的合作历程、关系、工作方式，以及是否感觉受到对方的威胁，这有助于了解他们之间关系的变化和沟通问题，有助于分析冲突的原因及开始的时间。所以，正确答案是 C。

选项 A：不正确。这个选项关注的是李总或宋总离开公司后的影响，而不是冲突的根源，这些问题无法帮助我们深入了解冲突原因和冲突开始的时间。

选项 B：不正确。虽然询问哪个人对项目更有价值可以帮助我们了解他们在项目中的贡献，但其他两个问题关注了他们在公司的工作时间和第三方的个人喜好，这些问题并不能直接帮助我们了解冲突的原因和开始的时间。

选项 D：不正确。这个选项有一定的参考价值，但没有选项 C 好。了解其他干系人的观点，有助于从更宏观的角度评估项目的现状和潜在问题，从而更全面地了解冲突背后的原因。同时，了解他们在项目中的个人优势，有助于评估他们对项目的贡献和价值。

3. 确定根本原因（无对应的考纲）

在解决冲突时，找到冲突的根本原因是关键。项目经理需要深入分析冲突双方的立场、需要和诉求，从而找到导致冲突的根本原因。如果这些根本原因持续存在，冲突就会重复出现，只有解决了根本原因，冲突才能得到有效缓解和消除。

【题目】请问你如何确定目前李总和宋总之间关于"千里眼"项目冲突的根本原因？

A. 与李总和宋总一起会面，了解他们的冲突是从何时开始的，以及为什么他们如此不喜欢和不信任对方。

B. 与和宋总及李总密切合作的人会面，了解他们对冲突的了解并听取他们推荐的解决方案。

C. 分别与李总和宋总会面，了解他们的冲突是何时开始的，以及为什么他们如此不喜欢和不信任对方。

D. 聘请调解员与李总和宋总讨论他们的关系，事后再与调解员沟通，并围绕李总和宋总的工作互动，创建一个支持积极互动的结构。

【答案】C

【解析】本题考查的知识点是确定冲突发生的根本原因。解题关键在于一对一地与冲突双方进行沟通。本题的4个选项中，选项C分别与李总和宋总会面，直接进行沟通有助于具体了解冲突发生的背景，确定冲突发生的根本原因。所以，正确答案是C。

选项A：不正确。与李总和宋总一起会面，他们可能因为彼此的存在而不愿意公开讨论问题。因此，这种方法可能无法获得准确的信息。

选项B：不正确。这个选项只与和双方密切合作的人进行沟通，没有直接与冲突双方进行沟通。

选项D：不正确。这个选项先让第三方调解员与冲突双方进行沟通，然后自己再与调解员进行沟通，增加了沟通层次且可能无法获得准确的信息。

4. 评估/建议/协调适当的冲突解决方案（考纲 1-1-3）

评估/建议/协调适当的冲突解决方案意味着项目经理需要识别和分析冲突的原因，然后根据具体情况制定针对性的解决策略。项目经理应当评估各种可能的解决方案，并根据项目目标和团队利益推荐最佳选择。在推荐的解决方案确定后，项目经理需要协调干系人，以确保各方达成一致，共同解决冲突，从而实现项目的顺利进行。冲突解决方案的基本类型包括以下几种。

（1）避免：又称退出，有意地规避冲突，将可能导致冲突的问题搁置，但并不解决实际问题。

（2）适应：又称平滑，一方让步以满足对方需求，可能会牺牲自己的利益，以营造和谐的团队氛围。

（3）妥协：又称调和，各方在问题上让步，寻求一个双方都能接受的中间解决方案，但可能不能完全满足任何一方的需求，可以暂时缓解冲突。

（4）竞争：又称强制，一方坚持己见，试图通过力量、地位或影响力来推动自己的观点，从而在冲突中获胜。这可能加剧冲突，损害团队合作。

（5）合作：又称解决问题，各方积极寻求共同利益，通过沟通与协作解决冲突，寻求双赢或多赢的解决方案。这有助于建立信任和增强团队凝聚力。

（6）调解：在第三方中立调解者的协助下，让冲突双方自愿寻求解决方案。

第5章 项目领导力深度

调解者帮助各方理解对方的立场和需求,从而达成共识。

了解这些冲突解决方案有助于项目经理根据具体情况选择恰当的解决策略,妥善处理项目中出现的冲突。

【题目】请问在当前这种情况下,对"千里眼"项目和国际运输公司而言,最有利且最佳的冲突解决方案是什么?

A. 单独与李总交谈,告诉他如果不能与宋总取得和解,就会因为损害公司利益而无法继续留在项目中。

B. 与宋总和李总一起会面,并解释他们的行为对项目和公司产生了负面影响。要求他们为了项目和公司的利益而搁置争议,与他们两人进行非正式的定期沟通。

C. 分别与李总和宋总进行交谈,告诉他们,虽然你了解存在潜在的个人冲突,但公司不能容忍不和,建议分别向项目经理和顾问咨询。

D. 分别与李总和宋总进行交谈,了解他们最想从对方那里得到什么,并据此进行谈判,不要让问题悬而未决。

【答案】B

【解析】本题考查的知识点是评估/建议/协调适当的冲突解决方案。解题关键在于将公司利益置于个人利益之上,并通过协作解决问题的方式与冲突双方达成一致。本题的4个选项中,选项B强调了项目和公司利益的优先级,并要求李总和宋总搁置争议。通过与他们进行定期的非正式沟通,可以监控他们的关系,确保他们保持专注于项目,从而有利于公司。所以,正确答案是B。

选项 A:不正确。这种方法可能导致李总感觉受到威胁,加剧他与宋总之间的紧张关系,从而对项目产生负面影响。

选项 C:不正确。单独与双方会面,试图用威胁的方式解决冲突,这并没有促成双方合作和公开对话,也没有做出承诺。

选项 D:不正确。虽然试图了解双方的需求并进行谈判,但没有让李总和宋总面对面解决问题。此外,这种方法也容易导致信息不对称和误解。

5.3 启发、激励及维护团队

启发、激励及维护团队的重要性在于激发团队成员的积极性、提高生产力、增强团队凝聚力、促进个人成长、降低员工流失率和提高创新能力。通过提高团队士气和关注团队目标，团队成员将更愿意投入工作，从而提高项目效率。维护团队环境有助于提高员工满意度和忠诚度，确保项目的稳定运行。同时，启发和激励团队成员不仅有助于个人成长，还可提高团队整体素质，进一步推动项目成功。

启发、激励及维护团队的步骤包括：①激发、激励和影响团队成员/干系人；②区分领导各类团队成员和干系人的不同选项；③维护团队。这 3 个步骤就是 PMP®考纲领域 1："人员"的任务 2 的驱动因素中的 3 个，其中 1 个不在考纲中，但在执行项目工作时也需要考虑，以下执行每个驱动因素的考题都使用下列情境案例。

> **情境案例**
>
> A 集团子公司领先科技的朱博士和他的虚拟现实团队正在研发一款创新型游戏。这款游戏利用虚拟现实眼罩，允许玩家自定义角色，鼓励玩家将家庭成员、朋友和住址等详细信息添加到游戏角色中，以提高游戏场景和角色个性的真实感。
>
> 作为项目经理，你将领导由软件开发人员和法律顾问组成的虚拟现实团队。你需要确定团队如何负责、安全地处理玩家的这些信息，以及如何在游戏中将这些信息以视觉方式呈现。

1. 激发、激励和影响团队成员/干系人（考纲 1-2-5）

激发、激励和影响团队成员/干系人是非常重要的，项目经理可以通过制定团队合同、社群合同或团队章程等方法，明确团队的目标、价值观和行为规范。此

第 5 章 项目领导力深度

外，项目经理还可以通过奖励，如表彰、奖金等，激励团队成员更好地完成任务，提高团队的整体绩效。

好的项目经理将项目团队成员团结在一起，促进团队建设活动，从而促进团结、建立信任、培养同理心，专注于团队而不是个人。凝聚力更强、更团结的项目团队会有更好的绩效。如果受到项目经理及团队的激发、激励和影响，团队成员/干系人就能实现更高水平的绩效。

【题目】软件开发团队最近似乎表现不佳，一些团队成员通过非正式渠道向你抱怨，他们厌倦了回答来自产品团队、营销人员和律师的无穷无尽的问题。请问身为项目经理和项目领导者，你如何激励开发团队并使其变得有效率？

A. 跟团队成员说："如果你不想回答这些问题，那就交给我来处理好了。"身为项目领导者，我必须帮助和支持他人。我的领导风格应在我的管理技能之上。身为项目经理，我必须在短期内同时着眼于解决问题和提高效率。

B. 跟团队成员说："你们需要回答问题或由我指派某人来回答。"项目经理和项目领导者两个角色密不可分。身为项目经理，我必须委派责任、保持控制和寻求更多方法来提高团队效率。身为项目领导者，我负责提高效率、激励团队和对外宣传团队的成功。

C. 跟团队成员说："我需要你们回答这些问题，否则我们无法完成这项工作。"身为项目经理，我首先需要专注于最佳实践、管理和控制。身为项目领导者，我的主要工作包括为我的团队寻找挑战之处、保持沟通和提供支持。

D. 跟团队成员说："回答这些问题，以便我们继续前进，现在需要大家的共同努力。"身为项目领导者，我必须激发、激励和影响他人，同时着眼于长期影响。我的领导风格应在我的管理技能之上。身为项目经理，我必须在短期内建立流程和保持控制，并解决眼前的问题。

【答案】D

【解析】本题考查的知识点是激发、激励和影响团队成员/干系人。解题关键在于理解项目领导者和项目经理在激励团队成员方面的角色区别。本题的 4 个选项中，选项 D 对团队成员说的话不仅增强了团队凝聚力，促进了团队协作，而且营造了积极解决问题的氛围，既展示了项目经理的角色，也突显了项目领导者的角色。这个选项鼓励团队成员一起解决问题，并强调了重要性，同时展示了对团队成员的支持和理解。所以，正确答案是 D。

选项 A：不正确。这个选项表现出项目经理愿意承担责任，但它并没有提供激励或帮助团队成员找到解决问题的方法。此外，这种做法可能导致团队过度依赖项目经理，而不是学会自己解决问题。

选项 B：不正确。这个选项强调了项目经理和项目领导者的角色，但它给团队成员施加了压力，没有提供激励或支持。选项 B 中对团队成员说的话会让对方觉得你站在他们的对立面，而项目领导者应该凝聚团队，这可能导致团队成员感到不满和不愿意合作。

选项 C：不正确。虽然这个选项强调了项目经理和项目领导者的职责，但也给团队成员施加了压力，并没有营造一个积极的氛围，没有提供激励或支持，这可能影响他们的工作效率。

2. 区分领导各类团队成员和干系人的不同选项（考纲 1-2-7）

项目经理需要了解并区分领导不同类型团队成员和干系人的方法。这意味着项目经理要根据团队成员和干系人的特点、需求、期望和能力，采取不同的领导策略和方法，如变革型领导、民主型领导或教练型领导等。为了更高效地实现目标，项目经理应该根据组织文化、团队和个人的特点调整领导风格，展现出灵活的领导能力。

【题目】虚拟现实团队中一位高级软件工程师的工作持续落后，他的小组长再次向你寻求建议，这是他的小组长本月第三次就同一问题向你寻求建议，他说你之前提供的解决方案都没有帮助。请问你该怎么办？

A. 将始终无法解决问题的小组长免职，由你接管小组长的工作，直接与这位软件工程师沟通，确保在短期内解决问题。

B. 与其建议另一个解决方案，不如指导小组长了解这位软件工程师的情况，可能他在工作中或工作之外遇到了问题，需要帮助。无论情况如何，要先确保了解问题的根本原因是什么。

C. 建议小组长开始寻找替代这位高级软件工程师的人，并与 HR 合作，避免将招聘启事直接发在员工看得到的内部网站。

D. 与这位软件工程师共进午餐，直接跟他说明小组长已经因为他的进度持续落后找了自己三次，而且进度落后的状况一直没有改进，小组长可能是软件工程师工作落后的部分原因。

【答案】B

【解析】本题考查的知识点是区分领导各类团队成员和干系人的不同选项。解题关键在于如何根据实际情况调整你的领导风格，以便达到效果。本题的 4 个选项中，选项 B 的描述是正确的，只有先处理好人的问题，才能有好的解决方案。所以，正确答案是 B。

选项 A：不正确。这个选项的做法简单粗暴，直接将责任归咎于小组长，没有充分了解问题的实际原因，将直接领导免职并没有解决问题。此外，直接接管小组长的工作可能导致组织混乱和信任破裂。

选项 C：不正确。没有了解问题原因，只想简单地通过解雇员工来解决问题，此为下策。这种做法可能导致团队士气低落，问题不能得到充分解决。

选项 D：不正确。绕过直接领导与软件工程师沟通，而且把矛盾指向小组长，也是营造团队良好氛围的大忌。

3. 维护团队（无对应的考纲）

维护团队是指项目经理在项目执行过程中，确保团队成员保持高度的凝聚力、信任和积极性。维护团队包括解决团队内部的冲突、提升团队士气、促进团队成员之间的沟通和协作等。通过维护团队，项目经理可以为项目的顺利推进营造良好的团队氛围。

【题目】你的团队正在稳步前进，按时交付了突破性的功能且沟通顺畅。为了保持这个势头，你需要实施一些团队激励措施。请问你会选择哪些措施？

A. 每个月发送一封电子邮件，奖励团队中产出最高、效率最高或完成工作最多的成员去马尔代夫旅游。通过这种方式，激励团队成员人人争先，不断突破业绩新高。

B. 与团队领导者每月召开一次会议，以决定每个季度的活动。在每次活动期间，团队将投票选出本季度的最佳员工。获胜者将获得一个奖杯，奖杯将被放在获胜者的办公桌上，直到下一次活动。

C. 创建一个委员会，每个团队都有一名代表加入委员会，并给他们一笔预算。每个季度，该委员会将根据员工调查的反馈，发起活动以促进团队建设。委员会与小组长们一起主持月会，奖励"当月最佳团队成员"。

D. 每个月发送一封电子邮件，表彰团队中产出最高、效率最高或完成工作最多的成员。通过这种方式，认可团队成员在团队中的贡献并激励他们取得荣誉。

【答案】C

【解析】本题考查的知识点是维护团队。解题关键在于分辨出能有效激励和凝聚团队成员的具体措施。本题的4个选项中，选项C定期举办员工喜欢的团队建设活动，实现了团队成员的积极参与。该措施关注团队建设活动，以提高团队凝聚力，最有利于维护团队。所以，正确答案是C。

选项A：不正确。这个选项过于强调个人竞争而非团队合作。奖励过于昂贵，可能不切实际。这可能导致团队内部产生敌对情绪，对于长期的团队绩效和士气可能产生负面影响。

选项B：不正确。这个选项着重于表彰个人成就，忽略了团队之间的合作。虽然表彰是一种激励方式，但获胜者只获得一个奖杯，这可能不足以产生持续的激励效果，这个措施并未涵盖团队建设活动或其他形式的奖励。

选项D：不正确。虽然这个选项表彰团队成员的贡献，但它过于强调个人成就，可能导致团队内部竞争。同时，它并未涵盖团队建设活动或其他形式的奖励，可能不足以产生持续的激励效果。

5.4 支持团队绩效

支持团队绩效是指通过实施一系列策略和措施，激励和培养项目团队成员，以提高他们的工作效率、协作能力和创新精神，从而提高项目整体绩效的过程。这包括设定明确的目标和期望、提供必要的资源和支持、实施有效的沟通机制，以及建立公平的激励和奖励制度等。

支持团队绩效的步骤包括：①根据关键绩效指标评估团队成员的绩效；②支持并认可团队成员的成长和发展；③确定适当的反馈方法；④核实绩效提升情况；⑤支持工作问责。这5个步骤就是PMP®考纲领域1："人员"的任务3的5个驱动因素，其中1个不在考纲中，但在执行项目工作时也需要考虑，以下每个驱动因素的考题都使用下列情境案例。

> **情境案例**
>
> A集团正推出一项会员计划以促进业务增长，这项新服务将使客户能够利用A集团可靠的资源。例如，客户可以通过支付年费来使用A集团的俱乐部资源。
>
> 客户管理总监周总已聘请你作为会员计划项目的项目经理，你将领导一个由20名员工组成的团队，包括专家和软件开发人员。然而，团队成员缺乏订阅服务或会员服务的具体经验，因此你需要指导他们了解如何实现周总的想法，以获得实际利益。

1. 根据关键绩效指标评估团队成员的绩效（考纲1-3-1）

关键绩效指标（Key Performance Indicator，KPI）在项目管理中对评估团队成员绩效具有重要作用，包括任务完成度、质量和时间效率等方面。设定明确、可衡量、可实现的KPI有助于确立目标、激发团队热情、推动持续改进和客观评估。项目中应根据项目目标和需求为成员设定合适的KPI，合理分配任务，确保全体成员参与。通过定期跟踪和评估成员在 KPI 方面的表现，提供及时反馈和支持，帮助他们认识自身优缺点。对表现优秀的成员给予表彰和奖励，以提升团队整体绩效。

有效沟通有助于优化团队绩效，建立信任，管理冲突，促进协同决策和解决问题。寻求领导或干系人支持有利于建立高效的项目团队，提高技能水平，营造良好团队氛围，从而提升项目绩效。

【题目】你的首要任务是设计会员服务，然后决定用户将如何使用它，你已经知道基准和期望的结果。请问将团队成员的技能与项目 KPI 成功匹配的最佳方法是什么？

A. 审视整个项目并创建对项目有意义且对公司有价值的 KPI，然后让每个团队成员根据他们的经验和技能，提出他们可以为实现 KPI 做出贡献的三种最佳方法。

B. 让每个团队成员列出最重要的项目成果，以及他们的技能与每个成果的相关性，确定如何最好地交付项目。

C. 审视整个项目，并创建对项目有意义且对公司有价值的 KPI，评估团队成员的技能并将其与 KPI 相关联，以展示团队的优势将如何帮助项目取得成功。

D. 根据项目的预期结果创建一组 KPI，然后让每个团队成员根据他们的经验和技能，提出他们可以为实现 KPI 做出贡献的三种最佳方法。

【答案】C

【解析】本题考查的知识点是根据关键绩效指标评估团队成员的绩效。解题关键在于，如何创建对项目有意义且对公司有价值的 KPI，并将 KPI 与团队成员的关键技能相关联。本题的 4 个选项中，选项 C 将项目 KPI 与团队成员的技能相结合，从而确保团队的优势能够为项目的成功做出贡献。这个方法首先审视整个项目并创建对项目有意义且对公司有价值的 KPI，然后评估团队的技能，最后将这些技能与 KPI 相关联，以展示团队的优势将如何帮助项目取得成功。所以，正确答案是 C。

选项 A：不正确。这个选项让每个团队成员提出他们可以为实现 KPI 做出贡献的三种最佳方法，但没有强调如何将团队成员的技能与 KPI 相关联，以确保项目的成功。

选项 B：不正确。这个选项关注团队成员的技能与最重要的项目成果的相关性，但并未提及创建对项目有意义且对公司有价值的 KPI，这使得团队在不清楚 KPI 的情况下就确定最佳交付方式。

选项 D：不正确。这个选项没有涉及评估团队成员的技能，并将其与 KPI 相关联，以展示团队的优势将如何帮助项目取得成功。

2. 支持并认可团队成员的成长和发展（考纲 1-3-2）

项目经理需要关注团队成员的职业成长和发展，提供学习、培训和提升的机会。通过认可和鼓励团队成员的成长，项目经理可以提高团队的整体技能水平，同时激发团队成员的积极性和归属感。

保持团队成员的积极性和激励团队成员并不能保证最佳表现，还需要满足团队成员个人能力发展需求和激发其内在的天赋才华，才能让团队成员取得更好的工作绩效，支持团队成员的成长和发展是项目成功的重要因素。

【题目】团队成员小杨认为自己的工作没有挑战性，她希望领导一个团队，想承担更大的责任。请问你准备如何处理她的请求？

A. 告诉小杨，如果团队里面每个成员都像她一样，项目将无法正常开展，团队成员的个人喜好必须服从公司和项目整体利益的安排。

B. 对照 KPI 检查小杨的表现，然后与她谈谈她的经历和当前的任务。根据详谈后的发现给予她更多的责任，指派她领导几个人，或者建议她在当前任务上继续努力，争取更好的绩效。

C. 询问小杨是否有什么她不喜欢的工作，她会感到无聊可能是工作本身的原因。另外，询问一些关于项目管理和领导力的问题，以评估她是否准备好领导一个团队。

D. 其他团队成员可能也想成为领导者。向小杨询问她目前的任务并赋予她更多的责任。如果她仍然表现出色，才继续给她分配更多的任务。

【答案】B

【解析】本题考查的知识点是支持并认可团队成员的成长和发展。解题关键在于将 KPI 和团队成员的关键技能相关联，正确处理团队成员提出的成长和发展问题。本题的 4 个选项中，选项 B 对照 KPI 与团队成员的表现，再根据结果做出相应的答复是最合适的。可能是让小杨担任小组领导者，也可能让小杨在当前任务上继续努力，这样才能确保团队成员个人成长与公司价值实现是完全一致的。所以，正确答案是 B。

选项 A：不正确。这个选项没有解决小杨的请求和疑虑。尽管团队成员的个人喜好确实需要服从公司和项目整体利益，但这种做法可能让她感到不被重视。

选项 C：不正确。虽然询问小杨不喜欢的工作和评估她的领导力可以帮助了解她的需求，但这个选项没有考虑她在现有任务上的表现，这是决定是否给她更多责任的关键因素。

选项 D：不正确。这个选项关注其他团队成员可能也想成为领导者的问题，这不应成为处理小杨请求的主要焦点。此外，它没有明确提到检查小杨在现有任务上的表现，这是分配更多责任给小杨的重要考虑因素。

3. 确定适当的反馈方法（考纲 1-3-3）

确定适当的反馈方法意味着根据团队成员的需求、性格、文化背景和具体情况，采用适当、正面、建设性的反馈方法，以及针对不同情境的沟通策略。这样有助于提高团队绩效、加深相互理解、促进合作，从而提高项目执行效率和成功率。项目经理需灵活运用沟通技巧，确保信息有效传达，协助团队成员不断进步。

持续反馈对项目管理和团队环境中的敏捷性和响应能力至关重要。作为项目经理，应负责找到合适的时机和方式提供反馈，帮助团队了解他们的进展情况。建设性反馈对团队学习、适应和成长至关重要，但提供反馈可能带来压力，尤其是负面反馈，因此需要考虑多种方法。

敏捷实践遵循迭代和增量开发，在每个迭代阶段都会对产品进行优化。团队成员之间互相提供反馈和支持，并向客户展示成果，以获取客户反馈和指导。这些反馈为后续迭代和产品待办事项列表提供信息，使团队有机会在交付前对产品进行改进，避免在后期耗费更多时间和成本进行补救。

【题目】请记住，可能需要以稍微不同的方法向个别团队成员提供反馈，在查看小杨的表现后，你发现她的工作表现与会员计划项目的要求不符。请问你会采取什么方法？

A. 联系公司 HR，看看是否能够找到替代小杨的其他人选，目前看来小杨已经不适合继续留在这个项目中。

B. 记录小杨在项目中的表现，将小杨的表现与其他团队成员的表现进行比较。然后安排一次会议，向小杨解释其他同事的表现，并阐明你的期望。

C. 保持冷静，直接提供反馈，并预先设定期望。一定要和小杨私下交谈，以避免她在同事面前感到不适。

D. 告诉小杨她的表现不足以承担更多责任，然后等几天，让她有时间进行反思，之后再详细讨论。一定要考虑一些正面的反馈，这样她就不会太失望。

【答案】C

【解析】本题考查的知识点是确定适当的反馈方法。解题关键在于选择合适的反馈场景，以避免伤害团队成员自尊心并保持他们工作的积极性。本题的 4 个选项中，选项 C 建议与小杨进行私下交谈，避免让她在同事面前感到不适。通过保持冷静和直接提供反馈，你可以清楚地传达你的期望，并帮助她了解自己在项目中的角色和需要改进的地方。所以，正确答案是 C。

选项 A：不正确。这个选项的做法过于冷血，在没有尝试解决问题之前就开始寻找替代方案。在考虑更换小杨之前，应该先与她讨论表现问题，并为她提供改进的机会。没有通过反馈来鼓励团队成员，会破坏团队的凝聚力和打击个人积极性。

选项 B：不正确。这个选项将小杨的表现与其他团队成员进行比较，这可能让她感到更加沮丧。提供反馈时应该关注成员个人的表现，而不是与其他人进行比较。

选项 D：不正确。这个选项建议先告诉小杨她的表现不足以承担更多责任，然后等几天再进行详细讨论。这样的做法可能让她在等待期间感到不安，而且这样直接的负面反馈打击了小杨的积极性，会让她后续失去前进的动力，应立即安排私下交谈，并在交谈中给予正面反馈。

4. 核实绩效提升情况（考纲 1-3-4）

项目经理需要定期检查团队成员在执行改进措施后的绩效提升情况。通过跟踪和监测绩效变化，项目经理可以确保团队成员在提高工作效果的同时不断成长和发展。

绩效评估的目的是识别每个团队成员的潜力，以便促进团队成员之间的互动、解决问题并处理冲突。对团队绩效进行持续的正式或非正式评估，是提高项目团队成员技能和能力、增加团队凝聚力的有效方法。

【题目】你已经就小杨在会员计划项目中的表现向其提供了一些反馈。你让她专注于增量设计问题，以确定最终的网站功能，并将用户纳入反馈循环。这些问题在她之前的工作中是没有被注意到的。请问你将如何验证你的反馈对小杨的绩效提升有所帮助？

A. 跨部门职能经理对小杨专门进行满意度调查，确定小杨的绩效在上次反馈之后得到了提高，并获得干系人的认可。

B. 与周总会面并讨论小杨的工作情况，看看自反馈以来小杨的绩效是否有所改进。与小杨一起审查自反馈以来的工作表现，并与她讨论工作进展情况。

C. 召开一次团队会议，看看是否每个人都觉得设计问题得到了解决，让团队设法提高整体绩效。

D. 将实际结果与小杨负责的交付成果的进度表、验收标准、成本和订阅会员数量等方面的预期结果进行比较，确定小杨的工作是否达到了所有基准和 KPI。

【答案】D

【解析】本题考查的知识点是核实绩效提升情况。解题关键在于如何验证通过反馈确实提升了绩效。本题的 4 个选项中，选项 D 的描述是正确的，客观、科学地评价小杨的工作是否达到了所有基准和 KPI，直接反映小杨是否理解和采纳了你的反馈并提升了绩效。所以，正确答案是 D。

选项 A：不正确。跨部门职能经理进行满意度调查虽然可以评估小杨的绩效，但这种方法可能无法直接了解她的工作进展。

选项 B：不正确。周总并不一定很了解小杨的工作情况，小杨对自己的表现也可能存在主观判断，不足以验证反馈的绩效改进结果。

选项 C：不正确。召开团队会议可能有助于了解整个团队的绩效，但并不能针对性地评估和验证反馈的绩效改进结果。

5. 支持工作问责（无对应的考纲）

在项目管理中，项目经理需要确保团队成员对自己的工作负责。这包括明确工作职责、设定目标和期望，以及对工作成果的评估。通过支持工作问责，项目经理可以提高团队成员的责任感，从而提高整个团队的绩效。

【题目】问责制对于项目成功至关重要，因此必须跟踪每项工作的状态。小杨和团队目前的表现符合你的期望。请问你将如何跟进每个人的工作绩效并有效问责？

A. 要求每个团队成员在每天工作结束后，通过电子邮件来报告自己的工作进度，并做出自我评价，这能够保证他们对自己的绩效负责。

B. 设计一个电子表单模板，用来显示每个成员在项目中的任务和职责，向你的团队表明你要对他们所有人负责。当团队提前完成任务或低于预算完成任务时表扬他们，表明你正在跟踪团队的任务。

C. 设置一个显示作业和进度的白板，以便每个人都可以看到谁在做什么。召开团队会议，对绩效落后的人进行点名和问责。

D. 通过平衡"以工作为中心的绩效指标"和"排除障碍达成目标的灵活性"来确保团队成员对自己的绩效负责，了解可能妨碍成功的无形障碍和有形障碍，避免为失败找借口或谴责失败，表扬个人在工作上的表现。

【答案】D

【解析】本题考查的知识点是支持工作问责。解题关键在于如何跟进每个人的绩效并有效问责。本题的 4 个选项中，选项 D 提供了一种平衡的方法来确保团队成员对自己的绩效负责，并关注可能影响项目成功的障碍。这种方法不仅关注绩效指标，还关注团队成员在应对挑战时的表现，以及他们在工作中的进步。通过这种方法，你可以激励团队成员并促进他们的成长。所以，正确答案是 D。

选项 A：不正确。虽然要求团队成员每天报告工作进度，可以让他们对自己的绩效负责，但这种方法增加了团队成员的工作量，并且让他们觉得自己不被信任，程序可能过于烦琐且不必要，导致团队成员感到被过度监管。

选项 B：不正确。设计一个电子表单模板可以让你了解团队成员的任务和职责，但它并不能保证团队成员会对他们的工作绩效负责。

选项 C：不正确。只关注对绩效落后的人进行点名和问责，会给团队成员带来很大压力，整体氛围偏负面，热度模型中容易让人处于恐惧状态，不利于项目成功。

5.5 指导有关的干系人

指导有关的干系人是指项目经理与项目干系人（如客户、供应商、团队成员、高层管理者等）建立有效沟通与协作关系，确保他们充分了解项目目标、需求、进度和预期结果，从而实现共同参与和支持项目的过程。

指导有关的干系人的步骤包括：①安排时间进行指导；②识别并利用指导机会；③提供有效的指导反馈。这 3 个步骤就是 PMP®考纲领域 1："人员"的任务 13 的 3 个驱动因素，其中 1 个不在考纲中，但在执行项目工作时也需要考虑，以下每个驱动因素的考题都使用下列情境案例。

> **情境案例**
>
> A 集团子公司 3D 零件科技公司专注于为老爷车打印 3D 汽车零件。CEO 钱总计划通过两个途径扩展业务：①打印老式飞机零件以吸引爱好者和博物馆

> 客户；②打印大量定制的 3D 电子模型。
>
> 　　3D 零件科技公司需安装一套资产管理软件，以便对库存和未来模型进行标记、重复使用和管理。公司正将其数字资产迁移到云端存储，钱总已邀请你管理此项目。你将与云端供应商 B 公司紧密合作，监督资产管理迁移，而钱总则专注于寻找老式飞机零件的商机。
>
> 　　尽管钱总对云端解决方案表现出强烈的热情，但其他干系人仍有所怀疑。你需要消除其他干系人的担忧，让他们了解云端项目的价值，以便钱总能专注于寻求其他商业机会。

1．安排时间进行指导（考纲 1-13-1）

在项目管理中，项目经理需为团队成员、干系人和其他参与者预留时间进行指导。这意味着在日常工作中，项目经理应安排专门的时间为干系人提供个别或团体指导，以提高技能、解决问题和实现项目目标。

指导也是建立团队的有效手段，它展示了完成任务的最佳方法，使参与者能够学习。鼓励团队成员相互帮助，使整个团队得以共同学习和成长。设立知识共享议程，如在状态会议或项目审查会议结束时分享经验。

作为教练，项目经理需要在自组织团队和支持团队中，每天留出一定时间进行指导。如有必要，安排正式的培训课程。指导是双向关系，不仅有助于干系人的成长，也是项目经理反思和改进领导技能的机会。尽管干系人可能无法定期留出时间，但项目经理保持提供指导的习惯非常重要。

【题目】钱总为团队领导者制订了一项指导计划，为他们在未来的业务中有效领导做好准备。然而，技术负责人郑总和设计负责人王总说他们太忙了，无法腾出时间进行指导。请问你将如何说服王总和郑总腾出时间进行指导？

A．理解他们工作的压力，不单独安排指导时间，而是在旁边观察他们工作的情况，并实时提出意见和建议。

B．在你的行程中为团队领导者空出一些时间，提醒王总和郑总，这个机会对他们和他们的团队都有好处，要求他们为了团队要腾出时间进行指导。

C．在会议前提供提醒和安排开放式聊天。要求团队领导者也这样做，让钱总向每个人发送电子邮件提醒，以腾出时间进行指导。

D. 提醒他们遵守约定并尽最大努力指导他们的团队成员，如果他们继续拒绝腾出时间进行指导，那么你将向钱总报告。

【答案】B

【解析】本题考查的知识点是安排时间进行指导。解题关键在于如何说服领导者安排时间进行指导。本题的 4 个选项中，选项 B 强调了指导计划对王总和郑总及其团队的好处。通过在你的行程中安排时间，你展示了自己的承诺，希望他们也能够为了团队的利益腾出时间。这种方法鼓励他们积极参与指导计划，确保腾出时间进行指导。所以，正确答案是 B。

选项 A：不正确。观察他们工作的情况并实时提出意见和建议，可能让他们感到受到监管和干预。这并不能完全替代有组织的指导计划，可能无法达到预期的效果。

选项 C：不正确。在会议前提供提醒和安排开放式聊天可能对某些团队成员有效，但可能无法说服王总和郑总，更重要的是向他们传达指导计划的价值和好处。

选项 D：不正确。提醒他们遵守约定并威胁报告给钱总可能导致对抗和敌意，更好的方法是鼓励他们参与指导计划，强调指导的好处并腾出时间。

2. 识别并利用指导机会（考纲 1-13-2）

项目经理在项目执行过程中需关注潜在的指导机会。这可能包括在团队成员遇到挑战时提供支持、与干系人分享经验教训或在关键决策时给予指导。项目经理需敏锐地识别这些机会，主动采取行动，确保干系人获得有效的指导。

创建导师文化，为团队提供足够的空间、时间和灵活性，让成员在不同时间和场合汇聚一堂，以获得指导和新观点。每个项目成员都具有对团队有益的知识和技能，要认可和鼓励整个团队识别并利用指导机会。

制订正式或非正式的培训计划，用于分享想法和知识。通过回顾和"经验教训"会议，分享项目管理和运营中的成功与失败经验。这些会议可以由任何人推动，而非仅限于项目经理。此外，可以考虑培训团队成员掌握项目管理最佳实践，并让流程所有者指导其他人了解该流程的最佳实践。

小组会议能够提供有关项目的基本信息并确定干系人，一对一的会议能够厘清和评估每个人对项目的理解，并为潜在的指导提供机会，非正式的指导或通过有趣的活动开始的指导可以得到整个企业的支持。

【题目】团队的一些关键成员似乎只是对公司的两个增长领域有短暂的兴趣，但你需要他们为项目提供持续的支持。你和他们在公司业务上交集很少，且有些工作是在线远程完成的。请问你如何接触这些团队成员并获得他们对该项目的支持？

A. 以小组为单位向每个团队成员简要介绍项目目标和愿景，然后安排一对一会议来回答问题并更深入地了解他们在项目中的角色。询问团队领导者他们的长期目标是什么，并指出 3D 零件科技公司的未来需要他们。

B. 向所有团队成员发送一封电子邮件，其中包含指向项目文档的链接，然后安排后续会议进行问答。如果他们中的任何人想单独见面，请接受他们的请求。

C. 首先与每个团队负责人单独会面，了解他们需要多少帮助，并询问他们可以在自己的团队中提供什么。召开全体会议，将所有人聚集在一起，审查每个团队成员的角色和职责，并确保每个人都知道我的大门始终向他们敞开。

D. 首先与每个团队负责人单独会面，询问他们的长期目标是什么，然后安排与团队成员的远程视频会议并进行问答，确保每个人都知道他们的角色和职责。

【答案】A

【解析】本题考查的知识点是识别并利用指导机会。解题关键在于如何对不同的团队进行指导。本题的 4 个选项中，选项 A 的方法直接与关键团队成员建立联系，帮助他们了解项目的目标和愿景。安排一对一会议，你可以回答他们的问题，深入了解他们在项目中的角色和职责，从而使他们感受到自己的重要性。同时，询问他们的长期目标，你可以强调项目与他们的职业发展之间的关联。所以，正确答案是 A。

选项 B：不正确。仅仅向团队成员发送一封包含项目文档的电子邮件，可能无法充分引起他们的兴趣并使之参与其中。这种方法缺乏个人接触，可能导致关键团队成员对项目的投入不足。

选项 C：不正确。与团队负责人单独会面并召开全体会议是一个好主意，但这个选项没有提及如何直接与关键团队成员建立联系，以便更好地了解他们的需求和目标。

选项 D：不正确。与团队负责人单独会面并安排后续远程会议是一个合理的方法，但与选项 A 相比，缺乏对项目目标和愿景的直接介绍，以及与团队领导者讨论公司未来计划的机会。

3. 提供有效的指导反馈（无对应的考纲）

在指导干系人时，项目经理需要提供有效的指导反馈，以便帮助他们改进工作绩效、提高技能或解决问题。有效的反馈应该具备以下特点：及时、具体、针对性强、积极、有建设性。项目经理应努力确保反馈能够真实地反映干系人的表现，同时鼓励他们不断进步和成长。

【题目】小冯是你在 3D 零件科技公司的一名徒弟，她发现了一种可以节省时间的云端解决方案实施办法，但她的办法引发了数据保护问题。请问你应该如何向小冯提供建设性反馈？

A. 先不提供反馈，直到解决了有关数据保护问题之后。
B. 将小冯的建议作为下一次团队会议的议程项目，分析一下她的办法，请大家集思广益，解决问题。
C. 在团队会议上给予正面反馈，在一对一会面时再次给予正面反馈。私底下告诉小冯需要围绕数据保护问题提供解决方案。
D. 在与小冯一对一会面之前暂不公开提供反馈，以减少数据保护问题的负面影响。

【答案】D

【解析】本题考查的知识点是提供有效的指导反馈。解题关键在于如何根据具体场景提供积极和有建设性的指导反馈。本题的 4 个选项中，选项 D 既减少了数据保护问题的负面影响，又可以在一对一会面时有针对性地给予积极和有建设性的反馈。所以，正确答案是 D。

选项 A：不正确。先不提供反馈，直到解决了有关数据保护问题之后。这种方法会让小冯觉得她的努力没有被注意到，可能对她的积极性产生负面影响。

选项 B：不正确。将小冯的建议作为下一次团队会议的议程项目，分析一下她的办法，请大家集思广益解决问题。这种方法可能让小冯觉得她的努力被质疑，进而影响她的自信心。

选项 C：不正确。在没有减少数据保护问题的负面影响前，不适合在团队会议上给予正面反馈。

5.6 运用情商提升团队绩效

运用情商提升团队绩效是指项目经理通过自身的情商能力，识别和理解团队成员的情绪、需求和动机，采取适当的沟通和行动方式来调动团队成员的积极性、提高团队协作和执行效率，从而提高项目整体绩效。情商包括自我意识、自我管理、社交意识和人际关系管理等方面的能力。

运用情商提升团队绩效的步骤包括：①使用个性指标对行为做出评估；②分析个性指标并适应关键项目干系人的情感交流的需要；③支持团队成长和发展。这 3 个步骤就是 PMP®考纲领域 1："人员"的任务 14 的 3 个驱动因素，其中 1 个不在考纲中，但在执行项目工作时也需要考虑，以下每个驱动因素的考题都使用下列情境案例。

> **情境案例**
>
> A 集团子公司太阳科技是一家专业从事太阳能系统的研发、制造和安装的国际组织，拥有约 300 名员工。尽管太阳科技公司在成功安装方面有着良好的记录，但过去两个月内出现了 17 次安装失败。工程总监秦总认为这些问题源于

安装错误，而现场服务总监麦总则认为是设计错误导致的。

客户服务部门已收到一起严重投诉，其中一位客户声称太阳能电池板无法充电且对其财产造成损害，该客户在社交媒体上对太阳科技公司给出了零星评价。为保护太阳科技公司的声誉，CEO 何总要求你查明安装失败的原因。

1. 使用个性指标对行为做出评估（考纲 1-14-1）

使用个性指标对行为做出评估意味着项目经理应利用个性指标（如 MBTI、DISC 等）来了解团队成员的行为特点、性格差异和沟通风格。这有助于项目经理更好地分配任务，确保团队成员在适合自己的领域发挥最大潜力。同时，通过了解不同个性的团队成员，项目经理可以调整自己的领导风格和沟通方式，更有效地与团队成员互动，提高团队凝聚力和绩效。

【题目】在与客户会面之前，你需要找到太阳能电池板故障的根源。质量保证检查没有得出任何有用的结论，因此你召开事实调查会议，参与会议的人员包含现场服务人员、工程师，以及设计、制造和客户服务团队的成员。然而，会议演变成相互指责的会议，讨论毫无成效。工程师团队采取了防御的态度，现场服务人员坚称他们没有做错任何事。请问你如何评估团队成员在会议中的行为并找到前进的方向？

A. 房间里气氛依然紧张，无法进行有成效的讨论，中场休息 15 分钟。请各位团队领导者利用这段时间自行制定解决问题的策略，重新召开会议并要求各部门逐一发言。

B. 制造团队表示，因为产品在测试时是有效的，所以问题一定出在现场服务时。制造团队的发言听起来很中立，所以你表示赞同，然后你询问每个人是否同意这一点。

C. 认真倾听所有的发言，谁争论得最少，谁就可能是对的。听起来大家像在互踢皮球，各部门负责人正在尽最大努力逃避责任。

D. 让团队成员轮流发言，注意他们所说的一切，将会议记录发送给所有团队成员并跟进。与部门负责人谈谈他们对其他团队的不尊重，这无助于解决当前的争论。

【答案】A

【解析】本题考查的知识点是使用个性指标对行为做出评估。解题关键在于如何评估具体行为并采取最好的行动。本题的 4 个选项中，选项 A 判断出当前气氛紧张，不适宜讨论，所以中场休息 15 分钟。各团队的领导者利用这段时间独立思考解决问题的策略。等气氛缓和后再重新召开会议并要求各部门逐一发言，这可以确保讨论有序，有助于评估团队成员的行为并找到前进的方向，取得好的成果。所以，正确答案是 A。

选项 B：不正确。这个选项是在逃避责任和指责他人，可能加剧紧张气氛，因为它没有解决问题，只是将责任推给了其他部门。

选项 C：不正确。这个选项没有建设性地解决问题，争论最少的并不一定是对的，可能导致错误的结论。

选项 D：不正确。放任这种不好的气氛继续，将无法取得有效的结果。这个选项没有解决根本问题，只是在处理表面现象。

2. 分析个性指标并适应关键项目干系人的情感交流的需要（考纲 1-14-2）

项目经理在获取团队成员的个性指标后，需要对其进行分析，并根据分析结果调整自己的沟通方式和领导风格，以满足关键项目干系人的交流需求。这意味着项目经理应该学会倾听、理解和尊重团队成员的感受，以便更好地与他们建立信任和有效合作。

【题目】沟通中断，团队不能很好地合作，太阳科技公司的销售额正在下降，秦总和麦总继续因安装失败而互相指责。你约见秦总和麦总，希望找到双方问题的根本原因。你需要让他们了解他们的行为方式正在影响团队，并且他们都需要做出改变。请问你将如何在这次会议上发表开场白？

A. 告诉双方，他们将互相调换岗位，如果还无法解决，他们将被解除职务，也许这样做能够解决换位思考的问题。

B. 向双方解释，如果他们无法解决问题，你将寻求何总的支持，他们都得为团队成员的行为负责。

C. 请双方换位思考，探讨问题，明确传达这不是为了指责对方，而是为了找到原因并解决问题。不管是什么原因导致安装失败，他们都必须尊重彼此和他们的团队。

D. 承认各自团队没有取得进展，而这正在影响整个团队的表现。让他们概述自己团队中可能导致问题的原因，并确定解决问题的方法。

【答案】C

【解析】本题考查的知识点是分析个性指标并适应关键干系人的情感交流的需要。解题关键在于情感交流时如何保证双方都能处于项目成功的状态及格线之上。本题的4个选项中，选项C的做法是正确的，彼此尊重，换位思考，不放弃找到解决问题的任何希望，同时强调尊重和合作，这些都是可以让状态提升到确保项目成功及格线以上的做法。所以，正确答案是C。

选项A：不正确。这个选项看似让双方换位思考，但还是会回到威胁并让双方恐惧的老路上。

选项B：不正确。这个选项会让双方在情感交流时处于恐惧的状态，低于状态及格线，可能导致更多的紧张关系，并可能对团队的士气产生负面影响。

选项D：不正确。这个选项的做法是理性的，但是双方之前的相互指责说明彼此都处于愤怒和骄傲状态，这样做并未明确强调尊重和合作，从情感层面并没有看出来能对双方状态的提升有任何帮助。

3. 支持团队成长和发展（无对应的考纲）

项目经理需要通过运用情商来支持团队成长和发展。这包括关注团队成员的职业发展需求，提供培训和发展机会，以及在项目过程中为团队成员创造积极的工作环境。通过支持团队成长和发展，项目经理可以提高团队的绩效，增强团队凝聚力，进而实现项目的成功。

【题目】秦总和麦总在自己的部门进行审查并相互分享结果。他们发现最近

第 5 章 项目领导力深度

15 个太阳能系统被安装在同一家建筑公司建造的住宅上。该住宅的屋顶是一种"造景设计",种满了植物。太阳科技公司的安装效果很好,但面板因植物生长而脱落。问题发生在最终用户身上,在充分了解之前,每个团队都错误地认为是另一个团队的问题。当沟通中断时,每个人都互相指责。请问你将如何推动团队向前发展,以便他们更好地合作?

A. 警告麦总和秦总如果未来再犯同样的错误,将被免除职务。
B. 衡量达成的里程碑和使用的资源,这些是针对项目是否成功的有效衡量标准,无须进行其他讨论。
C. 让麦总和秦总在未来定期举行跨部门会议,让他们的团队展示各自的进展情况并回答问题,更好地了解他人在做什么的团队成员自然会更加尊重和信任彼此。
D. 承认麦总和秦总个人付出的努力,定义和沟通团队的问题,建立信任并持续进行衡量,通过正面的冲突解决、承诺、问责和结果来解决问题,举行个别会议,进行定期调查。

【答案】D

【解析】本题考查的知识点是支持团队成长和发展。解题关键在于采取哪些具体做法来支持成长和发展。本题的 4 个选项中,选项 D 不仅肯定了麦总和秦总个人的努力,还提倡通过正面的冲突解决、承诺、问责和结果来解决问题。个别会议和定期调查有助于找出潜在的问题,并鼓励团队成员之间更加开放和坦诚的沟通,从而促进团队间的合作,建立信任并持续衡量信任的好坏,这是保持和提升状态所必需的。所以,正确答案是 D。

选项 A:不正确。这个选项的做法又回到了威胁的错误做法,因为警告麦总和秦总免除职务可能加剧紧张,但不能真正解决问题,也不能鼓励团队之间更好地合作,只会降低双方的状态,不利于项目成功。

选项 B:不正确。因为仅衡量达成的里程碑和使用的资源,无法直接解决团队间的沟通和合作问题。

选项 C:不正确。虽然强调了定期跨部门会议的重要性,但它没有涵盖与冲突解决、承诺、问责和结果相关的各个方面。

5.7 确保进行知识交流，使项目得以持续开展

确保进行知识交流，使项目得以持续开展是指在项目执行过程中，将关键信息、技能、经验和最佳实践等知识进行有效传播和共享，以便在项目周期内及未来项目中充分利用。知识交流的目的是确保项目成员具备完成任务所需的能力和知识，同时提高整个团队的学习和创新能力，为项目的持续开展创造良好条件。

确保进行知识交流，使项目得以持续开展的步骤包括：①讨论团队内的项目职责分工；②概述对工作环境的期望；③确认知识交流的方法；④维持团队和知识交流。这4个步骤就是PMP®考纲领域2："过程"的任务16的4个驱动因素，其中1个不在考纲中，但在执行项目工作时也需要考虑，以下每个驱动因素的考题都使用下列情境案例。

> **情境案例**
>
> 超捷公司专注于设计和建造大型公路和铁路桥梁，目前正在与交通运输部合作交付五个高速公路项目中的一个。该项目是一座先进的智能桥梁，能够收集行驶模式数据并运用预测模型优化交通流量。超捷公司同时为该项目提供项目管理服务，项目涉及交通运输部和五家私人公司。
>
> 你正与内外部干系人合作。这个具有创新性和挑战性的项目正处于关键的设计共识阶段，汇集了18个干系人的专业知识。为确保五个设计团队的所有知识都能与开发团队共享，从而使项目顺利推进，你需要积极推动知识交流和共享机制。

1. 讨论团队内的项目职责分工（考纲2-16-1）

讨论团队内的项目职责分工是指，项目经理需要组织团队成员就他们在项目中的职责和角色进行讨论。通过这种讨论，项目经理可以确保团队成员对自己的任务和目标有清晰的了解，同时了解他们的同事在项目中的作用。这有助于加强

团队合作，促进知识共享，减少角色重叠或不明确带来的困惑。此外，这种讨论还有助于识别潜在的风险和问题，确保项目的顺利进行。

【题目】你召集了 18 个干系人进行非正式早餐会议，协调五个项目的集成开发指标。项目组合负责人建议，高速公路是政府的资产，因此应该协调从设计到开发团队的知识交流。请问你对这个提案怎么回答？

A. 作为项目经理，我负有知识交流的责任。除了收集团队需要的信息，我还会与大家分享，同时向项目负责人汇报分享状况。

B. 作为项目经理，我负有知识交流的责任。除了收集团队需要的信息，我还会与大家分享。

C. 在个人层面，每个人都应该创建一个包含他们所拥有的所有知识的文件夹。在项目级别，团队负责人将此传达给 PMO。

D. 在个人层面，每个人都有责任拥有和传递自己的知识，但我需要协调团队成员之间的知识交流。

【答案】D

【解析】本题考查的知识点是讨论团队内的项目职责分工。解题关键在于明确不同干系人知识交流的责任分工。本题的 4 个选项中，选项 D 正确地描述了项目经理的角色，即协调团队成员之间的知识交流。虽然每个人都有责任拥有和传递自己的知识，但项目经理需要确保信息得到有效的共享和交流，以便项目顺利进行。所以，正确答案是 D。

选项 A：不正确。这个选项过分强调了项目经理在知识交流中的责任，而忽略了团队成员的责任。

选项 B：不正确。这个选项过分强调了项目经理在知识交流中的责任，忽略了团队成员的责任。

选项 C：不正确。这个选项虽然提到了个人层面的责任，但没有涉及项目经理在协调知识交流方面的作用。

2. 概述对工作环境的期望（考纲2-16-2）

项目经理需要概述对工作环境的期望，以确保团队成员在一个有利于知识交流和学习的环境中工作。这包括对团队沟通、协作和信息共享的期望，以及对团队成员在项目过程中的行为进行规范。一个良好的工作环境可以促进知识交流，提高团队绩效。

【题目】通过与五家私人公司和交通运输部召开单独会议，你确定了知识交流的主要责任方。请问在知识交流过程中，以下哪个因素最重要？

A. 技术是最重要的因素，基于项目的组织必须拥有最好的技术平台来储存和操作数据以进行知识交流。

B. 技术是最重要的因素，基于项目的组织必须拥有最好的工具来储存和操作数据以进行知识交流。

C. 文化是最重要的因素，项目型组织有必要发展组织文化，协调和促进知识交流。

D. 动机是最重要的因素，基于项目的组织提供足够的动机是至关重要的，能促使相关人员共享信息。

【答案】C

【解析】本题考查的知识点是概述对于工作环境的期望。解题关键在于了解知识交流过程中最重要的因素。本题的4个选项中，选项C支持协作和信息共享的组织文化，有助于项目团队之间的知识交流和项目成功。良好的组织文化将鼓励团队成员之间的沟通和合作，从而更好地进行知识交流。所以，正确答案是C。

选项A：不正确。尽管技术平台对知识交流确实很重要，但组织文化在促进知识交流方面起着更关键的作用。

选项B：不正确。尽管工具对知识交流确实很重要，但组织文化在促进知识交流方面起着更关键的作用。

选项D：不正确。尽管动机对知识交流很重要，但组织文化在促进知识交流方面起着更关键的作用。

3. 确认知识交流的方法（考纲 2-16-3）

项目经理需要确保知识交流方法的有效性，这包括选择合适的知识共享渠道和工具，如会议、在线协作平台和文件共享系统。采用适当的知识交流方法可以提高知识交流效率，确保项目的持续进行。

知识交流涉及将个人连接在一起，无论是面对面还是虚拟方式，共享隐性知识并进行协作。这可以通过多种途径实现，包括但不限于人际关系网络、支持特定兴趣群体、会议、研讨会和其他各种线上或线下活动，以及在培训中鼓励参与者之间的互动等。

【题目】你已指示五个设计团队的团队负责人相互协作，与开发团队共享设计知识。请问你如何帮助团队学会更加协作以完成这项工作？

A. 组织可以通过内部研讨会议、早餐汇报等来共享信息，并每周召开会议来审查已将多少知识与开发团队共享，从而学会协作。

B. 组织可以通过拥有优秀的项目经理、鼓励项目的主要主管经常会面及要求客观的第三方培训促进者进行合作，从而学会协作。

C. 组织可以通过召开关于协作的内部培训会议、利用午餐时间共享信息以及每周召开会议来审查已将多少知识与开发团队共享，从而学会协作。

D. 组织可以通过识别潜在协作者、协商协作协议的形式和细节、管理和监控安排、知道何时终止及共享知识，从而学会协作。

【答案】D

【解析】本题考查的知识点是确认知识交流的方法。解题关键在于了解进行知识交流的通用流程。知识交流也可以作为一个项目进行管理，识别干系人，定义章程（启动），计划、执行监控和收尾。本题的 4 个选项中，选项 D 提供了一种全面的方法，涵盖了识别潜在协作者、协商协作协议的形式和细节、管理和监控安排、知道何时终止以及共享知识。这些步骤有助于建立有效的合作关系，并确保知识顺利地与开发团队共享。所以，正确答案是 D。

选项 A：不正确。虽然内部研讨会、早餐汇报和定期会议有助于信息共享和审查，但这些方法不能全面地帮助团队学会协作，也没有涉及项目管理和培训方面。

选项 B：不正确。虽然拥有优秀的项目经理、鼓励项目的主要主管经常会面，以及要求客观的第三方培训促进者进行合作，可以提高团队协作能力，但它没有考虑到识别潜在协作者、协商协作协议的形式和细节、管理和监控安排等方面。

选项 C：不正确。虽然召开内部培训会议、利用午餐时间共享信息以及每周召开会议可以促进知识共享，但这些措施仍然不够全面，无法帮助团队真正学会协作。

4. 维持团队和知识交流（无对应的考纲）

在项目管理过程中，项目经理需要维持团队和知识交流，以确保项目的持续性。为了保证项目知识的转移，如果组织设有 PMO，应遵循其关于记录新知识的指南，对项目知识的新来源保持警惕，按照沟通管理计划将这些知识传达给干系人，并在整个项目的生命周期内编制经验教训登记册。

【题目】你需要保持协作的积极性和稳健性，以便开发团队有最佳的成功机会。开发团队负责人已经在与建筑公司谈判，他们很快就需要设计信息。请问这种成功的知识交流取决于哪些要素？

A. 取决于知识管理流程及绩效考核制度。
B. 取决于知识的感知价值、分享知识的意愿、传播渠道的存在和丰富程度、接受者获取知识的意愿及学习能力。
C. 取决于用于处理知识架构的数据信息系统的储存容量，以及对多个文档（包括文本和图像）进行分类和解析，以便有效搜索它们的能力。
D. 取决于团队是否能够轻松地交流知识，原始团队是否拥有所需的所有信息，以及如何有效地储存数据以使其可供访问。

【答案】B

【解析】本题考查的知识点是维持团队和知识交流。解题关键在于了解知识成功交流所需的要素。本题的 4 个选项中，选项 B 涵盖知识成功交流所需的关键要素，包括知识的价值认知、分享意愿、传播渠道、接收者的意愿和学习能力。所以，正确答案是 B。

选项 A：不正确。这个选项关注了组织层面的知识管理流程和绩效考核制度，但忽略了影响知识成功交流的人际因素。

选项 C：不正确。这个选项关注了数据存储和处理方面的技术问题，但未涉及人际交流和协作方面的因素。

选项 D：不正确。虽然这个选项涵盖了知识交流的一些方面，但它没有像选项 B 那样全面地涉及关键要素。

结　语

在本书的最后，我们感谢你对本书的关注与支持。希望通过本书，让你在备考 PMP® 的过程中能够充分领悟到《PMBOK® 指南》（第 7 版）所强调的项目管理理念和原则，更好地应对 PMP® 考试，同时提升自己的项目管理技能，为企业和客户创造更多价值。

在这个信息时代，知识的更新速度前所未有的快，项目管理也在不断地发展与演变。因此，我们需要不断学习、成长，以适应日新月异的市场需求。在阅读本书的过程中，我们希望你能意识到学习是一个终身的过程。通过本书的学习，你将掌握《PMBOK® 指南》（第 7 版）的核心内容和新版 PMP® 考试的解题技巧，更重要的是，你应当明白项目管理的真正内涵和精神，将其应用于实际工作中，使你成为一位更出色的项目经理。

项目成功的关键在于管理好团队和关注项目价值。无论是传统的项目管理方法，还是敏捷的项目管理方法，它们的核心都是关注项目的价值创造。本书通过对《PMBOK® 指南》（第 7 版）的解读，帮助你深入理解项目管理的理念，培养你在项目管理过程中关注团队协作、应对变化、创造价值的能力。我们期望你通过学习本书，不仅能够顺利通过 PMP® 考试，还能将所学知识运用于实际工作，使你的项目工作更加顺利，更好地实现项目目标。

在新版 PMP® 考试中，项目领导力的重要性不言而喻。我们希望通过本书引导你关注项目领导力的发展，提升自己的团队管理能力，为项目的成功做出贡献。

结　语

项目领导力不仅是项目经理个人素质的体现，更是项目成功的关键因素。在学习本书的过程中，我们希望你能够重视团队的领导力发展，注重团队成员的培养和提升，将项目管理与领导力相结合，从而使你的项目管理工作更加出色。本书的目录结构和情境案例和我们在电子工业出版社的另一本新书《5D 项目领导力：在巨变时代成功交付项目价值的奥妙》是对应的，如果将两本书结合起来对照阅读，会有相得益彰的效果，会助力你更好地从做事和带人两个维度，全面提高项目管理能力和项目领导力。

回顾本书的内容，我们从新版《PMBOK®指南》（第 7 版）与 PMP®考试分析入手，深入剖析《PMBOK®指南》（第 7 版）的核心理念，通过对项目管理十二项原则和八大绩效域的归纳，让读者更容易地掌握项目管理的要义。接着，我们结合真实案例，以情境式解题法为基础，详细解析了各个知识领域的考点与考题。我们希望通过这种方式，帮助你在备考过程中更好地理解与运用项目管理知识，为你顺利通过 PMP®考试奠定基础。如果读者有进一步深入学习的愿望，我们也专门为本书准备了相应的线上课程，欢迎大家关注本书微信公众号。

作为一名项目经理，应对不确定性和变化是不可避免的挑战。本书的内容不仅针对 PMP®考试的题型和知识点，更强调了如何将所学知识应用于实际项目中，培养你在面对变化和不确定性时能够灵活应对的能力。通过本书，我们期望你在学习过程中能够深化对项目管理的理解，形成全面、系统的项目管理思维。

最后，我们要感谢你在备考 PMP®的过程中选择了本书。我们深知，备考是一个既艰辛又充满挑战的过程，但请相信，你的努力将得到回报。在此，我们衷心祝愿你在 PMP®考试中取得优异成绩，成为一名优秀的项目经理，为社会创造更多的价值。

在不断变化的世界中，我们需要继续学习、成长，提升自己的能力。希望本书成为你在项目管理道路上的得力助手，让我们一起为更美好的未来不断努力。

再次感谢你对本书的关注与支持，愿你在未来的项目管理生涯中收获更多的成功和喜悦！

祝你学习顺利、事业有成！